THE GENTLEMEN'S CLUB

Gary M. Douglas

CON IL CONTRIBUTO
DEL DOTT. DAIN HEER

Gentlemen's Club
Copyright © 2014 Gary M. Douglas
ISBN: 978-1-63493-063-5

Tutti i diritti sono riservati. Nessuna parte di questa pubblicazione può essere riprodotta, memorizzata in sistemi di recupero o trasmessa in qualsiasi forma o attraverso qualsiasi mezzo elettronico, meccanico, mediante fotocopiatura, registrazione o altro senza l'autorizzazione scritta dell'editore.

L'autore e l'editore del libro non si ritengono responsabili né forniscono alcuna garanzia di alcun risultato fisico, mentale, emozionale, spirituale o finanziario. Tutti i prodotti, servizi e informazioni forniti dall'autore sono da intendersi per soli scopi di educazione generale e intrattenimento. I contenuti riportati in questa pubblicazione non sono in alcun modo un sostitutivo di consulto medico o di altri professionisti. Nel caso utilizziate le informazioni contenute in questo libro per voi stessi, l'autore e l'editore non si assumono alcuna responsabilità per le vostre azioni.

Pubblicato da
Access Consciousness Publishing, LLC
www.accessconsciousnesspublishing.com

Stampato in Italia

Nella classe originale chiamata "Gentlemen's Club" c'erano tre uomini sposati. Non molto tempo dopo la fine del corso ricevetti una telefonata dalle loro mogli. Ciascuna mi disse: "Grazie mille per aver fatto queste classi. Ho di nuovo l'uomo del quale mi ero innamorata."

Prefazione

The Gentlemen's Club è basato su una serie di dodici teleclassi che ho facilitato con un gruppo di uomini fantastici e coraggiosi. Il mio intento con queste classi era di creare un contesto "solo per uomini", dove i partecipanti potessero parlare liberamente riguardo all'essere uomo in questa realtà. C'è molta energia in queste conversazioni. Le lettrici potrebbero sobbalzare al linguaggio usato dagli "uomini del nostro club", ma spero che al termine del libro abbiano un maggior apprezzamento per gli uomini presenti nelle loro vite e un più grande apprezzamento riguardo ciò che serve per creare una relazione da una realtà totalmente diversa.

Nelle discussioni che seguono potrebbero esserci alcune parole, concetti e strumenti che non hai mai incontrato prima. Potrebbero anche esserci parole comuni, come *essere*, *umano*, o *ricevere* ma che vengono usati in modo inconsueto. Abbiamo cercato di definirli tutti nel glossario alla fine del libro.

Troverai inoltre la Frase di Pulizia che usiamo in Access Consciousness®. E' una frase abbreviata che si rivolge alle energie che creano le limitazioni e le contratture presenti nella tua vita. Potrebbe girarti la testa la prima volta che la leggi. Ed è proprio questo il nostro intento: è designata a far tacere la tua mente, in modo che tu possa accedere all'energia della situazione.

Con la Frase di Pulizia ci rivolgiamo all'energia delle limitazioni e delle barriere che ci impediscono di andare avanti e di espanderci in tutti gli spazi dove vorremmo andare.

La Frase di Pulizia di Access Consciousness® è: "Giusto e Sbagliato, Bene e Male, POD e POC, Tutti e 9, Shorts, Boys e Beyonds"™. Troverai una breve spiegazione del significato di queste parole alla fine del libro.

Puoi scegliere se usare la Frase di Pulizia o meno; io non ho un punto di vista al riguardo, ma vorrei invitarti a provarla e a vedere cosa succede.

Indice

Capitolo 1: Farsi Avanti verso Qualcosa di Diverso 9

Capitolo 2: Creare Sesso e Relazione dalla Consapevolezza di Cosa Siano 49

Capitolo 3: Sei Tu il Prodotto di Valore 79

Capitolo 4: Diventa il Re delle Possibilità 115

Capitolo 5: I Fenomenali Sesso, Amplesso e Relazione che Potresti Scegliere 157

Capitolo 6: Cosa Desideri Realmente? 195

Capitolo 7: Essere Bravo a Letto 219

Capitolo 8: Cos'è un Gentleman? 245

Capitolo 9: Cosa Vuoi Veramente in una Relazione? 291

Capitolo 10: La Presenza Aggressiva della Sexualness 349

Capitolo 11: Scegliere l'Impegno 351

Capitolo 12: Decodificare il Linguaggio Sottinteso delle Donne 379

La Frase di Pulizia di Access Consciousness 407

Glossario 411

Cos'è Access Consciousness? 421

Indice dei Titoli dei Capitoli e Intestazioni 423

1
Farsi Avanti verso Qualcosa di Diverso

Vuoi funzionare dal cercare di cambiare le cose cosicché appaiano *diverse?*
O vuoi fare *qualcosa di diverso che funzionerà per te?*

Gary:
    Benvenuti al Gentlemen's Club. Iniziamo con una domanda.

FIDARTI DI TE STESSO IN QUANTO UOMO/ FIDARSI DEGLI ALTRI UOMINI

Partecipante alla Classe:
    Sto dando il via ad un gruppo di potenziamento per uomini, ma le iscrizioni vanno a rilento. Mi puoi dare qualche suggerimento?

Gary:

Non chiamarlo "potenziamento per uomini." Si suppone che gli uomini abbiano tutto il potere. In realtà ne sono completamente sprovvisti, ma non lo sanno. Se chiami il tuo gruppo "potenziamento", nessuno verrà perché non sanno di volere o di avere bisogno di essere potenziati. Chiamalo "Rendere la Tua Vita con le Donne Più Semplice."

Dain:

La cosa che gli uomini vogliono maggiormente è che la loro vita con le donne sia più facile, invece di voler essere potenziati e di voler essere connessi con gli altri uomini. La maggior parte delle cose che fanno gli uomini riguarda il cercare di avere una donna o di farsi una scopata. Per la maggior parte degli uomini, l'idea di incontrarsi con altri uomini è uno spazio di troppa potenza. Li spaventa da matti.

Qualche anno fa, facemmo una classe di Livello Due e Tre di Access Consciousness a Santa Barbara. Alcune donne di Access Consciousness uscirono la sera e videro due uomini che si stavano picchiando. Le donne dissero: "Sai una cosa? Era ovvio che quei due ragazzi volessero far sesso l'uno con l'altro, ma non era concepibile per loro e quindi hanno finito col fare a botte. La lotta era il loro modo di esprimere questa cosa."

Quando parli agli uomini riguardo all'incontrarsi tra loro, porta su tutta quella roba che si suppone essi non debbano essere, non debbano fare e, specialmente, non debbano essere e fare insieme.

E' stato molto interessante sentire i commenti delle donne presenti alle chiamate "The Salon des Femmes". Dopo due di queste chiamate, dicevano cose del tipo: "Pensavo che ascoltare un gruppo di donne e non avere nessun uomo col quale giocare o flirtare mi avrebbe annoiato a morte, ma ora sento che ho tutte queste sorelle, ed è fantastico quanto più di me io abbia e quanto più connessa mi senta con le donne e con me stessa."

Mi sono reso conto ascoltando questo commento che noi, in quanto uomini, abbiamo la stessa idea. Creiamo separazione l'uno dall'altro, invece di unirci. Se potessimo cambiare questo, potremmo davvero cambiare il mondo. E faremo anche un miglior sesso, perché saremmo la potenza di noi e ci divertiremmo molto di più.

Gary:

Ho un processo:

Quale stupidità stai usando per creare la separazione degli uomini dalle donne, delle donne dalle donne e degli uomini dagli uomini, che stai scegliendo? Tutto ciò che è, per dioziliardi di volte, distruggerai e screerai tutto? Giusto e Sbagliato, Bene e Male, POD e POC, Tutti e 9, Shorts, Boys e Beyonds

Partecipante alla Classe:

In quel processo hai chiesto: "stai scegliendo?" Io tendo a dire: "che tu stai scegliendo". Ho notato che tu non dici così. Puoi spiegarmi il perché?

Gary:

"Che tu stai scegliendo" giustifica la tua ragione della scelta. E' un punto di vista fisso. E' come se dicessi: "Sto scegliendo questo perché……". Preferiresti credere che stai scegliendo per un motivo piuttosto di star solo scegliendo. Sto cercando di farti capire che non c'è alcuna ragione per ciò che scegli- tu scegli soltanto. Per questo motivo chiedo "che stai scegliendo?"

Partecipante alla Classe:
Grazie.

CREARE COLLABORAZIONE CON GLI UOMINI

Partecipante alla Classe:
Potete parlare della separazione che creo con gli altri uomini?

Gary:
La cosa che si suppone tu *non* debba fare è avere un'energia sessuale con gli altri uomini. E' come un'insegna con su scritto "NO NO". Quindi fai di tutto pur di non avere energia sessuale con gli altri uomini. Eppure, quasi tutto nell'energia sessuale riguarda il ricevere. Senza energia sessuale, non hai il "ricevere". E dunque, quando ci rifiutiamo di ricevere l'energia sessuale dagli altri uomini, ci rifiutiamo anche di ricevere dalle donne, dalla relazione e dal sesso. Ci rifiutiamo di ricevere attraverso i soldi, attraverso il business ed attraverso tutto il resto.

Se puoi avere "uomini con uomini" allora hai uno spazio dove puoi creare una collaborazione, una partnership che può creare soldi, o puoi creare una cooperazione che crea divertimento e tantissime altre cose. Per esempio, io e

Dain passiamo la maggior parte del nostro tempo insieme. Siamo disposti ad esserci come uomini per i nostri amici. Io incoraggio Dain ad uscire e a fare sesso con diverse donne, lo incoraggio a fare tutto ciò che vuole, ma lui è mio amico e mi sostiene. Se crei separazione tra uomini, non potrai mai nemmeno lontanamente pensare che un altro uomo ti spalleggi.

Dain:
Presumete che gli uomini vi daranno una coltellata alla schiena. Ma la maggior parte delle volte non sarà un uomo a darvela.

Partecipanti alla Classe:
(Risate)

Gary:
Le donne non vi accoltellano alla schiena. Vi tagliano semplicemente i testicoli!

Dain:
Quando gli uomini si bevono l'idea che l'energia sessuale non debba esistere tra loro, si separano dall'energia nutriente, amorevole, espansiva, generativa, creativa e guaritrice che hanno con gli altri uomini.

Gary:
Quell'energia del "Sono qui per te!".

Dain:
E inoltre ti privi dall'avere quell'energia per te stesso e con te stesso.

Gary:

Sei un uomo e devi separarti da te. Quindi non puoi spalleggiarti. Ecco perché così tanti di voi si danno via, specialmente alle donne.

Dain:

Tanti di voi stanno pensando: "Oh, forse posso trovare la donna che finalmente mi completerà, che riempirà questo vuoto che non sono in grado di riempire da me." Voi, separandovi da voi stessi, siete una delle cause della separazione tra gli uomini.

Tendiamo a vedere questa cosa come se gli uomini dai quali ci stiamo separando siano al di fuori di noi, ma dovete separarvi da voi stessi per rendere vera la separazione dagli altri uomini.

Gary:

Ho una domanda: Ti fidi di te in quanto uomo?

Dain:

E la risposta è: "No, diamine!"

Partecipante alla Classe:

La risposta è: "No."

Gary:

Se non sei il primo a spalleggiarti, dove puoi trovare qualcuno che lo faccia? Non lasci che un uomo ti sostenga, quindi, chi può farlo?

Dain:

Pensi che se un uomo ti sostiene, non sai cosa potrebbe

fare mentre ti sta alle spalle; non lascerai che ti sostenga perché potrebbe darti un calcio nelle palle.

Gary:

È follia.

Dain:

È follia totale. Quando ti permetti quei rari momenti di vicinanza con un uomo, senza avere un punto di vista al riguardo, apri notevolmente il tuo mondo.

Gary:

È un regalo straordinario e una fantastica possibilità.

Dain:

Quale stupidità stai usando per creare la separazione degli uomini dalle donne, delle donne dalle donne e degli uomini dagli uomini, che stai scegliendo? Tutto ciò che è, per dioziliardi di volte, distruggerai e screerai tutto? Giusto e Sbagliato, Bene e Male, POD e POC, Tutti e 9, Shorts, Boys e Beyonds

Gary:

Quale stupidità stai usando per creare la separazione degli uomini dalle donne, delle donne dalle donne e degli uomini dagli uomini, che stai scegliendo? Tutto ciò che è, per dioziliardi di volte, distruggerai e screerai tutto? Giusto e Sbagliato, Bene e Male, POD e POC, Tutti e 9, Shorts, Boys e Beyonds

Hey Dain, sai come separano gli uomini dai ragazzi in Grecia?

Dain:

Con un piede di porco!

Gary:

Abbiamo pensato di fare una battuta di pessimo gusto per tenervi svegli. Ok, facciamola scorrere ancora.

Quale stupidità stai usando per creare la separazione degli uomini dalle donne, delle donne dalle donne e degli uomini dagli uomini, che stai scegliendo? Tutto ciò che è, per dioziliardi di volte, distruggerai e screerai tutto? Giusto e Sbagliato, Bene e Male, POD e POC, Tutti e 9, Shorts, Boys e Beyonds

Aspettate. Dobbiamo aggiungere "uomini e ragazzi" a questo processo. È venuta su un'energia strana dopo che abbiamo fatto quella battuta e mi sono reso conto che cerchiamo di creare separazione tra uomini e ragazzi. Gli uomini fanno i mentori dei ragazzi senza mai spalleggiarli.

Dain:

Siamo cresciuti con l'idea che siamo soli. Non solo crediamo che siamo cattivi e sbagliati: non meritiamo nemmeno che qualcuno ci sostenga.

Gary:

Non pensiamo nemmeno di meritare di spalleggiare noi stessi e questo penso sia la ragione per cui gli uomini non si fidano di se stessi.

Dain:

Quale stupidità stai usando per creare la separazione degli uomini dalle donne, delle donne dalle donne, degli uomini dagli uomini e degli uomini dai ragazzi, che stai scegliendo? Tutto ciò che è, per dioziliardi di volte, distruggerai e screerai tutto? Giusto e Sbagliato, Bene e Male, POD e POC, Tutti e 9, Shorts, Boys e Beyonds

ELIMINARE IL TUO SENSO DI BELLEZZA

Gary:
Sai, dovremmo aggiungere anche "uomini e ragazze" a questo processo. Ho notato che se un maschio adulto vede una ragazza giovane e l'uomo prova anche solo un grammo di energia sessuale, deve entrare nel giudizio di se stesso e considerarsi un pervertito o una persona terribile, o qualcuno che vuole fare sesso con i bambini e nessuna di queste cose è necessariamente vera.

Se vedo un bellissimo cavallo, per me, è un cavallo. Vedo un bellissimo cavallo ed è qualcosa di arrapante! Vedere quel bellissimo cavallo che si muove è tutto ciò che mi interessa. Non devo farci niente. Non devo possederlo. Non devo avere uno spazio dove posso controllarlo. Riconosco semplicemente che il cavallo è bellissimo.

Gli uomini eliminano il loro senso di bellezza perché hanno paura sia un'energia sessuale e che ciò "significhi" qualcosa.

Dain:
Quando tu, in quanto uomo "etero", hai questo senso di bellezza, pensi di essere in qualche modo gay o rammollito.

Gary:

Si chiama "metrosessualità". (Neologismo usato per riferirsi a una nuova generazione di uomini, eterosessuali, tendenzialmente metropolitani - metro - consumatori di cosmetica avanzata, curati nell'aspetto, appassionati di shopping e tendenzialmente salutisti. N.d.T.)

Dain:

Esattamente. Metrosessualità è avere tutta la "roba" buona degli uomini gay e tutta la "roba" buona degli uomini etero, combinate assieme: metrosessuale.

Gary:

Già.

Partecipanti alla Classe:

(Risata)

Dain:

Cos'è stato?

Gary:

Qualcuno che rideva perché siamo divertenti.

Dain:

Oh, è da un po' che non sento quel suono. Ecco perché non sapevo cosa fosse.

Partecipanti alla Classe:

(Risate)

Gary:

Hai parlato troppo con le donne!

Dain:
Quale stupidità stai usando per creare la separazione degli uomini dalle donne, delle donne dalle donne, degli uomini dagli uomini, degli uomini dai ragazzi e degli uomini dalle ragazze, che stai scegliendo? Tutto ciò che è, per dioziliardi di volte, distruggerai e screerai tutto? Giusto e Sbagliato, Bene e Male, POD e POC, Tutti e 9, Shorts, Boys e Beyonds

Gary:
Buon Dio! La carica energetica su questo è incredibile!

"CI SOSTENIAMO A VICENDA"

Dain:
Ero a cena con il nostro amico Ricky l'altra sera. Era la prima volta che io e lui passavamo del tempo da soli. Gli stavo raccontando dell'amicizia tra me e Gary. Gli ho detto: "Ci sosteniamo a vicenda, ma non è stato così fin da subito. La nostra amicizia si è sviluppata nel tempo. Abbiamo creato un livello di fiducia essendo noi stessi, scegliendo quello che avrebbe supportato l'altro e spalleggiandoci a vicenda."

Aggiunsi: "Quando iniziai a conoscere Gary, gli diedi tutte le informazioni che avrebbe potuto usare per infilzarmi e pugnalarmi alle spalle, ma non lo fece. E anche lui mi diede tutta una serie di cose che avrei potuto usare come arma, ma non lo feci. Era "come possiamo contribuirci e supportarci l'un l'altro?"

Uscivamo assieme, avevamo una splendida amicizia da un anno e poi un giorno Gary arrivò e mi disse: "La nostra amicizia è finita."

Gli chiesi: "Cosa stai dicendo?"

Mi rispose: "Mi hai giudicato. Mi hai giudicato pesantemente. Il resto del mondo può giudicarmi. Va bene. Ma non do il permesso ai miei amici di giudicarmi, quindi la nostra amicizia è finita. Puoi continuare a lavorare per Access Consciousness, ma la nostra amicizia finisce ora. Non voglio più essere tuo amico. Non funziona per me."

Pensai: "Aspetta!" Quando disse: "Mi stai giudicando" pensai: "Beh, certo, è ovvio! Non è quello che fanno gli amici?" Era questo il mio punto di vista.

Gary:

Questo è ciò che fanno gli amanti, non gli amici.

Dain:

Se ne andò e sentii un vuoto nella mia vita e nel mio mondo. Dissi: "Aspetta un minuto. Non c'è mai stata una sola volta in cui Gary non mi abbia spalleggiato e io lo giudico? Fanculo! Anche se ne va via, devo cambiare questa cosa per me stesso."

Lo chiamai e gli dissi: "Gary, hai assolutamente ragione e mi dispiace, davvero. Voglio cambiare questa cosa, ma non so come. Non so cosa fare al riguardo, quindi ti chiedo aiuto. Pagherò una sessione se devo, ma mi aiuteresti per favore a superare questa cosa?"

Gary disse: "Ok, ti concedo un'ora e vediamo cosa viene fuori." Mi ci vollero 45 minuti per rendermi conto che stavo *scegliendo* di giudicarlo. Realizzare che lo stavo giudicando fu come sbattere la testa contro un muro, perché sembrava fosse una cosa così automatica.

Quando finalmente lo capì, tutta la mia realtà e il mio mondo cambiarono. Vidi che il mio giudizio era che se Gary era premuroso nei miei confronti, era dovuto al fatto fosse interessato a fare sesso con me. Era gay e voleva solamente sesso. Voleva solo portarmi a letto. Questa era l'idea sottostante che reggeva la montagna di giudizio che avevo eretto contro il mio amico.

È possibile che tu non permetta a te stesso di avere un'amicizia con un uomo perché, da qualche parte nell'universo, hai concluso e giudicato che solo un uomo che vuole fare sesso con te potrebbe essere gentile, premuroso e prendersi cura di te? Tutto ciò che è venuto su per dioziliardi di volte, distruggerai e screerai tutto? Giusto e Sbagliato, Bene e Male, POD e POC, Tutti e 9, Shorts, Boys e Beyonds

Gary:
Stavo lavorando con qualcuno l'altro giorno. Ho sempre avuto la sensazione che fosse stato molestato, ma non lo disse mai. Durante la sessione gli chiesi qualcosa e venne fuori che sentiva che il suo allenatore di calcio l'avesse molestato.

Gli chiesi: "Cosa vuoi dire? Cosa ti ha fatto l'allenatore?"

Mi disse: "Beh, era solito massaggiami le spalle. Diceva che stava cercando di sciogliermi le contratture."

Gli domandai: "Il tuo allenatore aveva un'energia sessuale mentre lo faceva?"

Rispose: "Sì!"

Gli chiesi: "Aveva un'energia sessuale verso di te?"

"Sì!" Rispose.

Questo ragazzo non ebbe un'esperienza sessuale con il suo allenatore. Quest'ultimo stava cercando di aiutarlo.

Aveva un senso di amore e di cura per il ragazzo e lui l'aveva interpretato come desiderio sessuale, quindi eliminò la sua consapevolezza di un uomo che dava quel tipo di energia. Concluse che si trattava di sesso e, di conseguenza, si è sentito molestato.

Ovunque ti sei sentito violato quando un uomo ti considerava in realtà un ragazzino molto carino o una persona talmente adorabile da non riuscirlo a sopportare, o che non sentiva di dover spegnere la sua energia sessuale quando ti stava intorno, e tu l'hai rifiutato, e hai rifiutato te stesso, e sei entrato nell'erroneità di questo, e hai creato una separazione di te da te stesso, o di te da lui, o di te dagli uomini, o di te dagli uomini e ragazzi, distruggerai e screerai tutto? Giusto e Sbagliato, Bene e Male, POD e POC, Tutti e 9, Shorts, Boys e Beyonds

Sembra che qualcuno di voi abbia avuto delle esperienze simili. C'è qualcuno di voi che ha avuto un'esperienza del genere, in cui qualcuno che era "maschio" si è sentito sessuale verso di voi e vi siete sentiti come molestati, oppure avete percepito che quel qualcuno voleva qualcosa da voi che non potevate o non volevate dargli?

Tutto ciò che viene su, per dioziliardi di volte, distruggerai e screerai tutto? Giusto e Sbagliato, Bene e Male, POD e POC, Tutti e 9, Shorts, Boys e Beyonds

LA GENTILEZZA CHE GLI UOMINI HANNO

Partecipante alla Classe:
Crescendo, non riuscivo a trovare la gentilezza che gli

uomini hanno. Quando ho incontrato te e Dain e molti dei ragazzi in Access Consciousness mi sono detto: "Oh! Eccola. Ecco quello che stavo cercando!" Non mi permettevo di vederla quando ero più giovane.

Gary:

Cosa è successo quando eri più giovane di cui non volevi renderti conto, che ha creato uno spazio dove ti sei dovuto separare da te stesso e da altri uomini per avere il senso di poter trovare la gentilezza che sapevi dovesse esserci?

Partecipante alla Classe:

Ho visto come si comportavano gli uomini intorno a me. Ho visto come si comportava mio nonno con le mie sorelle e come si comportava mio padre con mia madre e ho deciso: "Se questo significa essere un uomo, non voglio esserlo."

Gary:

Tutto ciò che hai deciso di non voler essere, perché non vi hai visto dentro la gentilezza e perché quello che hai visto era dolore, sofferenza, pena, erroneità e meschinità, distruggerai e screerai tutto e rivendicherai te stesso? Giusto e Sbagliato, Bene e Male, POD e POC, Tutti e 9, Shorts, Boys e Beyonds

Dain:

Un'altra cosa che è venuta su mentre parlavi di questo è: Quanto eri consapevole della repulsione e del disprezzo di tua madre nei confronti degli uomini, o della repulsione e del disprezzo delle tue sorelle nei confronti degli uomini, o della repulsione e del disprezzo di tua nonna nei confronti degli uomini?

Gary:

Beh, forse non era nemmeno disprezzo. Forse si trattava più di diffidenza totale.

Dain:

Ok, bene. Diffidenza totale, che è esattamente la stessa cosa che proviamo nei nostri confronti.

Gary:

Già, ecco quello che si arriva a fare. Non puoi avere fiducia nel fatto che le donne si fideranno degli uomini. Non vedi alcun termine di fiducia da parte delle donne verso gli uomini, non vedi alcun termine di fiducia da parte degli uomini verso gli uomini e il risultato finale è: non puoi fidarti di te stesso, perché sei un uomo.

Dain:

La cosa incasinata di tutto ciò è che stai prendendo questo pensiero dalla realtà di una donna e non lo riconosci. È lì, sotto tutto il resto e ti infastidisce continuamente. Quel pensiero non è di un uomo e non è tuo. Non saresti dovuto essere come gli uomini di cui non si fidavano le donne. Ha senso?

Partecipante alla Classe:

Sì.

Gary:

Nemmeno le donne si fidano di se stesse. Raramente sono brave a "fare" odio, ma sono brave a "fare" diffidenza e "faranno" cose odiose e basse per il potenziamento e per guadagnare potere, perché si sentono senza potere a fronte della totale mancanza di onore e totale mancanza di fiducia.

Tutto ciò che ha portato su o mandato giù, possiamo distruggere e screare tutto, per favore? Giusto e Sbagliato, Bene e Male, POD e POC, Tutti e 9, Shorts, Boys e Beyonds

Dain:

Ci sono moltissimi motivi per cui non ti fidi di te in quanto uomo e per cui non ti fidi nemmeno degli altri uomini. Ricevi la mancanza di fiducia che ti viene proiettata dalle madri, sorelle, zie e da tutte le altre donne perché vedono solo ciò che sono arrivate a definire come verità: non possono fidarsi degli uomini. La realtà è che non si fidano di se stesse e non si fidano degli uomini. Non ti fidi di te stesso e non ti fidi nemmeno degli uomini, quindi quanta cura amorevole puoi avere per te stesso?

Nessuna. E quel poco di cura amorevole viene erosa via dalla sfiducia, così non puoi avere nessuna premura per te stesso. Non puoi spalleggiarti. Devi separarti da te stesso sempre. E non riesci a vedere altri uomini che sono premurosi.

Crescendo e desiderando fare sesso, vedi che le donne sono attratte dagli stronzi del mondo e dici: "Aspetta un attimo. È tutto dannatamente confuso." Non hai modo di percepire l'energia della cura amorevole e la potenza che sei. Non hai nemmeno idea che è una buona cosa dirigerti verso ciò che sai essere vero per te.

Gary:

Quindi molte donne hanno sfiducia in se stesse e nello scegliere gli uomini. Tutto quello che possono fare è scegliere un uomo che è altrettanto sfiduciato. Alcuni di voi hanno scelto dei partner che hanno lo stesso tipo di sfiducia perché corrispondevano alla vostra stessa vibrazione e risuonavano della mancanza di fiducia che sentite per voi stessi.

Dain:

Scegliete le donne che vi vedono in un certo modo e pensate che *siete* in quel modo. Pensate di non meritare fiducia e vi bevete la bugia che siete fatti così. Ma non è vero. Nessuno di voi è così.

Quale stupidità stai usando per creare la separazione degli uomini dalle donne, delle donne dalle donne, degli uomini dagli uomini, degli uomini dai ragazzi e degli uomini dalle ragazze, che stai scegliendo? Tutto ciò che è, per dioziliardi di volte, distruggerai e screerai tutto? Giusto e Sbagliato, Bene e Male, POD e POC, Tutti e 9, Shorts, Boys e Beyonds

CREARE SEPARAZIONE

Partecipante alla Classe:

Io non sento di avere un problema nel ricevere l'energia sessuale da un uomo, ma sento che sto creando separazione in generale. Sto creando la separazione come se avessi un problema con l'energia sessuale di un uomo.

Gary:

Ricevi veramente l'energia da un uomo? O ricevi il punto di vista su di te che hai una mente aperta?

Partecipante alla Classe:
  Sì, quello.

Gary:
  Tutto ciò che hai fatto per creare un punto di vista aperto che elimina te stesso, distruggerai e screerai tutto? Giusto e Sbagliato, Bene e Male, POD e POC, Tutti e 9, Shorts, Boys e Beyonds

Partecipante alla Classe:
  È questo che crea separazione?

Gary:
  La tua ragione e giustificazione per creare separazione è: "Sì, ma ho una mente aperta." Molte persone dicono: "Sì, ma ho una mente aperta."
  "Ma ho una mente aperta" è la bugia che racconti a te stesso per continuare a funzionare nella separazione che hai creato. Ti bevi l'idea che una mente aperta sia ciò che serve per superare la separazione, al posto di una consapevolezza di cosa potrebbe essere davvero diverso.

Partecipante alla Classe:
  Sì. Wow.

Gary:
  Quanto hai usato la tua mente aperta come una giustificazione per creare separazione, mentre fingevi di non farlo? Molto? Poco? O megatonnellate? Tutto ciò che è, per dioziliardi di volte, distruggerai e screerai tutto? Giusto e Sbagliato, Bene e Male, POD e POC, Tutti e 9, Shorts, Boys e Beyonds

Dain:

Quale stupidità stai usando per creare la separazione degli uomini dalle donne, delle donne dalle donne, degli uomini dagli uomini, degli uomini dai ragazzi e degli uomini dalle ragazze, che stai scegliendo? Tutto ciò che è, per dioziliardi di volte, distruggerai e screerai tutto? Giusto e Sbagliato, Bene e Male, POD e POC, Tutti e 9, Shorts, Boys e Beyonds

Partecipante alla Classe:

Mi piacerebbe cambiare questo. Mi piacerebbe creare qualcos'altro, essere qualcos'altro e fare qualcos'altro, ma non so assolutamente come farlo.

Gary:

Beh, non hai avuto un esempio di come essere presente in quanto te stesso e goderti te stesso, vero?

Partecipante alla Classe:

No.

Gary:

Hai pensato che giudicarti fosse goderti te stesso?

Partecipante alla Classe:

Sì, potrebbe essere l'unico modo per godere di me stesso.

Gary:

L'unico modo per godere di te stesso è giudicarti per l'erroneità di te, in modo da poter godere di quanto sei giusto. Questo non espande per niente il tuo universo, quindi dev'esserci qualcosa di sbagliato in quel punto di vista.

Dain:

Quale stupidità stai usando per creare la separazione degli uomini dalle donne, delle donne dalle donne, degli uomini dagli uomini, degli uomini dai ragazzi e degli uomini dalle ragazze, che stai scegliendo? Tutto ciò che è, per dioziliardi di volte, distruggerai e screerai tutto? Giusto e Sbagliato, Bene e Male, POD e POC, Tutti e 9, Shorts, Boys e Beyonds

ENERGIA SESSUALE E RICEVERE

Gary:

Aggiungiamo alla frase: "E di te da te."
Cosa crea il senso di sexualness? È il senso del ricevere. Se hai un uomo come Dain, che può riceverti completamente e che non ha giudizio di te, sei ricevuto.

Questa è la stessa energia sessuale che vi piacerebbe ricevere da una donna, ma scommetto quello che volete che rifiutate l'energia sessuale di Dain esattamente come rifiutate quella di una donna.

Si tratta di non essere disposti a ricevere qualsiasi cosa che siete in grado di ricevere per, verso, con e da voi.

Tutto ciò che ha portato su e tutto ciò che è, per dioziliardi di volte, distruggerai e screerai tutto? Giusto e Sbagliato, Bene e Male, POD e POC, Tutti e 9, Shorts, Boys e Beyonds

Avete idea di quello che ho detto?

Partecipante alla Classe:

Mi sono un po' perso.

Gary:

Ecco il problema. Ti rendi conto di quante volte ti sei perso riguardo le relazioni con gli uomini?

Partecipante alla Classe:

Sì, e con le donne.

Gary:

Sì, ti perdi anche con una donna, ma va bene, perché tanto ti eccita ancora sessualmente.

Partecipante alla Classe:

Già, assolutamente.

Gary:

Ma se ti perdi con un uomo, è perché l'uomo è x, y oppure z, che non sono altro che giudizi.

Partecipante alla Classe:

Sì, posso sentire che mantengo una distanza confortevole, quindi penso di star eliminando il ricevere. Non so perché, ma lo faccio.

Gary:

Elimini tutto quello che non combacia con il modello prefissato della disponibilità a ricevere.

Partecipante alla Classe:

Posso facilmente dire di non aver mai avuto un modello nella mia vita che abbia fatto qualcosa di diverso, quindi posso affermare: "Oh, non sapevo che bla, bla, bla", ma non voglio più che sia così. Voglio scegliere qualcos'altro. Mi sento semplicemente perso.

Gary:

Questo è il motivo per cui facciamo questa chiamata. Per questo stiamo facendo questo processo. Ancora una volta, dott. Dain.

Dain:

Quale stupidità stai usando per creare la separazione degli uomini dalle donne, delle donne dalle donne, degli uomini dagli uomini, degli uomini dai ragazzi, degli uomini dalle ragazze e di te da te, che stai scegliendo? Tutto ciò che è, per dioziliardi di volte, distruggerai e screerai tutto? Giusto e Sbagliato, Bene e Male, POD e POC, Tutti e 9, Shorts, Boys e Beyonds

SCEGLIERE QUALCOSA DI DIVERSO

Partecipante alla Classe:

Quando mi vedo che sto creando questa separazione, è appropriato chiedere cosa fare, come essere e come creare qualcosa di diverso? Quando finisco nell'energia della separazione, mi allontano e ritraggo la mia energia. In realtà, ritraggo me stesso.

Gary:

Devi chiedere: Per quale ragione un essere infinito sceglierebbe questo? Devi capire che *scegli* di ritirarti. È sempre una scelta e se la cambierai, devi dire: "Ok, sto scegliendo questo e per quale ragione lo sto scegliendo?" E poi dici: "Scelgo altro, non importa cosa succederà."

Partecipante alla Classe:

Ho cercato di fare qualcosa di diverso, ma non sono riuscito a cambiare nulla e mi sento ancora più stupido.

Gary:

Come sarebbe se fossi disposto a riconoscere che fare qualcosa di diverso richiede solo che tu guardi a cosa sceglieresti? Non devi nemmeno sceglierlo.

Partecipante alla Classe:

Vedere cosa sceglierei e non sceglierlo?

Gary:

Sì. Diciamo che ti arrabbi con la tua ragazza e dici: "Sai una cosa? Voglio fare qualcosa di diverso. Cosa sarebbe diverso dall'arrabbiarsi?"

Potresti dire: "Vediamo, fargliela pagare sarebbe una scelta; urlarle addosso sarebbe una scelta; amarla sarebbe una scelta" e mentre fai così, inizi a vedere che hai multiple scelte, non solo una.

Partecipante alla Classe:

Sì.

Gary:

Stai cercando ciò che ti risolverà il problema definito dal fatto che ti ritrai. È troppo complicato. In parole povere è: ti ritrai. E questo è quanto. Non c'è nient'altro. Quindi dici: "Mi piacerebbe qualcosa di diverso. Come sarebbe non ritirarsi? Wow, significherebbe stare lì, essere lì e fare tutto quello che è necessario fare."

Partecipante alla Classe:
   Sì.

Gary:
   Capisci di cosa sto parlando?

Partecipante alla Classe:
   Sì, questo mi aiuta molto.

Gary:
   Figo. Scegliere di non ritirarsi apre le porte ad altre scelte. Chiedi: Quale altra scelta ho qui? Se non scelgo questo, quali altre scelte ho? Se inizi a funzionare da quali altre scelte hai, si possono presentare altre possibilità.

Partecipante alla Classe:
   Sì, assolutamente.

Gary:
   Tutti vogliono che mostri loro come creare una soluzione, ma io continuo a dire: "Quello che devi fare è scegliere."
   E mi dicono: "Sì, ma non ci riesco."
   Perché no? Perché continui a cercare quello che è sbagliato o ad aggiustare la cosa sbagliata per scegliere qualcosa di diverso. No. Ti basta riconoscere: "Questo non funziona" E poi chiedere: "Cosa posso fare di diverso?"

Partecipante alla Classe:
   Ci sono. Ho capito che stavo chiedendo una specie di soluzione. Questo mi aiuta tanto.

Gary:
Se non scelgo questo, quali altre scelte ho?

Partecipante alla Classe:
Sì, figo.

Gary:
Ecco come smetti di fare e rifare continuamente la stessa cosa, pensando che otterrai un risultato diverso.

VARIARE CONTRO DIVERSO

Partecipante alla Classe:
Mi ero totalmente perso e non avevo idea di come cambiarlo.

Gary:
"Non avevo idea di come cambiarlo" è uno di quegli spazi in cui sei stato allenato e ti sei accordato. È il punto di vista di una donna: "Devo avere un problema. Ora devo cambiarlo" e non "Devo fare qualcosa di diverso."

Partecipante alla Classe:
È esattamente quello che ho fatto.

Gary:
La domanda non è: "Come posso variarlo?" o "Cosa posso fare per modificarlo?" Questo riguarda chiedere la *variazione*. La domanda è: "Cosa posso fare *di diverso* qui?"

Devi essere disposto a fare ed essere *diverso*, non *variare*. *Cambiare* è sempre cercare di modificare. Devi essere disposto a essere e fare qualsiasi cosa sia necessaria per essere abbastanza diverso da ottenere quello che stai chiedendo.

Partecipante alla Classe:
Grazie mille.

Partecipante alla Classe:
Non capisco la differenza tra *cambiare* e *diverso*.

Gary:
Proprio ora, modifica la tua posizione sulla sedia.

Partecipante alla Classe:
Ok.

Gary:
Ora fai qualcosa di diverso. Starai ancora seduto sulla sedia o farai qualcosa di diverso?

Partecipante alla Classe:
Ah, capisco!

Gary:
Modificare riguarda bloccarti con quello che hai e aggiungergli o sottrargli qualcosa, o muoverlo in maniera diversa, ma rimanere sempre dove sei.

Partecipante alla Classe:
Che non è fare qualcosa di diverso, giusto? È avere sempre la solita minestra.

Gary:
Esattamente. Questa è la ragione per la quale, quando

modifichi qualcosa, perdi la scelta. Ma se fai qualcosa di diverso, hai più scelta. Le donne dicono spesso agli uomini con i quali hanno una relazione: "Dobbiamo variare questo" e ciò non significa "Devi fare qualcosa di diverso" ma "Ti devi modificare per adattarti a dove voglio farti stare."

Partecipante alla Classe:

L'ho fatto nella mia relazione. Le ho chiesto di modificarsi invece di chiedere che la relazione cambiasse. Non è cambiare e non è diverso.

Gary:

Beh, è cambiare; semplicemente non sta funzionando meglio.

Partecipante alla Classe:

Già.

Gary:

Se stai cercando di modificare la relazione, stai cercando di sederti sulla sedia, guardando in una direzione diversa. Non stai cercando di fare qualcosa di diverso che permetterà una scelta diversa. Ti aiuta quello che ho detto?

Partecipante alla Classe:

Sì, immensamente. Ieri parlavo con un amico di quanto le donne siano molto più complicate degli uomini. Sembra che mi sia bevuto il punto di vista dalle donne che devono modificare le cose e sento che è una cosa davvero complicata.

Gary:

Sì, è quello che ogni uomo impara dalle donne che gli

stanno intorno. Il punto di vista di una donna sarà sempre: "Cosa *devi* cambiare? Come posso *cambiarti?*" È complicato perché non riesci a vedere cosa vogliono che tu cambi e loro non te lo diranno.

Partecipante alla Classe:
   Vero.

Gary:
   Quando sei disposto a *modificare* la relazione, non sei disposto a lasciare la relazione.
   Diverso significa: "Ok, cosa mi piacerebbe fare di diverso qui?" *Diverso* può significare lasciare la relazione. Hai più scelte.

Partecipante alla Classe:
   Grazie.

Dain:
   Hai fatto tuo questo punto di vista sin da quando hai una madre. *Diverso* apre tutte le possibilità perché non sei più legato a ciò che era parte integrale dell'avvenire, cosa che invece è propria del *modificare*.
   Devi funzionare da: "Cosa posso essere o fare di diverso oggi che renderà questo come mi piacerebbe che sia?" Se stai solo variando le cose, stai cercando di *cambiare il modo in cui esse appaiono*, invece di *fare qualcosa di diverso che crei un risultato diverso*. Ti è chiaro?

Partecipante alla Classe:
   Sì, ho capito!

Gary:

Quale stupidità stai usando per creare il bisogno di variazione più reale della possibilità della differenza, che stai scegliendo? Tutto ciò che è, per dioziliardi di volte, distruggerai e screerai tutto? Giusto e Sbagliato, Bene e Male, POD e POC, Tutti e 9, Shorts, Boys e Beyonds

Quando hai il bisogno di variare, stai agendo dalla conclusione. Non stai chiedendo: "Quali altre possibilità sono disponibili qui?" Questa è la differenza tra scegliere di essere un uomo e cercare di funzionare come una donna.

Una donna indosserà un vestito e userà diversi accessori per modificare l'apparenza di quest'ultimo. Alla maggior parte delle donne è stato insegnato a cambiare apparenza e non a fare qualcosa di diverso. Significa qualcosa? No. È semplicemente il modo in cui funzionano. Vuoi funzionare dal cercare di cambiare le cose cosicché *appaiano* diverse? O vuoi *fare* qualcosa di diverso che funzionerà per te?

COSA POSSO FARE DI DIVERSO?

Partecipante alla Classe:

Sono sicuro che voi ragazzi ne avete già parlato prima, ma io non l'ho mai sentita. Ho guardato a tutte le cose che ultimamente non hanno funzionato per me e a tutti i modi in cui ho cercato di cambiarle, senza chiedere: "Cosa posso fare di diverso qui?" Ho sempre chiesto: "Come posso renderlo leggermente migliore?" o "Come posso farlo funzionare un po' meglio?" invece di chiedere: "Cosa posso fare di diverso?"

Gary:

Quando entri in una relazione, tendi a fare *variazione* e non *differenza*, perché la base sottostante dalla quale stai creando è: "Ho questa relazione".

Dain:

La relazione diventa il punto centrale attorno al quale ruota tutto il resto. È come prendere una corda, inchiodarne un'estremità al terreno e dire a te stesso che puoi allontanarti quel tanto che la corda ti permette. Questa è una delle ragioni per la quale tanti ragazzi iniziano a stancarsi una volta entrati in una relazione. Torni a casa e la tua ragazza o il tuo partner dicono: "Voglio solo stare seduta\o qui e bere birra" o "Voglio solo guardare la tv" o "Voglio solo fumare" o "Voglio solo fare qualcosa". Così sei in variazione, non stai continuamente essendo *diverso*. E non c'è abbastanza vivacità nella variazione. Non c'è abbastanza vita; non c'è abbastanza differenza per te.

Gary:

Se iniziassi a funzionare dal *diverso*, creeresti la vitalità che ha creato la tua relazione all'inizio.

Dain:

E la tua donna ti implorerebbe di averne ancora! Avresti il suo rispetto, ti desidererebbe, la faresti sempre eccitare. Ma cerchi di stare al loro gioco, per così dire. Entri nel *variare* e così non ti rispettano. Pensano di poterti calpestare, possedere, controllare e credono che tu non abbia valore.

Gary:

Che non è quello che vogliono davvero avere.

Dain:

Giusto e, sfortunatamente, chi è che te lo sta imponendo?

Gary:

Sei tu.

Dain:

Abbiamo visto uomini che sembravano essere i peggiori stronzi della terra, pieni di donne. La cosa che ti renderà più attraente di quanto gli uomini scortesi, insensibili e stronzi sono mai stati è la volontà di creare qualcosa di diverso.

Gary:

La parte importante di tutto questo è creare. Quando stai cercando di modificare, non stai cercando di creare. Stai cercando di prendere quello che è stato istituito e alterarlo un po', in modo che non sia più sgradevole. Ti basta?

Dain:

Pensi di dover vivere dalla *variazione* invece che dalla *diversità*. Questa idea è così dannatamente radicata in tutto.

Gary:

È ciò a cui ci siamo accordati.

Dain:

Quando inizi a pensare di scegliere qualcosa di diverso, la tua struttura cellulare inizia a vibrare. Pensi che il *diverso* ti farà dare di matto, pensi che non ti piaccia il *diverso*, pensi di voler solo essere in grado di cambiare quel tanto che renda la cosa migliore, ma questo è ciò che ti uccide. Devi uscire fuori dalla "modalità di sintonizzazione" e il modo di farlo è chiederti: "Cosa posso essere o fare di diverso qui che permetterà ad una possibilità completamente diversa di mostrarsi ora?"

Tutto ciò che non permette questo, per dioziliardi di volte, distruggerai e screerai tutto? Giusto e Sbagliato, Bene e Male, POD e POC, Tutti e 9, Shorts, Boys e Beyonds

Quale stupidità stai usando per creare il bisogno di variazione come più reale e più necessario della possibilità della differenza, che stai scegliendo?

Gary:
Le donne dicono: "È necessario che tu ti modifichi" e quando qualsiasi cosa diventa una necessità, tu la resisti.

E se scegliessi di fare qualcosa di diverso con gli uomini presenti nella tua vita? Significherebbe doverci fare sesso? No, perché proprio ora stai mantenendo la tua relazione con loro, stai cercando di variare la tua relazione con gli uomini mentre non stai facendo qualcosa di diverso rispetto a quanto hai fatto in passato. Si tratta di cambiamento.

Le donne imparano presto questo: hanno una bambola e le mettono nuovi vestiti per farla apparire cambiata e diversa. Ma non è realmente diversa; è la sua apparenza che è cambiata. Vi basta?

La mia ex-moglie una volta disse: "Io e Gary abbiamo una relazione molto diversa ora che ho cambiato il suo modo di vestire."

Dain:

Wow. "Guarda, l'ho fatto diventare un bambolotto."

Gary:

Ero il suo bambolotto.

Dain:

Quanti di voi sono diventati il bambolotto nella maggior parte delle relazioni in cui eravate? Tutto ciò che è, per dioziliardi di volte, distruggerai e screerai tutto per favore? Giusto e Sbagliato, Bene e Male, POD e POC, Tutti e 9, Shorts, Boys e Beyonds

Quello che ti porta in quello stato è il separarti da te stesso.

Quale stupidità stai usando per creare il bisogno di variazione come più reale e più necessario delle possibilità, delle scelte e delle domande della differenza, che stai scegliendo? Tutto ciò che è, per dioziliardi di volte, distruggerai e screerai tutto per favore? Giusto e Sbagliato, Bene e Male, POD e POC, Tutti e 9, Shorts, Boys e Beyonds

Gary:

Hai chiesto: "Come posso variarlo?" invece di chiedere "Quali altre scelte, quali altre possibilità e quali altre domande posso avere qui?" il che significa che non puoi ricevere un contributo. Puoi solo cercare di dare a qualcun altro. Ti è chiaro?

Partecipante alla Classe:

Assolutamente.

Partecipante alla Classe:

Che figo. È precisamente quella che è stata tutta la mia vita. Ora capisco come ho interrotto le scelte per fare qualcosa di diverso.

Gary:

Sfortunatamente, non ci è stata data una consapevolezza riguardo la diversità. Parte di queste informazioni è venuta fuori in Costa Rica, quando stavo parlando con Dain riguardo a una situazione presente nella sua vita. Mi chiese: "Come la aggiusto?" e gli risposi: "Perché dovresti aggiustarla? Puoi fare qualcosa di diverso."

Dain:

E dissi: "Ma non è quello che fanno le persone. Nessuno al mondo fa qualcosa di diverso. Lo aggiusti, così funziona meglio" e Gary per poco non cadeva a terra.

Gary:

Mi sono dovuto sdraiare. La cosa mi ha sconvolto perché avevo speso tutto il mio tempo nel creare Access Consciousness dal punto di vista che se le persone avessero saputo che potevano scegliere diversamente, l'avrebbero fatto.

Fu scioccante e mi fece sussultare sapere che la mia realtà era totalmente diversa da quella di tutti gli altri.

Dain:

Quale stupidità stai usando per creare il bisogno di variazione come più reale e più necessario delle possibilità, delle scelte e delle domande della differenza, che stai scegliendo? Tutto ciò che è, per dioziliardi di volte, distruggerai e screerai tutto per favore? Giusto e Sbagliato, Bene e Male, POD e POC, Tutti e 9, Shorts, Boys e Beyonds

Quando funzioni dalle possibilità, scelte e domande, è un contributo che va in entrambe le direzioni. Riguarda il contributo che sei per gli altri e il contributo che sei per te stesso. Se smetti di cercare di modificarti per adeguarti alla relazione e inizi a chiederti "Cosa dovrebbe succedere di diverso qui per me?" avrai tutta una serie diversa di domande, di possibilità e di scelte dalle quali iniziare a funzionare. Ti posso garantire che la maggior parte degli uomini non si chiede mai cosa dovrebbe succedere di diverso nella loro relazione affinché funzioni per loro.

Ti dici: "Come posso modificarmi?" piuttosto che "Come possiamo fare qualcosa di totalmente diverso, qualunque cosa essa sia?" o "Cosa possiamo essere o fare di diverso?" o "Cosa posso essere o fare di diverso che permetterà ad una diversa possibilità, diversa scelta e diversa domanda di mostrarsi, per essere un contributo diverso e perché io venga contribuito diversamente?"

POSSIBILITÀ, SCELTA, DOMANDA E CONTRIBUTO

Gary:
Ti è chiaro che ti piacerebbe davvero essere un contributo?

Partecipante alla Classe:
Sì.

Gary:

L'unico modo in cui puoi funzionare dal contributo è attraverso la scelta, la possibilità e la domanda. Hai già chiaro l'obiettivo del contributo: non si tratta di come aggiungere il contributo a questo; è ciò che tu e tutti gli altri desiderate in quanto *essere*: essere un contributo.

Se inizi a funzionare dal "diverso", cose diverse possono mostrarsi nella tua vita. Devi creare una realtà diversa piuttosto che cercare di cambiare questa realtà. Non cercare di essere l'uomo aggiusta-tutto.

Partecipante alla Classe:

Quando cerco di cambiarmi affinché le cose vadano meglio o si adeguino meglio, è lì che perdo me stesso?

Gary:

Sì, è lì che ti perdi, perché non stai facendo o essendo qualcosa di diverso; stai cambiando per adeguarti meglio. È come se ti fossi cambiato l'abito: sei vestito per il ruolo, non sei vestito per il successo.

Partecipante alla Classe:

Questo mi dà così tanta consapevolezza riguardo a ciò che ho scelto e di cui non sono mai stato consapevole. Sono davvero grato.

Dain:

Questo spiega un sacco di aree dove noi, in quanto uomini, non siamo stati in grado di essere uomini e spiega molto di quella "non-mascolinità" dalla quale abbiamo cercato di funzionare.

Gary:

Perché cerchi di aggiustarti e di cambiarti per poterti adeguare all'universo del cambiamento dei sagomati in cartone.

Partecipante alla Classe:

Esattamente. Mi sono chiesto: "Come posso cambiare cosicché la cosa funzioni meglio per qualcun altro?" invece di chiedere: "Cosa funzionerà per me?" e "Cosa posso fare di diverso che funzionerà per me e forse anche per l'altra persona?"

SEI MAI STATO INCORAGGIATO AD ESSERE UN UOMO?

Partecipante alla Classe:

Mi spiace che sto avendo problemi a capire e ad essere ciò che posso essere in quanto uomo. Sono così grato per il Gentlemen's Club.

Gary:

Posso farti una domanda?

Partecipante alla Classe:

Sì.

Gary:

Sei mai stato incoraggiato ad essere un uomo?

Partecipante alla Classe:

No, per niente.

Gary:

Qualcuno in questa chiamata è mai stato incoraggiato ad essere un uomo?

Partecipante alla Classe:

Ora mi stai facendo piangere.

Gary:

Non sono mai stato incoraggiato ad essere un uomo. Sono stato incoraggiato a essere l'uomo che le donne avrebbero scelto di sposare.

Partecipante alla Classe:

Non ho mai visto un uomo che abbia scelto di essere un uomo. Stanno solo cercando di essere qualsiasi cosa funzioni per la loro donna o per la loro moglie.

Partecipante alla Classe:

Grazie ragazzi per essere disposti ad avere a che fare con noi.

Gary:

Ci piacete. Ci piacete molto più di quanto voi piacciate a voi stessi.

Dain:

Sì, esattamente! Ci piacete un sacco di più di quanto voi piacciate a voi stessi.

Gary:

Vorremmo che vi faceste avanti per essere qualcosa di diverso.

Partecipante alla Classe:
>Diverso è la mia nuova parola.

Gary:
>Bene ragazzi, fate i bravi. Vi voglio tanto bene.

Partecipante alla Classe:
>Grazie ragazzi.

Gary:
>Ciao.

Dain:
>Ciao.

2
Creare Sesso e Relazione dalla Consapevolezza di Cosa Siano

Hai la tendenza a vedere la correttezza dei tuoi punti di vista limitati, non la verità di quello che sei in grado di percepire, sapere, essere e ricevere e ti ritrovi in relazioni che non funzionano.

Gary:
Ciao, gentlemen. Qualcuno ha una domanda?

CREAZIONE CONTRO INVENZIONE

Partecipante alla Classe:
Al momento non ho avuto tempo di occuparmi di questa cosa degli uomini. Tutta la mia energia è rivolta a fare soldi ed a portare avanti il mio business. Non c'è tempo per questa roba del Gentlemen's (Club). Tutte queste altre cose sono di gran lunga più importanti. Cosa sto creando con questo?

Cosa posso essere o fare che creerà qualcosa di diverso per me, di modo che possa avere tutto questo?

Gary:

Deve esserti chiaro che c'è una differenza tra creazione e invenzione.

Invenzione è quando guardi la televisione, vedi le persone che fanno cose e cerchi di inventare che ciò che stanno facendo sia reale, così dici le stesse parole e fai le stesse azioni, pensando di creare ciò che loro hanno. Ma non stai creando nulla. È *invenzione* totale di ciò che la realtà è. Non è una *consapevolezza* di ciò che è la realtà.

Ci piacerebbe portarvi in uno spazio in cui avere un tipo diverso di scelta, cosicché possiate guardare cosa *è* e chiedervi: "Come mi piacerebbe usarlo?" e "Come posso crearlo?"

Ci trovavamo in Costa Rica e stavo guardando un film in tv. Era in spagnolo e non lo capivo tanto, ma mi ero fatto un'idea di quello che stava succedendo. Volevano ritrarre la "passione" e la scena mostrava gli indumenti intimi di qualcuno che cadevano a terra. La persona indossava Nike e calzini corti. Avrei pensato alla "passione" se delle mutandine fossero cadute su dei tacchi alti. Avrei pensato alla "passione" se avessi saputo che chi indossava le Nike era un uomo o una donna ma, così com'era la scena, non funzionava per me come "passione". Guardandolo, mi sono reso conto che *inventiamo* i pensieri, le sensazioni, le emozioni, il sesso e l'assenza di sesso dai quali funzioniamo. Non *generiamo* e *creiamo* i veri elementi di ciò che ci darà tutto quello che vogliamo. Per esempio, quale percentuale della tua vita sessuale è inventata in accordo con la corteccia visiva di questa realtà?

Dain:
La corteccia visiva è la parte del cervello che processa le informazioni visive. Vedi qualcuno che corrisponde all'invenzione della tua corteccia visiva in base a ciò che una persona dovrebbe essere e ti inventi che significa questo, questo e questo. Quello che vedi non significa niente di tutto questo, ma tu elimini la tua consapevolezza per seguire la limitazione dell'invenzione.

COME *APPARE* CONTRO COME È.

Gary:
Tu, in quanto essere infinito, percepisci, sai, sei e ricevi, giusto?

Le armoniche più basse del percepire, sapere, essere e ricevere sono il funzionare dai pensieri, sensazioni, emozioni, sesso e assenza di sesso. Quando fai questo, tutto è delineato da quello che tu, l'essere limitato, vedi visualmente nel mondo. Hai un punto di vista completamente limitato di ciò che potrebbe in realtà essere. Per esempio, quando cerchi di fare qualcosa dall'aspetto visivo, puoi solo vedere il modo in cui esso *appare* e non il modo in cui è.

Hai la tendenza a vedere la correttezza dei tuoi punti di vista limitati, non la verità di quello che sei in grado di percepire, sapere, essere e ricevere e ti ritrovi in relazioni che non funzionano.

Quale stupidità stai usando per creare l'invenzione di

segnali, sigilli, simboli, emblemi e l'importanza del sesso, dell'amplesso e della relazione come l'erroneità, il rifiuto di successo, l'eliminazione del ricevere e la perdita, che stai scegliendo? Tutto ciò che è per dioziliardi di volte, distruggerai e screerai tutto? Giusto e Sbagliato, Bene e Male, POD e POC, Tutti e 9, Shorts, Boys e Beyonds

I segnali, i sigilli, i simboli, gli emblemi e l'importanza sono i distintivi che indossi e che non hanno nulla a che fare con chi sei. Cerchi i segnali, i sigilli, i simboli, gli emblemi e l'importanza del sesso, dell'amplesso e della relazione.

I segnali, i sigilli, i simboli, gli emblemi e l'importanza dell'amplesso sono "È il mio tipo", "Non è il mio tipo", "Potrebbe essere divertente", "Potrebbe non essere divertente", "Posso guardarli mentre lo fanno, ma non devo essere coinvolto". Sono tutti gli spazi strani nei quali vai dove, invece di avere scelta, hai l'eliminazione della possibilità.

I segnali, i sigilli, i simboli, gli emblemi e l'importanza della relazione sono: "Oh, piaccio loro", "Oh, non piaccio loro", "Oh, vogliono stare con me", "Non vogliono stare con me", "Oh, voglio qualcuno nella mia vita", "Non voglio nessuno nella mia vita."

Quante volte guardi qualcuno e dici: "Ecco la persona con la quale voglio stare", sebbene tu non abbia la benché minima idea di chi diavolo sia quella persona? Non hai assolutamente consapevolezza di ciò che vogliono veramente ed elimini tutta la tua consapevolezza di quello che ti richiederanno perché non vuoi che nessuno ti richieda niente di quello che non sei disposto a dare. Funzionerà?

Partecipante alla Classe:

Per niente. È come avere il pilota automatico nel mondo delle caverne. Sembra fondamentale per essere un uomo (parlando con voce cavernicola) "Uh, sembra buono, prendo."

IL DOMINIO DEL CAZZO

Gary:

La cosa fondamentale per essere un uomo è la supposizione che tu sia dominato dal tuo cazzo. Che tu sia gay o etero, il cazzo comanda. È vero o è un'invenzione?

Partecipante alla Classe:

Invenzione.

Gary:

Quanti di voi hanno inventato il dominio del cazzo? Ovunque avete inventato il dominio del cazzo, distruggerete e screerete tutto? Giusto e Sbagliato, Bene e Male, POD e POC, Tutti e 9, Shorts, Boys e Beyonds

Dain:

Che figo. Il dominio del cazzo.

Gary:

Quanti di voi hanno avuto lo spazio in cui vi siete inventati che eravate il tipo di ragazzo che sbavava?

Dain:

Ogni volta che qualcuno di attraente vi passa a fianco!

Gary:

Ogni volta che siete attratti da qualcuno, entrate in questa modalità.

Tutto quello che avete fatto per inventarvi come il ragazzo "stupido", distruggerete e screerete tutto? Giusto e Sbagliato, Bene e Male, POD e POC, Tutti e 9, Shorts, Boys e Beyonds

Dain:

"Duh, posso averlo per favore? Ok, grazie. Posso averne un altro per favore? Ok, grazie". È come se niente altro importasse. Diventi uno stupido.

Gary:

Diventi uno con un quoziente intellettivo a cifra singola.

Tutto ciò che hai fatto per inventarti come avente il quoziente intellettivo a cifra singola, ovvero dominato dal tuo cazzo, distruggerai e screerai tutto? Giusto e Sbagliato, Bene e Male, POD e POC, Tutti e 9, Shorts, Boys e Beyonds

Dain:

Wow. Già mi piace questa chiamata.

Gary:

Anche a me.

Dain:

Quale stupidità stai usando per creare l'invenzione di segnali, sigilli, simboli, emblemi e l'importanza del sesso, dell'amplesso e della relazione come l'erroneità, il rifiuto di successo, l'eliminazione del ricevere e la perdita, che stai scegliendo? Tutto ciò che è per dioziliardi di volte,

distruggerai e screerai tutto? Giusto e Sbagliato, Bene e Male, POD e POC, Tutti e 9, Shorts, Boys e Beyonds

SE SEI UN UOMO, SEI SBAGLIATO

Gary:

Hai mai avuto l'idea di essere sbagliato quando stavi con qualcuno che era carino/a, di bell'aspetto e che era la persona giusta per te?

Partecipante alla Classe:

Sì, ma siamo sbagliati anche se non stiamo con quella persona.

Gary:

Beh, certo! Se il tuo serpente non punta nella giusta direzione, sei sbagliato. Se punta in una direzione, sei sbagliato. Se punta tutto, sei sbagliato.

Dain:

E se non punta, sei ancora più sbagliato.

Gary:

Tutto ciò che hai fatto per inventare questo come la tua realtà, distruggerai e screerai tutto? Giusto e Sbagliato, Bene e Male, POD e POC, Tutti e 9, Shorts, Boys e Beyonds

Dain:

Ho notato che, nel prepararmi ad uscire con diverse ragazze per cena, o per farci sesso o altro, pensavo: "Questo è a posto? Oh cavolo, mi sono rasato correttamente? Fammi lavare i denti ancora una volta. Uh, devo assicurarmi di essermi messo il deodorante. Fammelo sciacquare ancora una volta." C'era un'intensità di giudizio su come sarei stato sbagliato, su come già ero sbagliato e su come sarebbe andata se fossi riuscito ad apparire abbastanza perfetto, o dire qualcosa di abbastanza perfetto che, in qualche modo, avrebbe disfatto la mia erroneità. Mi ci è voluto molto tempo per capire che stavo percependo quello che era presente nel loro mondo.

Tutto ciò che hai fatto per inventarti come il bisogno di essere la perfezione del partner sessuale, distruggerai e screerai tutto? Giusto e Sbagliato, Bene e Male, POD e POC, Tutti e 9, Shorts, Boys e Beyonds

Sembra che tutti voi ragazzi abbiate cercato di fare "il perfetto partner sessuale".

Gary:

Se sei un uomo, sei sbagliato. Se sei un uomo con gli uomini, sei comunque sbagliato. Se pensi di fare sesso con gli uomini, sei sbagliato. Se pensi di fare sesso con le donne, sei sbagliato. La buona notizia è che sei dannatamente sbagliato.

Tutto ciò che hai fatto per inventare questo come la tua realtà, lo distruggerai e screerai tutto? Giusto e Sbagliato, Bene e Male, POD e POC, Tutti e 9, Shorts, Boys e Beyonds

Dain:

Quale stupidità stai usando per creare l'invenzione di segnali, sigilli, simboli, emblemi e l'importanza del sesso, dell'amplesso e della relazione come l'erroneità, il rifiuto di successo, l'eliminazione del ricevere e la perdita, che stai scegliendo? Tutto ciò che è per dioziliardi di volte, distruggerai e screerai tutto? Giusto e Sbagliato, Bene e Male, POD e POC, Tutti e 9, Shorts, Boys e Beyonds

Gary:

Oh mio Dio, o mio Dio. La buona notizia ragazzi è che siete in errore da così tanto tempo che siete diventati degli scienziati nel campo.

Dain:

È bene essere bravi in qualcosa.

Gary:

Sì, va sempre bene essere bravi nell'essere sbagliati. È come se fosse automatico: sei un uomo, quindi sei sbagliato.

Dain:

Hai ragione.

Gary:

Lo so, ma se ho ragione, tu hai torto e se io ho torto, tu hai ragione e se sono un uomo, sono comunque sbagliato. (NdT gioco di parole, in quanto in inglese la parola "wrong" significa sia sbagliato che errato)

Tutto ciò che hai inventato riguardo a questo punto di vista, distruggerai e screerai tutto? Giusto e Sbagliato, Bene e Male, POD e POC, Tutti e 9, Shorts, Boys e Beyonds

Partecipante alla Classe:

Pensiamo che saremmo giusti se acchiappiamo una donna, per così dire?

Gary:

Beh, tu pensi che se hai la donna finalmente dimostrerai che hai i giusti segnali, sigilli, simboli, emblemi e l'importanza. La maggior parte di voi sono disposti solo ad avere il distintivo rosso del coraggio o la lettera rossa "A", che significa che sei un adultero o un abietto. E se tu fossi la persona in grado di attivare e realizzare fisicamente una realtà diversa? Lo stai scegliendo o lo stai evitando? Quante volte ti sei inventato come perdente, ancor prima di iniziare? Più di dioziliardi di volte, o meno?

Partecipante alla Classe:

Più.

Gary:

Tutto ciò che è, per dioziliardi di volte, distruggerai e screerai tutto? Giusto e Sbagliato, Bene e Male, POD e POC, Tutti e 9, Shorts, Boys e Beyonds

Non è fantastico? Hai perso ancor prima di aprire bocca. Questa cosa renderà più difficile creare una relazione o un amplesso? Sì! Non è nel tuo miglior interesse.

L'INVENZIONE DELLA CONTRACCEZIONE

Dain:

Quale stupidità stai usando per creare l'invenzione di segnali, sigilli, simboli, emblemi e l'importanza del sesso, dell'amplesso e della relazione come l'erroneità, il rifiuto di successo, l'eliminazione del ricevere e la perdita, che stai scegliendo? Tutto ciò che è per dioziliardi di volte,

distruggerai e screerai tutto? Giusto e Sbagliato, Bene e Male, POD e POC, Tutti e 9, Shorts, Boys e Beyonds

I segnali, i sigilli, i simboli, gli emblemi e l'importanza sono le invenzioni che ti impediscono di mettere al mondo la tua consapevolezza. Sono come il top dei contraccettivi. Fai sesso, amplesso e relazione come cose che creano l'erroneità, il rifiuto del successo, l'eliminazione del ricevere e l'assicurarti della perdita. Cerchi di avere il giusto sesso, il giusto amplesso e la giusta relazione in modo da smettere di sentirti un perdente, un non vincente e come un qualcuno che può ricevere e non essere sbagliato.

Partecipante alla Classe:
Quando Dain dice: "I segnali, sigilli, simboli, emblemi e importanza sono le invenzioni che ti impediscono di mettere al mondo la tua consapevolezza" sento che mi si addice. Cos'è?

Gary:
Quanto delle invenzioni del sesso, dell'amplesso e della relazione sono un modo per eliminare e non mettere al mondo la consapevolezza, ma per abortirla?

Partecipante alla Classe:
Tutto.

Gary:
Quanto del sesso che hai fatto è stato basato sull'abortire tutta la tua consapevolezza? Molto, un po' o megatonellate? Giusto e Sbagliato, Bene e Male, POD e POC, Tutti e 9, Shorts, Boys e Beyonds

Dain:

 Quale stupidità stai usando per creare l'invenzione di segnali, sigilli, simboli, emblemi e l'importanza del sesso, dell'amplesso e della relazione come l'erroneità, il rifiuto di successo, l'eliminazione del ricevere e la perdita, che stai scegliendo? Tutto ciò che è per dioziliardi di volte, distruggerai e screerai tutto? Giusto e Sbagliato, Bene e Male, POD e POC, Tutti e 9, Shorts, Boys e Beyonds

Gary:

 Veramente credi sia possibile per te perdere? Tutto ciò che hai fatto per creare questa credenza, distruggerai e screerai tutto? Giusto e Sbagliato, Bene e Male, POD e POC, Tutti e 9, Shorts, Boys e Beyonds

 Non ci sono perdenti. La differenza tra un perdente e un vincente è la stessa differenza che c'è tra qualcuno che comunque ci proverà e qualcuno a cui non importa nemmeno provare, cosicché non possa perdere.

 Quanto del modo in cui ti sei creato è stato un'invenzione cosicché tu non possa veramente riuscire, ricevere o perdere, ma tu possa sempre dimostrare di essere stato sbagliato per non aver scelto diversamente? Tutto ciò che è, per dioziliardi di volte, distruggerai e screerai tutto? Giusto e Sbagliato, Bene e Male, POD e POC, Tutti e 9, Shorts, Boys e Beyonds

 Ecco il processo che voi ragazzi dovete iniziare a farvi scorrere:

 Quale realizzazione fisica del creare il sesso, l'amplesso e il successo sono ora in grado di generare, creare e istituire? Tutto ciò che non permette a questo di mostrarsi, per dioziliardi di volte, distruggerai e screerai tutto?

E SE IL SUCCESSO FOSSE SEMPLICEMENTE UNA SCELTA?

Partecipante alla Classe:
Hai detto: "Sesso, amplesso e successo." In che modo il successo fa parte di quest'equazione? Sembra essere fuori tema.

Gary:
Beh, se riesci a fare sesso con qualcuno, ti senti più di successo?

Partecipante alla Classe:
Sì.

Gary:
Se raggiungi la sensazione di avere più soldi, ti senti più di successo?

Partecipante alla Classe:
Sì.

Gary:
E sono così diverse?

Partecipante alla Classe:
Sono due energie diverse, ma sia la soddisfazione che il successo sono presenti.

Gary:
Il successo è comunque lì. È per questo che vi sto dando questo processo da farvi scorrere.

Quale realizzazione fisica del creare il sesso, l'amplesso e il successo sono ora in grado di generare, creare e istituire? Tutto ciò che non permette a questo di mostrarsi, per dioziliardi di volte, distruggerai e screerai tutto?

Partecipante alla Classe:

Continuo a tornare al *successo*. E' una parola così pesante per me. Riguarda il convalidarmi ed è sempre giudizio.

Gary:

Il *successo* è sempre un giudizio. Come sarebbe se non ti dovessi preoccupare del giudizio? Come sarebbe sei il successo fosse semplicemente una scelta?

Partecipante alla Classe:

Potresti semplicemente scegliere il successo senza giudizio?

Gary:

Certo.

Partecipante alla Classe:

Puoi spiegarlo?

Gary:

Sì. Il successo avendo un giudizio è l'idea che farai sesso con qualcuno. Il successo con giudizio è l'idea che creerai qualcosa come un risultato dello stesso. Ti serve davvero? Come sarebbe se riuscissi a guardare a qualcosa senza il senso del successo? Come sarebbe se fossi disposto ad avere qualsiasi cosa che sei in grado di avere? Le cose che noi vediamo come successo, sesso, amplesso e storia sentimentale sono artificiose. Sono una realtà inventata.

PUOI CREARE O PUOI INVENTARE

Dain:

Perché puoi sia *creare* che *inventare*, il che ci porta all'inizio di questa conversazione.

Gary:

Quanto del tuo successo con la storia sentimentale, il sesso e l'amplesso è inventato, al punto che ti soffoca e ti distrugge? Molto? Poco? O megatonnellate? Tutto ciò che è, per dioziliardi di volte, distruggerai e screerai tutto? Giusto e Sbagliato, Bene e Male, POD e POC, Tutti e 9, Shorts, Boys e Beyonds

Invenzione è quando guardi qualcuno e cerchi di creare una connessione emozionale.

Cerchi di creare il tuo sesso e l'amplesso a partire da questo, ma non funziona perché non ha alcuna essenza. Tu, in quanto l'essere che sei, hai molta più essenza nella vita e, sfortunatamente, se hai un'essenza seria, hai la tendenza a spaventare le persone che ti interessano.

Dain:

Li spaventi tantissimo. Quindi impari fin da piccolo ad abbassare il tono riguardo ciò che è intenso di te, riguardo tutto ciò che è grandioso di te e riguardo tutto ciò che è strano e diverso in te e che, tra l'altro, è tutto ciò che ti rende *te*. È tutto ciò che ti rende attraente a qualcuno che vorrebbe divertirsi con te. Abbassi il tono a tutte quelle cose e cerchi di inventarti come qualcosa che sarebbe attraente per le persone a cui ti sei inventato di dover essere attratto.

Gary:

Può funzionare per te?

Partecipante alla Classe:

Per niente.

Gary:

Devi essere concreto su quello che vuoi creare. Se ti bevi il punto di vista "voglio stare con qualcuno nella mia vita" cosa significa? Qualcosa? Niente? Tutto? O è una domanda così amorfa da non dover vedere cosa funzionerà davvero per te?

Quanto di quello che hai deciso riguardo lo "stare con qualcuno" è un'invenzione della realtà amorfa dell'inesistenza?

Dain:

Quale stupidità stai usando per creare l'invenzione di segnali, sigilli, simboli, emblemi e l'importanza del sesso, dell'amplesso e della relazione come l'erroneità, il rifiuto di successo, l'eliminazione del ricevere e la perdita, che stai scegliendo? Tutto ciò che è per dioziliardi di volte, distruggerai e screerai tutto? Giusto e Sbagliato, Bene e Male, POD e POC, Tutti e 9, Shorts, Boys e Beyonds

Quale realizzazione fisica del creare il sesso, l'amplesso e il successo sono ora in grado di generare, creare e istituire? Tutto ciò che non permette a questo di mostrarsi, per dioziliardi di volte, distruggerai e screerai tutto? Giusto e

Sbagliato, Bene e Male, POD e POC, Tutti e 9, Shorts, Boys e Beyonds

CREARE QUALCOSA CHE SIA DIVERSO

Gary:

Ragazzi, capite che stiamo parlando di creare qualcosa di diverso? Dovete capire come vorreste che fosse qualcosa. Chiedete:
- Sarà facile?
- Sarà divertente?
- Sarà espansivo per me?
- Sarà nutriente per me?
- Imparerò qualcosa?

Se non lo è, allora state richiedendo qualcuno che vi fotta. E se richiedete qualcuno che vi fotta, un sacco di persone lo faranno e non sempre nel senso buono.

Dain:

Vero.

Gary:

Vi è chiaro?

Partecipanti alla Classe:

Sì.

Gary:

Quanti di voi siete stati fottuti (e non in senso buono) da qualcuno con cui avevate deciso di voler stare insieme? Ovunque avete preso questa decisione, perché ogni volta che fate una decisione, un giudizio, un calcolo o una conclusione sulle persone con cui farete sesso o amplesso, avete sigillato la vostra bara e morirete in questa situazione. Tutto ciò che è, per dioziliardi di volte, distruggerai e screerai tutto? Giusto e Sbagliato, Bene e Male, POD e POC, Tutti e 9, Shorts, Boys e Beyonds

Dain:
Quale stupidità stai usando per creare l'invenzione di segnali, sigilli, simboli, emblemi e l'importanza del sesso, dell'amplesso e della relazione come l'erroneità, il rifiuto di successo, l'eliminazione del ricevere e la perdita, che stai scegliendo? Tutto ciò che è per dioziliardi di volte, distruggerai e screerai tutto? Giusto e Sbagliato, Bene e Male, POD e POC, Tutti e 9, Shorts, Boys e Beyonds

Quale realizzazione fisica del creare il sesso, l'amplesso e il successo sono in grado di generare, creare e istituire? Tutto ciò che non permette a questo di mostrarsi, per dioziliardi di volte, distruggerai e screerai tutto?

Quale stupidità stai usando per creare l'invenzione del dominio del cazzo che stai scegliendo? Tutto ciò che è, per dioziliardi di volte, distruggerai e screerai tutto? Giusto e Sbagliato, Bene e Male, POD e POC, Tutti e 9, Shorts, Boys e Beyonds

Gary:
Quanti di voi pensano che il vostro cazzo stia dominando tutto, inclusi voi stessi? Tutto ciò che avete fatto per dare il dominio su di voi al vostro cazzo, distruggerete e screerete tutto? Giusto e Sbagliato, Bene e Male, POD e POC, Tutti

e 9, Shorts, Boys e Beyonds

TI STAI RENDENDO MENO SESSUALE?

Dain:
Quanti di voi, nello sforzo di *non* fare in modo che il vostro cazzo dominasse la vostra vita, vi siete resi completamente asessuali? Tutto ciò che è, per dioziliardi di volte, distruggerai e screerai tutto? Giusto e Sbagliato, Bene e Male, POD e POC, Tutti e 9, Shorts, Boys e Beyonds

Gary:
Wow. Non è che si sono resi asessuali. Si sono resi meno sessuali, in modo da poter essere ricevuti da coloro ai quali non piace il sesso.

Dain:
Oh sì, l'ho fatto per molto, molto tempo.

Partecipante alla Classe:
Oh mio Dio.

Gary:
Tutto ciò che hai fatto per renderti meno sessuale in modo da poter essere ricevuto da coloro ai quali non piace il sesso, distruggerai e screerai tutto, per dioziliardi? Giusto e Sbagliato, Bene e Male, POD e POC, Tutti e 9, Shorts, Boys e Beyonds

Partecipante alla Classe:
Impariamo a farlo da bambini. Ieri ho portato mio figlio

da sua madre ed è stato interessante vedere come il bambino ha eliminato completamente la sua sexualness, in modo che lei potesse riceverlo.

Gary:

Sì, ti rendi conto che sarai denigrato e sarai ridotto in poltiglia se hai quel genere di sexualness.

Quale stupidità stai usando per creare l'invenzione dell'erroneità della tua sexualness come la perfezione dei giudizi della tua sexualness e il bisogno di fornire energia sessuale a coloro che sono morti, o che stanno morendo, che stai scegliendo? Tutto ciò che è, per dioziliardi di volte, distruggerai e screerai tutto? Giusto e Sbagliato, Bene e Male, POD e POC, Tutti e 9, Shorts, Boys e Beyonds

Dain:

Wow. Wow. Ho già detto "Wow"?

STAI CERCANDO DI GUARIRE QUELLI CHE STANNO MORENDO A CAUSA DI UNA MANCANZA DI ENERGIA SESSUALE?

Gary:

Questo è un processo buono. Ha una tonnellata di carica energetica. Sembra che la maggior parte di voi abbia eliminato la propria energia sessuale per poter guarire coloro che stanno morendo a causa di una mancanza di energia sessuale.

Partecipante alla Classe:

Oh mio Dio.

Dain:

Quale stupidità stai usando per creare l'invenzione dell'erroneità della tua sexualness come la perfezione dei giudizi della tua sexualness e il bisogno di fornire energia sessuale a coloro che sono morti, o che stanno morendo, che stai scegliendo? Tutto ciò che è, per dioziliardi di volte, distruggerai e screerai tutto? Giusto e Sbagliato, Bene e Male, POD e POC, Tutti e 9, Shorts, Boys e Beyonds

Hey, ho una domanda. È per questo che quando siete con qualcuno che ha un'energia sessuale, specialmente un altro ragazzo, vi spaventate e fate quella strana, merdosa, competizione? Preferireste scegliere una donna o un compagno morti, o che stanno morendo e riportarli in vita e vi incazzate pure se qualche altro ragazzo è interessato a riportarli in vita al posto vostro?

Quale stupidità stai usando per creare l'invenzione dell'erroneità della tua sexualness come la perfezione dei giudizi della tua sexualness, tu, cattivo cattivo ragazzo, e il bisogno di fornire energia sessuale a coloro che sono morti, o che stanno morendo, che stai scegliendo? Tutto ciò che è, per dioziliardi di volte, distruggerai e screerai tutto? Giusto e Sbagliato, Bene e Male, POD e POC, Tutti e 9, Shorts, Boys e Beyonds

Gary:

Posso solo aggiungere che iniettare il tuo sperma in qualcuno non crea vita ed esistenza?

Ovunque hai cercato di creare questo e tutto ciò che ti sei inventato che creerà davvero la vita e l'esistenza, distruggerai e screerai tutto per favore, per dioziliardi di volte? Giusto e Sbagliato, Bene e Male, POD e POC, Tutti e 9, Shorts, Boys e Beyonds

Partecipante alla Classe:
E se lo inietti *su di* loro?
(Risate)

Dain:
Vi amo. Vi amo.

Quale stupidità stai usando per creare l'invenzione dell'erroneità della tua sexualness come la perfezione dei giudizi della tua sexualness, perché "cosa farai con tutto il tuo tempo e la tua energia" e il bisogno di fornire energia sessuale a coloro che sono morti, o che stanno morendo, che stai scegliendo? Tutto ciò che è, per dioziliardi di volte, distruggerai e screerai tutto? Giusto e Sbagliato, Bene e Male, POD e POC, Tutti e 9, Shorts, Boys e Beyonds

Gary:
Quanti di voi si sono davvero inventati che le persone con le quali fate sesso, che stanno morendo o sono morte, sono le persone che hanno bisogno del sesso che fornite loro? Tutto ciò che avete fatto per creare questo invece di godervi davvero una sana scopata, distruggerai e screerai tutto? Giusto e Sbagliato, Bene e Male, POD e POC, Tutti e 9, Shorts, Boys e Beyonds

Dain:
Quale stupidità stai usando per creare l'invenzione dell'erroneità della tua sexualness come la perfezione dei giudizi della tua sexualness e il bisogno di fornire energia

sessuale a coloro che sono morti, o che stanno morendo, che stai scegliendo? Tutto ciò che è, per dioziliardi di volte, distruggerai e screerai tutto? Giusto e Sbagliato, Bene e Male, POD e POC, Tutti e 9, Shorts, Boys e Beyonds

Gary:

Avete deciso che siete i morti e i moribondi ai quali dovete fornire energia sessuale?

Dain:

E che in realtà potete attingere energia sessuale dalle persone morte e morenti?

Gary:

Tutto ciò che avete fatto per creare questa invenzione come reale, distruggerete e screerete tutto? Giusto e Sbagliato, Bene e Male, POD e POC, Tutti e 9, Shorts, Boys e Beyonds

Partecipante alla Classe:

Sembra che la misura del successo sia l'essere in grado di rimettere in piedi qualcuno che sta morendo o che è morto.

Dain:

Lì non c'è più niente e dici: "Ti riporterò in vita! Quindi sono forte. Sono un successo perché ti ho riportato in vita."

Quale stupidità stai usando per creare l'invenzione dell'erroneità della tua sexualness come la perfezione dei giudizi della tua sexualness e il bisogno di fornire energia sessuale a coloro che sono morti, o che stanno morendo, che stai scegliendo? Tutto ciò che è, per dioziliardi di volte,

distruggerai e screerai tutto? Giusto e Sbagliato, Bene e Male, POD e POC, Tutti e 9, Shorts, Boys e Beyonds

Gary:

Tutto ciò che non ti permette di vedere dove hai scelto i morti e moribondi per farci sesso, invece di scegliere le persone che sarebbero potute essere davvero divertenti, distruggerai e screerai tutto? Giusto e Sbagliato, Bene e Male, POD e POC, Tutti e 9, Shorts, Boys e Beyonds

Dain:

Tutto quello che rende questo il fatto che devi diventare il morto e moribondo cosicché qualcuno possa arrivare e darti energia, distruggerai e screerai tutto per favore? Giusto e Sbagliato, Bene e Male, POD e POC, Tutti e 9, Shorts, Boys e Beyonds

ATTRAZIONE SESSUALE

Gary:

È questo ciò che chiamate attrazione sessuale?

Dain:

Wow.

Gary:

Questo è ciò che vi siete inventati come attrazione sessuale. Se avete qualcuno che è morto o che sta morendo, si sente attratto da voi. Se voi siete morti o state morendo, sarete attraenti per qualcun altro.

Tutto ciò che è, per dioziliardi di volte, distruggerai e

screerai tutto? Giusto e Sbagliato, Bene e Male, POD e POC, Tutti e 9, Shorts, Boys e Beyonds

Quale percentuale dell'attrazione sessuale è un'invenzione per farti capire o farti essere l'erroneità di te? Molta? Poca? O megatonnellate? Tutto ciò che è, per dioziliardi di volte, distruggerai e screerai tutto? Giusto e Sbagliato, Bene e Male, POD e POC, Tutti e 9, Shorts, Boys e Beyonds

Dain:

Quale stupidità stai usando per creare l'invenzione dell'erroneità della tua sexualness come la perfezione dei giudizi della tua sexualness e il bisogno di fornire energia sessuale a coloro che sono morti, o che stanno morendo, che stai scegliendo? Tutto ciò che è, per dioziliardi di volte, distruggerai e screerai tutto? Giusto e Sbagliato, Bene e Male, POD e POC, Tutti e 9, Shorts, Boys e Beyonds

Gary:

Wow, la frase di pulizia è ancora più intensa di quanto sperassi.

Partecipante alla Classe:

Sono davvero grato.

Dain:

Ragazzi, è straordinario! E pensavo che l'altro fosse un processo infinito.

Quale stupidità stai usando per creare l'invenzione dell'erroneità della tua sexualness come la perfezione dei giudizi della tua sexualness e il bisogno di fornire energia sessuale a coloro che sono morti, o che stanno morendo, che stai scegliendo? Tutto ciò che è, per dioziliardi di volte, distruggerai e screerai tutto? Giusto e Sbagliato, Bene e Male, POD e POC, Tutti e 9, Shorts, Boys e Beyonds

Gary:

Come sarebbe se avessi più energia sessuale rispetto alle altre persone intorno a te?

Quanti di voi sono guaritori sessuali e vogliono che gli altri siano guaritori sessuali per voi stessi? È questo che vi sta uccidendo: volete che gli altri siano guaritori sessuali per voi stessi. Ogni invenzione che avete creato in quel mondo, distruggerete e screerete tutto? Giusto e Sbagliato, Bene e Male, POD e POC, Tutti e 9, Shorts, Boys e Beyonds

ATTENZIONE SULLA CREAZIONE

Cercate *di inventare* che qualcosa succederà, piuttosto di *crearla* in modo da farla accadere.

Se volete essere di successo, dovete vedere quello che siete in grado di creare. Dovete focalizzarvi sulla creazione del mettervi sessualmente assieme a qualcuno.

Dain:

Quando vi inventate che qualcosa succederà e non accade, vi rimane l'erroneità per il fatto di non essere stati in grado di creare ciò che avete inventato e che avreste dovuto essere in grado di creare. Siete disposti a spendere un sacco di tempo e di energia riguardo a chi o a cosa dovreste scopare, o da chi farvi scopare, o comunque lo vogliate dire, ma non su quanta energia siete disposti a mettere nel creare il successo in ogni area della vostra vita?

Gary:

Tendete ad usare il sesso come un'identificazione del successo. Siete di successo se avete un'energia sessuale che è attraente per moltissime persone. E se questa fosse la bugia che vi tiene in trappola?

Tutto ciò che avete fatto per credere alla bugia che l'energia sessuale sarà il segno del successo e che l'energia sessuale vi farà scopare, distruggerete e screerete tutto? Giusto e Sbagliato, Bene e Male, POD e POC, Tutti e 9, Shorts, Boys e Beyonds

Partecipante alla Classe:

Hey, Gary, hai detto che è una bugia, ma io la sento così vera. Mi sono bevuto completamente l'idea che se hai un'energia sessuale sarai di successo.

Gary:

È vero, o è quello che stai facendo contro te stesso?

Dain:

O è ciò che ti stai inventando contro te stesso?

Gary:

Tutto quello che hai fatto per usare quest'energia contro di te, anziché usarla per te, distruggerai e screerai tutto? Giusto e Sbagliato, Bene e Male, POD e POC, Tutti e 9, Shorts, Boys e Beyonds.

ANDARE IN VACANZA

Dain:

Tutte queste invenzioni sono una parte enorme di ciò che sta impedendo al sesso di essere divertente, perché è basato su tutte queste invenzioni. È anche uno di quei posti dove ti allontani dal successo che è disponibile. Pensa a quanta energia metti nel sesso e nello scopare (o nell'evitare di scopare) e chiediti: "Se mettessi tutta questa energia nel mio business, cosa avrei creato in quest'ultimo anno?"

Potresti prendere in considerazione la possibilità di cambiare questo, in modo da iniziare a mettere quell'energia nel tuo business.

C'è stato un momento nella mia vita dove le donne erano l'unica cosa che esistesse. Arrivai ad avere un appuntamento con una ragazza al mattino e un altro al pomeriggio. Ci passai la notte e il pomeriggio seguente ne incontrai un'altra e ci feci sesso. Diciamo che feci due giorni e mezzo di vacanza.

Gary:

E adesso noi diciamo: "Dain va in vacanza."

Dain:

Già, "Me ne vado in vacanza!" ed è lì che spegnevo la mente. Era la mia vacanza dalla consapevolezza, dalla coscienza e dal creare il mio business.

Gary:

Quale realizzazione fisica del sesso e dell'amplesso come "in vacanza" sei ora in grado di generare, creare e istituire? Tutto ciò che non permette a questo di mostrarsi per dioziliardi di volte, distruggerai e screerai tutto? Giusto e Sbagliato, Bene e Male, POD e POC, Tutti e 9, Shorts, Boys e Beyonds

Dain:

Sono molto grato di aver avuto questa esperienza perché mi sono reso conto che stavo mettendo enormi quantità di energia nell'universo delle persone per riportarle in vita e per far sì che il sesso fosse il posto dove potevo disfare i loro giudizi, far accendere i loro corpi ed avere quel livello di intensità che a me piace. Ho osservato questa cosa e mi sono detto: "Cavolo, se avessi messo la stessa quantità di energia nel mio business, avrebbe decollato durante questo fine settimana anziché fare un passetto in avanti."

Gli avevo sottratto così tanta energia. Non è che tu hai una quantità di energia limitata, ma quando hai l'idea che: "Questo è ciò che è creativo, questo è ciò che è generativo e molto altro poco lo è" ti allontani dal successo che potresti creare.

Gary:

Sai come ho fatto a by-passare questo? Nei tempi passati, quando facevo sesso, droga e rock'n'roll, mi facevo due canne prima di fare sesso con qualcuno in modo da poter by-passare tutti i loro giudizi. Funzionava molto bene.

Dain:

Se puoi avere questa consapevolezza e chiederti: "Sto veramente distruggendo il mio successo qui con le scelte che sto facendo?" potresti scoprire di poter fare una scelta diversa. Potresti dire: "Ok, cosa ci vorrebbe perché questo fosse creativo e generativo? Tutte le invenzioni che ho, che stanno creando il me che va verso la distruzione del successo, le distruggo e le screo."

COME SAREBBE CREARE IL SESSO E LE RELAZIONI DA UNA REALTÀ COMPLETAMENTE DIVERSA?

Gary:

Nella prossima settimana, mi piacerebbe che pensaste a come sarebbe se foste disposti a generare e creare il sesso e le relazioni da una realtà completamente diversa. Registrate questa domanda e mettetela in loop e sentitela incessantemente:

Quale realizzazione fisica del sesso, dell'amplesso, della relazione e del successo da una realtà che va oltre questa realtà sono ora in grado di generare, creare e istituire? Tutto ciò che è, per dioziliardi di volte, distruggerai e screerai tutto? Giusto e Sbagliato, Bene e Male, POD e POC, Tutti e 9, Shorts, Boys e Beyonds

Dain:

Ok, bellissimi uomini.

Partecipante alla Classe:

Volevo solo dire che sono estremamente grato per queste chiamate. Sono straordinarie. Grazie mille.

Partecipanti alla Classe:

Grazie infinite.

Dain:

Grazie. Come può essere ancora meglio di così?

Gary:

Grazie ragazzi. Vi voglio molto bene.

3
Sei Tu il Prodotto di Valore

Non rendo più gli altri il prodotto di valore.
Sono diventato il prodotto di valore e ci sono molte più cose a
disposizione per me ora di quanto ce ne siano mai state prima.

Gary:
Ciao, Gentlemen. Iniziamo con qualche domanda.

DEMONI DELLA NECESSITÀ

Partecipante alla Classe:
Sono così grato per il Gentlemen's Club. Per la prima volta nella mia vita sono felice di essere un uomo e felice di essere nel corpo di un uomo. Ho fatto la domanda: "Come può essere ancora meglio di così?" e circa il 90% delle volte sento: "Non può". Non so se sono i miei pensieri, o i pensieri di qualcun altro, o i pensieri di un'entità.

Ho chiesto anche: "Quale stupidità sto usando per creare lo sradicamento e l'eliminazione totali di *come può essere ancora meglio di così?*, che sto scegliendo?" Potete darmi più chiarezza su questo, per favore?

Gary:

Devi chiedere: Demoni della separazione? Dì loro che è tempo di andarsene. Dì: Demoni, ritornate da dove siete venuti, non ritornate mai più da me o in questa realtà.

Qualsiasi cosa o chiunque ti dica che non puoi fare qualcosa è un demone. Un'entità è un essere al quale farebbe molto piacere prendere un corpo nuovo. Un demone è un'entità alla quale è stato dato il compito di avere potere su qualcosa o su qualcuno. Ti imprigiona e ti mantiene diminuito. Vogliamo portarvi laddove questo non accade più. I demoni arrivano ogni volta che diventi un seguace di qualcuno, perché stai cercando di ottenere potere dalla persona che stai seguendo. Qualcuno di voi ha mai dato potere a una donna?

Partecipanti alla Classe:

(Risate)

Gary:

Questo sarebbe un *sì*. Iniziamo con questo processo:
Quale stupidità stai usando per creare le invenzioni, le intensità artificiali e i demoni della necessità del seguire il sesso opposto, che stai scegliendo? Tutto ciò che è, per dioziliardi di volte, distruggerai e screerai tutto? Giusto e Sbagliato, Bene e Male, POD e POC, Tutti e 9, Shorts, Boys e Beyonds.

Partecipante alla Classe:
Potresti parlare di cosa sono le intensità artificiali?

Gary:
Quando vuoi davvero qualcosa, prendi il punto di vista "Questa è un'idea davvero buona!". Lo rendi intenso. Dici: "Ne ho così bisogno!" E' un punto di vista inventato; è artificiale. Usi l'intensità per creare la credenza che creerai qualcosa di buono.

Ogni volta che vuoi seguire una donna, o la vagina dorata, stai creando uno spazio dove diventi l'effetto dei demoni. E se in qualche vita passata sei stato una donna, cercherai di seguire gli uomini. Ogni volta che ti rendi un seguace di qualcuno, inviti dentro di te i demoni per controllarti.

Partecipante alla Classe:
Quando segui un guru stai cercando di ottenere del potere su di lui?

Gary:
Segui un guru perché vuoi che ti veda come la persona geniale che sei. Inviti i demoni dentro di te per vedere e riconoscere quanto sei geniale. I demoni si attivano ogni volta che cerchi di seguire qualcuno.

Partecipante alla Classe:
Questo è molto interessante.

Gary:
Quali stupidità stai usando per creare le invenzioni, le intensità artificiali e i demoni della necessità di seguire il sesso opposto, che stai scegliendo? Tutto ciò che è, per

dioziliardi di volte, distruggerai e screerai tutto? Giusto e Sbagliato, Bene e Male, POD e POC, Tutti e 9, Shorts, Boys e Beyonds

Ti inventi che i demoni siano una fonte di potere e che quell'intensità artificiale sia una fonte di potere. Certo, nessuno di voi è mai stato artificialmente intenso, oppure sì?

Quali stupidità stai usando per creare le invenzioni, le intensità artificiali e i demoni della necessità di seguire il sesso opposto, che stai scegliendo? Tutto ciò che è, per dioziliardi di volte, distruggerai e screerai tutto? Giusto e Sbagliato, Bene e Male, POD e POC, Tutti e 9, Shorts, Boys e Beyonds

Ogni volta che cerchi di seguire qualcosa o qualcuno, stai invitando ciò che creerà il peggior risultato nella tua vita. L'idea del seguire è l'idea che qualcuno ha bisogno di avere il controllo su di te, o che possono avere il controllo su di te e che è molto più importante per qualcuno avere il controllo su di te, rispetto a quanto sia per te essere te stesso.

Quali stupidità stai usando per creare le invenzioni, le intensità artificiali e i demoni della necessità di seguire il sesso opposto, che stai scegliendo? Tutto ciò che è, per dioziliardi di volte, distruggerai e screerai tutto? Giusto e Sbagliato, Bene e Male, POD e POC, Tutti e 9, Shorts, Boys e Beyonds

Partecipante alla Classe:
Sto provando molta difficoltà a essere presente con questa chiamata. Non voglio stare qui. Voglio staccarmi gli auricolari. È qualcosa che ha a che fare con i demoni o è altro?

Gary:

I demoni cercheranno sempre di farti allontanare da qualsiasi cosa ti renderà libero da loro. Quindi, proprio ora, tutti voi, dite a tutti i demoni che avete scelto per avere il sesso opposto o per essere il sesso opposto: ritornate da dove siete venuti, non tornate mai più da me o in questa realtà.

Partecipante alla Classe:

Wow, figo.

Partecipante alla Classe:

Grazie.

Gary:

Va meglio?

Partecipante alla Classe:

Sì!

Gary:

Quali stupidità stai usando per creare le invenzioni, le intensità artificiali e i demoni della necessità di seguire il sesso opposto, che stai scegliendo? Tutto ciò che è, per dioziliardi di volte, distruggerai e screerai tutto? Giusto e Sbagliato, Bene e Male, POD e POC, Tutti e 9, Shorts, Boys e Beyonds

Riesci a stare più presente ora?

Partecipante alla Classe:

Sono molto più presente ora. Il mio corpo sta quasi tremando.

Gary:

Bene. Stai tremando o stai essendo l'energia che il tuo corpo in realtà può essere? Invitate le entità e i demoni nel vostro corpo e nella vostra realtà in modo da poter essere quel demone a letto che pensate dobbiate essere. Questo è dove si suppone che dobbiate chiedere sesso a una donna e che lei debba darvelo perché pensate che vi stia seguendo, ma voi state già seguendo lei, quindi, chi è che comanda? E questa cosa come sta funzionando?

Partecipante alla Classe:

Non funziona.

Partecipante alla Classe:

Gary, l'altro giorno ho sentito dire in una chiamata (ed era la prima volta che te lo sentivo dire) che più diventiamo consapevoli e più svegliamo questi demoni.

Gary:

Più diventi consapevole e più svegli demoni ed entità perché non sei più disposto ad essere l'effetto delle cose, così diventa più difficile per loro mantenere il loro compito.

Partecipante alla Classe:

Ho notato, mentre facevo scorrere questo processo sui demoni, che alcuni giorni le voci se n'erano andate; altri giorni invece si erano moltiplicate.

CONSAPEVOLEZZA PERVADENTE IN UN MONDO DI DEMONI

Gary:

Sì, perché un nuovo gruppo di demoni si sta risvegliando. Puoi far scorrere:

Quali stupidità sto usando per evitare la consapevolezza pervadente che potrei scegliere? Tutto ciò che non permette a questo di mostrarsi per dioziliardi di volte, distruggerai e screerai tutto? Giusto e Sbagliato, Bene e Male, POD e POC, Tutti e 9, Shorts, Boys e Beyonds

Se pervadi di consapevolezza un mondo di demoni, quel mondo non può più esistere. I demoni hanno svolto il compito di creare seguaci e creare le persone come "effetto" per trilioni di anni, e non hanno più voglia di farlo. A loro non piace dove stanno; a loro non piace essere bloccati dove sono, tanto quanto a te non piace il fatto che loro siano appiccicati a te. Più consapevolezza viene a galla sul pianeta Terra e più il loro compito non avrà valore. In India e in quasi tutto il Medio Oriente, per esempio, hanno adorato divinità - demoni per secoli. E in altre parti del mondo le persone praticano magia nera.

L'idea che tu, in quanto Essere, hai bisogno di qualcosa al di fuori di te, è una realtà inventata. Le persone dicono cose come: "Oh, lo strano demone" o "Me l'hanno fatto fare i demoni" o "E' stato il diavolo a farmelo fare". Questi sono tutti modi in cui invitiamo i demoni nell'esistenza, ma non possono fare il loro dovere di fronte alla consapevolezza. Quindi, continuate a far scorrere:

Quali stupidità sto usando per evitare la consapevolezza

pervadente che potrei scegliere? Tutto ciò che non permette a questo di mostrarsi per dioziliardi di volte, distruggerai e screerai tutto? Giusto e Sbagliato, Bene e Male, POD e POC, Tutti e 9, Shorts, Boys e Beyonds

Partecipante alla Classe:
Esiste un demone dei soldi?

Gary:
Certo. I soldi sono considerati un demone. Le persone considerano i soldi come il demone che impedisce loro di avere una vita. "I soldi sono la radice di tutti mali" oppure "L'amore per i soldi è la radice di tutti mali." In qualunque modo la metti, i soldi vengono ritratti come il male e non come qualcosa di facile, gioioso o di valore da avere. Capisci come funziona?

Quale stupidità sto usando per evitare la consapevolezza pervadente che potrei scegliere? Tutto ciò che non permette a questo di mostrarsi per dioziliardi di volte, distruggerai e screerai tutto? Giusto e Sbagliato, Bene e Male, POD e POC, Tutti e 9, Shorts, Boys e Beyonds?

Ecco un altro processo che potreste far scorrere:

Quale realizzazione fisica dell'essere le leggi pervadenti della consapevolezza siete ora in grado di generare, creare e istituire? Tutto ciò che non permette a questo di mostrarsi, per dioziliardi di volte, distruggerai e screerai tutto? Giusto e Sbagliato, Bene e Male, POD e POC, Tutti e 9, Shorts, Boys e Beyonds

Se mettete questi due processi in loop, le cose inizieranno a cambiare in ogni aspetto della vostra vita, non solo nelle relazioni con le donne.

STAI RENDENDO QUALCUNO VIRTUOSO?

Partecipante alla Classe:
Sto avendo difficoltà nel capire cosa voglio per la mia vita. Mi critico costantemente.

Gary:
Proviamo questo processo:
Quale stupidità stai usando per creare le invenzioni, le intensità artificiali e i demoni che difendono e proteggono il virtuoso che sto seguendo, che sto scegliendo? Tutto ciò che è, per dioziliardi di volte, distruggerai e screerai tutto? Giusto e Sbagliato, Bene e Male, POD e POC, Tutti e 9, Shorts, Boys e Beyonds

Partecipante alla Classe:
Hai detto: "Il virtuoso"? Cos'è?

Gary:
Il virtuoso che sto seguendo, che sto scegliendo? Diciamo che decidi che qualcuno è una persona virtuosa. Non è facile, non è una puttana. Non si darà via facilmente. E quindi decidi che è virtuosa, e *virtuosa* significa migliore di te. Ogni volta che decidi che qualcuno è migliore di te, devi renderti sbagliato per qualsiasi cosa tu scegli. E poi devi vedere quanto sei incasinato visto che quella persona non ti ha scelto.

Non che gli uomini facciano questo con le donne.. Oh, sì, lo fanno! Facciamolo scorrere
di nuovo:
Quale stupidità stai usando per creare le invenzioni, le

intensità artificiali e i demoni che difendono e proteggono il virtuoso che sto seguendo, che sto scegliendo? Tutto ciò che è, per dioziliardi di volte, distruggerai e screerai tutto? Giusto e Sbagliato, Bene e Male, POD e POC, Tutti e 9, Shorts, Boys e Beyonds

Hai mai notato come dici: "È la ragazza perfetta?" Questo è renderla virtuosa. "Questa ragazza è perfetta. È tanto bella." Virtuosa. Questo è il modo in cui rendi qualcuno virtuoso anziché rendere te stesso di valore.

Tutto ciò che è, per dioziliardi di volte, distruggerai e screerai tutto? Giusto e Sbagliato, Bene e Male, POD e POC, Tutti e 9, Shorts, Boys e Beyonds

Quale stupidità stai usando per creare le invenzioni, le intensità artificiali e i demoni che difendono e proteggono il virtuoso che sto seguendo, che sto scegliendo? Tutto ciò che è, per dioziliardi di volte, distruggerai e screerai tutto? Giusto e Sbagliato, Bene e Male, POD e POC, Tutti e 9, Shorts, Boys e Beyonds

Partecipante alla Classe:
Quando ti ho chiamato, la settimana scorsa, mi hai dato una pulizia riguardante lo scegliere per me anziché scegliere per chiunque altro. Ho iniziato a farlo di più, specialmente con il mio partner ed ha creato molte situazioni intense, perché era abituata al fatto che sceglievo prima *lei* o *noi* e mai *me*.

Gary:
Beh, ha la vagina dorata.

Partecipante alla Classe:
(Ride). Assolutamente. Tutto quello che è successo nelle ultime due settimane corrisponde con l'energia di quello che stai dicendo oggi. Puoi aiutarmi a chiarire quello che non sto vedendo qui?

Gary:
Quale stupidità stai usando per creare la vagina dorata, che stai scegliendo? Tutto ciò che è, per dioziliardi di volte, distruggerai e screerai tutto? Giusto e Sbagliato, Bene e Male, POD e POC, Tutti e 9, Shorts, Boys e Beyonds

ACCORDO E CONSEGNA

Partecipante alla Classe:
Lei ha una reazione forte quando scelgo di fare o essere qualcosa di diverso rispetto a prima.

Gary:
Tu stai cambiando le cose. Non avete mai fatto un accordo e consegna, vero?

Partecipante alla Classe:
No, assolutamente no.

Gary:
Una relazione è un accordo d'affari, quindi devi fare Accordo e Consegna come faresti in qualsiasi accordo d'affari. La difficoltà nelle interazioni d'affari e nelle relazioni sorge perché la maggior parte delle persone non ha idea di cosa le piacerebbe. Crede che se si è gentili e carini, riceverà

dagli altri cose gentili e carine.

Non sei disposto a vedere quello che le persone vogliono dare, quello che daranno e cosa significa per loro dare. Hai un dioziliardo di fantasie su cosa si suppone debba succedere, il che significa che non stai vedendo quello che realmente accadrà. Devi fare Accordo e Consegna o non ci sarà spazio per incrementare la tua realtà. Devi essere estremamente chiaro su cosa desideri e necessiti e su cosa l'altra persona necessita e desidera. Chiedi:

- Qual'è l'accordo?
- Tu cosa darai?
- Cosa ti aspetti che io dia?
- Esattamente, che aspetto avrà e come funzionerà?
- Cosa dovrò essere per te?

Devi dire: "Hey, amore, possiamo fare un Accordo e Consegna? Cosa ti aspetti da me?" Se la chiami "amore" anziché "cara" o "tesoro", dovrà essere più dolce per essere all'altezza del titolo che le hai dato.

Partecipante alla Classe:
    Figo. Ho creato demoni con le mie scelte riguardanti lei?

Gary:
    Sì. Quanti demoni hai che hanno creato il seguirla costantemente? Molti, pochi o megatonnellate?

Partecipante alla Classe:
    Megatonnellate.

Gary:
    L'hai resa il guru della tua vita? Quanti di voi, ragazzi,

avete reso le donne i guru che dovreste seguire? Tutto ciò che avete fatto per creare i demoni che continuano a farvi seguire lei e i suoi ordini e fare quello che dice, e tutto ciò che è, per dioziliardi di volte, distruggerai e screerai tutto? Giusto e Sbagliato, Bene e Male, POD e POC, Tutti e 9, Shorts, Boys e Beyonds

Partecipante alla Classe:
Questo combacia con la domanda che ti ho fatto, ovvero se seguire qualcuno significava cercare di avere potere su loro.

ESPANDERÀ LA MIA AGENDA?

Gary:
Per molti anni, ogni volta che io e Dain prendevamo in considerazione l'idea di fare qualcosa, ci chiedevamo: "Questo espanderà la mia agenda?" L'idea era che se qualcosa avesse espanso la nostra agenda, l'avremmo fatta.

Fu molto scioccante scoprire che tutti i peni degli uomini si chiamano Agenda e se c'è una donna coinvolta, tutti pensate che la vostra agenda si espanderà. Infatti, sapete che è così.

Partecipanti alla Classe:
(Risate)

Gary:
La vostra agenda è quella cosa che vi penzola tra le gambe. Ogni volta che pensate al sesso espandete la vostra agenda.

Io e Dain abbiamo scoperto che c'è un modo per aggirare la cosa. Chiedete:

Se scelgo questo, come sarà la mia vita in cinque anni?

Se non scelgo questo, come sarà la mia vita in cinque anni?

È l'unico modo in cui scoprirete ciò che vi piacerebbe creare e che espanderà la vostra agenda.

Partecipante alla Classe:

Come mai cinque anni? E un bel po' lontano. Perché non chiedere semplicemente tra un anno?

Gary:

Cinque anni sono così lontani nel futuro che non puoi inventare come qualcosa sarà. Metterlo tra cinque anni ti permette di percepire qualcosa energeticamente, invece di farlo dai tuoi pensieri, sensazioni ed emozioni.

Partecipante alla Classe:

Grazie.

QUANDO SEI IL LEADER, DIVENTI IL PRODOTTO DI VALORE

Partecipante alla Classe:

Il fatto di seguire il virtuoso descrive il modo in cui ho sempre fatto nelle mie relazioni sessuali con gli uomini. Vedo un ragazzo e dico: "Sì, è lui." Quello dal QI a una singola cifra prende il sopravvento e via, si va. Gli do tutto il mio potere, come dite voi e lo rendo giusto, e se non mi sceglie, allora sono sbagliato. Mi potete mostrare un modo differente per farlo?

Gary:

Sì. Devi chiedere: "Perché sto seguendo invece di condurre?"

Quale stupidità stai scegliendo per evitare il condurre che potresti scegliere? Tutto ciò che è, per dioziliardi di volte, distruggerai e screerai tutto? Giusto e Sbagliato, Bene e Male, POD e POC, Tutti e 9, Shorts, Boys e Beyonds

Partecipante alla Classe:

Cioè?

Gary:

Dunque, quando sei il leader, diventi il prodotto di valore. In Access Consciousness le donne vanno da Dain e gli dicono: "Oh, mi piacerebbe fare sesso con te." Intendono davvero questo?

Partecipante alla Classe:

No.

Gary:

No. Cosa intendono?

Partecipante alla Classe:

Vogliono avere potere su di lui. Vogliono essere significative.

Gary:

Esatto. Vogliono essere significative e vogliono avere una relazione. Ho ricevuto un bigliettino questo weekend da una donna. Diceva "Mi piacerebbe uscire con te a cena, divertirmi e molto altro." È molto bella, ma è una stronza demoniaca infernale.

Partecipante alla Classe:

E non è il genere che piace a te Gary? Non va bene?

Gary:

Mi piaceva. Ma ho scoperto che se inseguo la vagina dorata, di solito finisce male per me. Non rendo più gli altri il prodotto di valore. Sono diventato il prodotto di valore e ci sono molte più cose a disposizione per me ora di quanto ce ne siano mai state prima.

Quale stupidità stai usando per evitare di essere il prodotto di valore e il leader che potresti scegliere? Tutto ciò che è, per dioziliardi di volte, distruggerai e screerai tutto? Giusto e Sbagliato, Bene e Male, POD e POC, Tutti e 9, Shorts, Boys e Beyonds

Molti di voi pensano che se qualcuno è *disposto* ad avervi, o a fare sesso con voi, non possono essere di valore. E se *non* sono disposti a fare sesso con voi, non siete di valore. Perché vi svalutate?

Tutto ciò che è, per dioziliardi di volte, distruggerai e screerai tutto? Giusto e Sbagliato, Bene e Male, POD e POC, Tutti e 9, Shorts, Boys e Beyonds

Partecipante alla Classe:

Recentemente ho incontrato una donna e sembrava che dicesse: "Dobbiamo fare sesso ora, prima di lasciarci."

Gary:

Deve avere a che fare con il suo desiderio, la sua realtà, ciò che sceglie e quello che vuole creare.

Cos'ha questo a che fare con quello che tu desideri?

Partecipante alla Classe:
Nulla.

Gary:
La maggior parte delle persone funziona in base a quello che gli altri richiedono e desiderano, invece di scegliere ciò che per loro funziona.

Partecipante alla Classe:
Com'è che anche lei ha il tema della mancanza nel suo universo?

Gary:
Anche lei sta cercando di trovare una persona da seguire. Nota che il primo processo che vi ho dato non riguardava gli uomini o le donne, ma il sesso opposto:

Quale stupidità stai usando per creare le invenzioni, le intensità artificiali e i demoni della necessità del seguire il sesso opposto, che stai scegliendo? Tutto ciò che è, per dioziliardi di volte, distruggerai e screerai tutto? Giusto e Sbagliato, Bene e Male, POD e POC, Tutti e 9, Shorts, Boys e Beyonds

Si applica ad entrambi i giocatori. Dovete essere consapevoli di questo. Come giocate entrambi? Quando trovi qualcuno che ha una pazzia che combacia con la tua, ti sentirai notevolmente attratto (da lui o da lei). Non è carino? La vostra pazzia comune è quello che vi rende attraenti l'un l'altra.

Partecipanti alla Classe:
(Risate)

Partecipante alla Classe:
E cos'è quando vogliamo uccidere le persone che conosciamo dalle altre vite passate? È un'altra cosa?

Gary:
Quando provi queste attrazioni molto intense, dove non riesci a separarti dalla persona, di solito avviene questa dinamica. È quando dici: "Mi piacerebbe molto fare bla-bla-bla" o "È molto importante per me stare assieme a te" o "So che siamo stati assieme in molte altre vite".

Partecipante alla Classe:
Ultimamente sto iniziando a fare cose diverse. Non sto più entrando in quei vecchi schemi tanto quanto come facevo prima. Qualcosa è davvero cambiato.

Gary:
Figo, siamo sulla strada giusta. Ed è questo ciò che vogliamo: essere sulla strada giusta.

L'ERRONEITÀ DEL DESIDERARE SESSO

Partecipante alla Classe:
Potresti parlare dei demoni riguardo alle erroneità del desiderio di fare sesso?

Gary:
Prima di tutto, il sesso e l'amplesso sono sempre stati

un'erroneità.

In quante vite passate hai scelto i demoni e hai chiesto aiuto al Signore o a chiunque altro potesse liberarti dalla voglia di sesso? Quanti demoni hai che stanno eliminando la tua energia sessuale?

Partecipante alla Classe:
Molti.

Gary:
Tutto ciò che è, per dioziliardi di volte, esigerai ora che ritornino da dove sono venuti e che non ritornino mai più a te o alla tua realtà, per tutta l'eternità?

Partecipante alla Classe:
Sì

Gary:
Tutto ciò che non permette a questo di mostrarsi, per dioziliardi di volte, al tre: Uno… due… tre! Grazie

Hai mai detto: "Per favore Dio, fai in modo che non abbia voglia di fare sempre sesso, perché sono così sbagliato per il fatto di voler far sempre sesso" o "Devo fare sesso. Qualcuno può aiutarmi così posso fare sesso?" Entrambe queste frasi invitano i demoni. Entrambe ti tolgono potere. Devi avere la scelta e la disponibilità a ricevere.

PRESENZA TOTALE NEL SESSO E NELL'AMPLESSO

Partecipante alla Classe:

Cosa succede quando lasci il tuo corpo durante il sesso? È collegato ai demoni?

Gary:

Beh, di solito lasciare il tuo corpo durante il sesso è un modo per essere presente senza essere presente. Stai cercando di mantenere in piedi solo la tua "Agenda Espansa" senza mostrarti come in realtà sei. Quindi non funziona, vero?

Partecipante alla Classe:

No.

Gary:

Come sarebbe se fossi totalmente presente?
Quale stupidità stai usando per evitare la presenza totale durante il sesso e l'amplesso, che stai scegliendo? Tutto ciò che è, per dioziliardi di volte, distruggerai e screerai tutto? Giusto e Sbagliato, Bene e Male, POD e POC, Tutti e 9, Shorts, Boys e Beyonds

ENTRAINMENT CULTURALE

Partecipante alla Classe:

Io sono asiatico e mi sembra che le persone asiatiche siano più conservative riguardo il sesso.

Gary:
   No, sono più represse sul sesso.

Partecipante alla Classe:
   È un programma culturale questo?

Gary:
   Sì.

Partecipante alla Classe:
   Io sono single e ho problemi nell'approcciare le ragazze. Non capisco quale sia il vero problema. A volte è come se provassi paura o ansia.

Gary:
   Ragazzi, dovete capire che voi siete consapevoli. Nel mondo delle donne la paura e l'ansia sono presenti quanto lo sono nel vostro, forse anche di più. Devi chiederti: "È mio?" Perché spesso la ragazza ha tanti problemi quanto te.

   Quando ero alle superiori c'era una ragazza che era considerata la donna più bella della scuola. Nessuno le parlava o le chiedeva di uscire. Erano spaventati perché erano sicuri che sarebbero stati rifiutati. Alla fine io tirai fuori tutto il mio coraggio e le chiesi di uscire. Fu la persona più noiosa con la quale fossi mai uscito. Dopo questo scelsi persone brutte con le quali uscire, almeno erano interessanti. Mi fu chiaro che qualcuno che è molto carino prova la stessa ansia che prova la persona brutta quando le viene chiesto di uscire. Devi chiederti: "Questa paura, ansia, è mia? O è loro?" Così saprai cosa sta succedendo.

Partecipante alla Classe:

Come posso superare questo senza dar peso al giudizio di tutti gli altri sull'approcciare le ragazze?

Gary:

Puoi riconoscere che tu sei prodotto di valore.

Partecipante alla Classe:

Ho partecipato alla classe sul corpo di tre giorni e volevo scambiare processi con le ragazze, ma mi è stato insegnato dalla società e da mia madre che toccare i corpi delle ragazze è sbagliato.

Gary:

Ti è stato insegnato che toccare i corpi delle ragazze è sbagliato. Sei sbagliato se le tocchi e sei sbagliato se non lo fai. Questa è manipolazione culturale, ovvero tutto quello che ti bevi da chiunque altro. È tutto ciò che dice la tua società e la tua cultura. Tutte queste cose sono erronei mucchi di spazzatura. Prova a far scorrere questo:

Quale stupidità sto usando per creare la manipolazione culturale, che sto scegliendo? Tutto ciò che è, per dioziliardi di volte, distruggerai e screerai tutto? Giusto e Sbagliato, Bene e Male, POD e POC, Tutti e 9, Shorts, Boys e Beyonds

Partecipante alla Classe:

Questo riguarda anche le religioni?

Gary:

Sì, le religioni sono sempre una manipolazione culturale. In quante vite sei stato un prete e hai infranto i tuoi voti e fatto sesso con qualcuno, di solito un ragazzino, ma non parleremo di questo. Non è normale essere casti.

Tutto ciò che è, per dioziliardi di volte e tutte le vite in cui hai giudicato te stesso per aver infranto i tuoi voti di castità, distruggerai e screerai tutto? Giusto e Sbagliato, Bene e Male, POD e POC, Tutti e 9, Shorts, Boys e Beyonds

Quale stupidità stai usando per creare l'unsex, che stai scegliendo? Tutto ciò che è, per dioziliardi di volte, distruggerai e screerai tutto? Giusto e Sbagliato, Bene e Male, POD e POC, Tutti e 9, Shorts, Boys e Beyonds

ESSERE L'ENERGIA SESSUALE CHE SEI

Partecipante alla Classe:
   Gary, cos'è l'unsex?

Gary:
   Unsex è quando, invece di essere l'essere sessuale che sei, cerchi di negarlo, sopprimerlo, non esserlo e trovare un modo per eliminarlo.

Partecipante alla Classe:
   Ah. Giusto.

Gary:
   Quale stupidità stai usando per creare l'unsex e l'unamplesso, che stai scegliendo? Tutto ciò che è, per dioziliardi di volte, distruggerai e screerai tutto? Giusto e Sbagliato, Bene e Male, POD e POC, Tutti e 9, Shorts, Boys e Beyonds

Ragazzi state mettendo un sacco di energia nell'unsex

e nell'unamplesso! Mi stupisce che riusciate comunque a scopare.

Quale stupidità stai usando per creare l'unsex e l'unamplesso, che stai scegliendo? Tutto ciò che è, per dioziliardi di volte, distruggerai e screerai tutto? Giusto e Sbagliato, Bene e Male, POD e POC, Tutti e 9, Shorts, Boys e Beyonds

Avete cercato di unsexare e unamplessare voi stessi per sempre! Io non esco a fare sesso, ma ho un sacco di opportunità e faccio sempre queste domande:

- Sarà facile?
- Sarà divertente?
- Imparerò qualcosa?

Di solito quando chiedo: "Imparerò qualcosa" ricevo: "Sì, imparerò quanto andrà male!" E quindi non lo faccio. Prima invece, dal momento che la mia agenda si espandeva, pensavo che fosse giusto farlo. Nessuno di voi ha questo punto di vista, vero?

Quale stupidità stai usando per creare le invenzioni, le intensità artificiali e i demoni del tuo pene come costante fonte dell'espansione della tua agenda, che stai scegliendo? Tutto ciò che è, per dioziliardi di volte, distruggerai e screerai tutto? Giusto e Sbagliato, Bene e Male, POD e POC, Tutti e 9, Shorts, Boys e Beyonds

Quanto di ciò che è l'energia sessuale state sopprimendo?

Partecipante alla Classe:

E' di nuovo la cosa del seguire, vero? Cambierai o sopprimerai la tua energia sessuale basandoti su ciò che pensi piaccia alla donna.

Gary:

Già, invece di essere davvero te stesso. Se stai essendo davvero l'energia sessuale, stai essendo tutto ciò che sei. E se stai essendo tutto ciò che sei, diventi più intensamente eccitante, più di valore e più desiderabile.

Tutto ciò che è, per dioziliardi di volte, distruggerai e screerai tutto? Giusto e Sbagliato, Bene e Male, POD e POC, Tutti e 9, Shorts, Boys e Beyonds

Partecipante alla Classe:

Mi sto confondendo perché mi sono chiesto: "Cosa richiede questa persona da me?" e "Cosa è disposta a ricevere?" Ho avuto la consapevolezza che era disposta a ricevere e io ho deciso di esserlo, ma non era disposta a ricevere tanto.

COSA MI PIACEREBBE CREARE PER ME STESSO

Gary:

Questo è ciò che fa la maggior parte di noi. Cerchiamo di dare solo quello che le altre persone possono ricevere e le rendiamo giuste. E se, invece di presupporre la giustezza dell'altra persona o degli altri o la loro bontà, fossi disposto a osservare questa cosa e dire: "Mi piacerebbe davvero creare qualcosa di diverso qui. Cosa mi piacerebbe creare per me?"

Se cominciassi a vedere quello che potresti creare per te stesso, creeresti e genereresti di più, o di meno? Creeresti nella tua vita persone più disposte a ricevere se facessi quello che funziona per te?

Recentemente stavo parlando con Dain e ho detto: "Devi smetterla di andare alla ricerca di ciò che le donne desiderano e iniziare a chiedere ciò che tu desideri. La tua 'agenda espansa' non ha consapevolezza."

La tua agenda espansa desidera di più di ciò che si presenta all'inizio? Tutto ciò che porta su, per dioziliardi di volte, distruggerai e screerai tutto? Giusto e Sbagliato, Bene e Male, POD e POC, Tutti e 9, Shorts, Boys e Beyonds

Quale stupidità stai usando per creare l'erroneità dell'essere un uomo, che stai scegliendo? Tutto ciò che è, per dioziliardi di volte, distruggerai e screerai tutto? Giusto e Sbagliato, Bene e Male, POD e POC, Tutti e 9, Shorts, Boys e Beyonds

Un uomo è molle quando ce l'ha duro ed è duro quando ce l'ha molle. Sai cosa significa?

Partecipante alla Classe:
No.

ORGASMO DA CONTRAZIONE / ORGASMO DA ESPANSIONE

Gary:
Se hai un'erezione per qualcuno, gli darai qualsiasi cosa voglia. Quando non gli dai quello che vuole, quando tu ti prendi cosa vuoi, all'improvviso non hai più interesse. È così che funzionano i corpi. Non è un'erroneità o una correttezza. Se fai sesso per l'idea dell'orgasmo e hai l'orgasmo dalla contrazione, così come fanno la maggior parte delle persone, fare sesso non ti stimola a continuare

a vivere. Se fai contrazione per creare l'orgasmo, non stai creando l'energia generativa del vivere, che invece ricevi quando fai espansione per creare l'orgasmo.

Tutto quello che non ti ha fatto capire nemmeno una parola di quello che ho appena detto, distruggerai e screerai tutto? Giusto e Sbagliato, Bene e Male, POD e POC, Tutti e 9, Shorts, Boys e Beyonds

Quando eri ragazzino, andavi in bagno per masturbarti. Venivi il più fretta possibile perché non volevi che nessuno sapesse quello che stavi facendo. Molto probabilmente i tuoi genitori non ti hanno incoraggiato a godere di te stesso. Pochissimi madri o padri dicono: "Prenditi il tuo dolce tempo. Goditi te stesso e goditi il tuo pene." Per lo più chiedono invece: "Che stai facendo lì dentro?"

Se davvero vuoi incrementare la tua energia sessuale, ti raccomando caldamente di iniziare a masturbarti diversamente. Puoi farlo con la tua ragazza o senza. Potrebbe piacerle se ti prendi del tempo per masturbarti. Decidi che non verrai nei primi tre minuti e mezzo; ti prenderai molto più tempo. Sii disposto a passare un'ora a giocare con il tuo pene in un modo gentile e delicato e ogni volta che senti che ti stai avvicinando, invece di andare più veloce per venire, rallenta. Fallo più lentamente e gentilmente. Aggiungi del lubrificante se vuoi, ma fallo piano e gentilmente. Sii calmo, dolce e gentile. Ogni volta che ti senti contrarre dì: "No" ed espanditi.

Potresti perdere l'erezione durante il processo, ma ritorna a giocare con il tuo pene gentilmente fino a quando l'erezione non torna. Continua ad accarezzarti gentilmente e dolcemente. Se lo fai, arriverai al punto dove a) diventerai un amante migliore b) ti permetterai di avere amanti che si prenderanno quel tempo con te e per te c) invece di esplodere con uno scoppio di energia che diventa una limitazione, inizierai a creare un orgasmo che genera energia. Dopo un orgasmo del genere (espanso e non contratto) vorrai andare a lavorare, vorrai divertirti, vorrai fare molto di più invece che andare a dormire.

Se avete mai avuto l'esperienza del volere andare a dormire subito dopo essere venuti, avete fatto contrazione per creare l'orgasmo. Usare la contrazione per creare l'orgasmo indebolisce sempre le energie generative e creative del vostro corpo in favore dell'orgasmo.

Partecipante alla Classe:
È l'intensità artificiale che creiamo dall›eccitazione attraverso il porno?

Gary:
Quando crei lo sfregare il tuo coso il più velocemente possibile per poter venire, stai creando un'intensità artificiale.

Partecipante alla Classe:
Figo.

Gary:
Lo stai inventando come se fosse l'unico modo per te di venire e poi, quando fai sesso con una donna, devi andare veloce ed essere sempre duro, come se veloce e duro fossero gli unici modi nei quali lei sarà soddisfatta. Prima di tutto, perché riguarda sempre la *sua* soddisfazione e non

la *tua*? Quando sei disposto a funzionare dall'espansione invece che dallo spingere fino all'orgasmo, sei l'invito per l'orgasmo. Inviti la persona con la quale stai facendo sesso a una possibilità diversa e a una scelta diversa.

Partecipante alla Classe:
La donna che sto vedendo ha fatto così con me l'altro giorno. Mi stava accarezzando, succhiando e leccando il pene ed io mi stavo addormentando. Ho addirittura russato diverse volte. Cos'è? È perché il corpo si stava rilassando?

Gary:
Sì, perché il corpo dovrebbe essere rilassato. Ti sei mai svegliato con un'erezione?

Partecipante alla Classe:
Quando sono rilassato ho delle erezioni molto potenti.

Gary:
Esattamente! Il rilassamento è la fonte di ciò che crea l'erezione. Il rilassamento è la fonte dell'eccitazione. E' per questo motivo che voglio che lo pratichiate. Toglietevi l'idea che state cercando di creare l'orgasmo. Invece state mirando all'abilità di creare un'erezione più sostenuta, più divertente. È il godersi la vostra erezione semplicemente per quello che è. Questo inizierà a farti sentire più bravo quando sei a letto con qualcuno.

Ti porterà anche in quello spazio dove hai una scelta di ciò che vuoi creare e di come vuoi crearla, il che ti rende il prodotto di valore. In questo preciso istante, la maggior parte di voi sarebbe molto contenta anche solo di avere un posto morbido e caldo dove inserire il pene. È abbastanza per la maggior parte degli uomini. E siccome è abbastanza per la maggior parte degli uomini, le donne iniziano a pensare che gli uomini siano egoisti. Pensano che gli uomini siano troppo veloci; non vanno abbastanza lentamente. Molte donne hanno il punto di vista che il sesso sia solo un colpo, un colpo e un altro colpo. Pensano: "Ti dai una mossa a venire così la facciamo finita?" Questo non è invitare le donne a una vita e a un'esistenza espansiva attraverso la qualità orgasmica del sesso: il tutto si concentra sul venire o sul farle venire. E nessuna delle cose dovrebbe essere il tuo obiettivo.

Partecipante alla Classe:

Hai una frase di pulizia connessa con il muoversi dalla contrazione per l'orgasmo versus l'espansione?

Gary:

Sfortunatamente non posso crearla. Devi praticare, perché hai imparato a farlo nell'altro modo. Non è che sia sbagliato. Semplicemente non crea quello che io penso la maggior parte di voi vorrebbe avere. O mi sbaglio?

Partecipante alla Classe:

No.

Gary:

Vi piacerebbe che il sesso fosse qualcosa che vi rinvigorisce e che espande le vostre vite e non solo la vostra "agenda". C'è una possibilità diversa qui, per quel che vedo. Quale possibilità vi piacerebbe avere? La versione più espansiva del sesso e dell'amplesso o la versione più contratta di esso?

Partecipante alla Classe:
La versione più espansiva.

Partecipante alla Classe:
Gary, mi hai dato una domanda che è stata molto utile: "In cosa posso rilassarmi che creerà una possibilità migliore nel sesso e nell'amplesso, che non ho mai saputo esistesse?

Gary:
Grazie. Mi ero dimenticato di questa domanda. Aiuterà ma, veramente, non si tratta di fare una domanda. Devi essere disposto a praticarlo. Quando ti ho dato questa domanda, era perché nessuno mi avrebbe permesso di parlare abbastanza a lungo da spiegare quello che dovevi fare. Quindi pratica e usa questa domanda. Com'era?

Partecipante alla Classe:
In cosa posso rilassarmi che creerebbe una possibilità migliore nel sesso e nell'amplesso, che non ho mai saputo esistesse?

Gary:
Quale realizzazione fisica del rilassamento totale nel sesso nell'amplesso sei ora in grado di generare, creare ed istituire? Tutto ciò che non permette a questo di mostrarsi, per dioziliardi di volte, distruggerai e screerai tutto? Giusto e Sbagliato, Bene e Male, POD e POC, Tutti e 9, Shorts, Boys e Beyonds

Partecipante alla Classe:
Quando sto lavorando in modo intenso, a volte vado e mi masturbo in maniera contratta. Cos'è questo?

Gary:

Pensi che venire ti rilasserà. Ma vuoi venire o vuoi espandere la tua vita?

Partecipante alla Classe:

La seconda.

Gary:

Quando senti quel tipo di tensione, va in bagno e masturbati per quindici minuti anziché tre e mezzo e fallo *senza* venire, poi torna al lavoro e vedi come stai. La cosa è che per avere un'erezione devi rilassarti.

Partecipante alla Classe:

Spesso mi rendo conto che quell'intensità non è mia.

Gary:

L'intensità non è tua, ma devi rilassarti con il gioco "non-orgasmico" con il tuo pene. Poi, quando esci le persone guarderanno il gonfiore nei tuoi pantaloni e inizieranno a volerti. Questo farà espandere la tua "agenda" più di qualsiasi altra cosa.

INTEGRITÀ CON SE STESSI

Partecipante alla Classe:

Quando cammino per strada, spesso evito le persone e contraggo la mia energia sessuale. Sento me stesso scomparire. È questione di espandere quella sexualness o di essere presente?

Gary:
Contrai la tua energia sessuale e ti fai sparire, o è che le altre persone non possono essere per niente sessuali?

Partecipante alla Classe:
La seconda, sì.

Gary:
Stai cercando di allinearti con le persone intorno a te?

Partecipante alla Classe:
Sì.

Gary:
Quale stupidità stai usando per allinearti alla dis-integrità vibrazionale intorno a te, che stai scegliendo? Tutto ciò che è, per dioziliardi di volte, distruggerai e screerai tutto? Giusto e Sbagliato, Bene e Male, POD e POC, Tutti e 9, Shorts, Boys e Beyonds

Partecipante alla Classe:
Cosa significa dis-integrità vibrazionale? Come funziona?

Gary:
Le persone funzionano dall'integrità oppure dalla conclusione e dal giudizio?

Partecipante alla Classe:
Conclusione e giudizio.

Gary:
Ok ed è da lì che vuoi funzionare?

Partecipante alla Classe:
No. Dovrei funzionare dall'integrità allora?

Gary:
Sì. Integrità con se stessi. Ti allinei con le vibrazioni intorno a te come se esse fossero ciò che tu dovresti essere. Ma quello che tu dovresti essere è *te stesso*, indipendentemente da qualsiasi altra cosa. L'integrità è entrare nella grandezza di te, senza giudizio. Integrità significa essere fedele a te stesso.

Quale stupidità stai usando per creare l'entrainment vibrazionale con le realtà dis-integre che le altre persone stanno usando, che stai scegliendo? Tutto ciò che è, per dioziliardi di volte, distruggerai e screerai tutto? Giusto e Sbagliato, Bene e Male, POD e POC, Tutti e 9, Shorts, Boys e Beyonds

Partecipante alla Classe:
Qui torniamo a parlare di quello che stavi dicendo riguardo ai demoni? Stai dicendo che quando sono con le altre persone e le rendo più grandi di me, sto invitando i demoni?

Gary:
Se stai rendendo chiunque altro più grande di te, invece di diverso da te, devi determinare se stai essendo un seguace. Verità, sei un buon seguace? Ho detto "verità" prima di fare questa domanda, quindi devi ammettere la verità.

Partecipante alla Classe:
No, non molto.

Gary:

Nah, sei un seguace della merda. È per questo che quando sei in una relazione arrivi sempre al punto dove sei incazzato. Oppure fai in modo che l'altra persona si incazzi, così puoi essere nella correttezza di te.

Partecipante alla Classe:

Possiamo cambiarlo ora?

Gary:

Tutto ciò che hai fatto per avere questo come tua realtà, distruggerai e screerai tutto? Giusto e Sbagliato, Bene e Male, POD e POC, Tutti e 9, Shorts, Boys e Beyonds

Come sarebbe se tu fossi in integrità con te stesso e fossi tutto ciò che sei, senza doverti scusare? Saresti più attraente o meno attraente?

Partecipante alla Classe:

E che cazzo mi interesserebbe?

Gary:

Esatto! Non te ne fotterebbe un cazzo e visto che non te ne fotterebbe un cazzo, tutti ti troverebbero molto desiderabile. Fin quando te ne fotte, gli altri penseranno a come usarti, a come poterti parlare per farti diventare quello che loro vogliono che tu sia e a come convincerti a fare quello che vogliono che tu faccia.

Partecipante alla Classe:

Grazie per tutto questo. Ho appena percepito quest'energia ed è: "Wow!"

Gary:
> Bene ragazzi. Penso che abbiamo finito per oggi.

Partecipanti alla Classe:
> Grazie Gary.

Gary:
> Bene amici miei, fate i bravi. Vi voglio molto bene. Ci sentiamo presto.

4
Diventa il Re delle Possibilità

E se tu in realtà fossi chi hai fatto finta di non essere?
E se fossi in realtà il re delle possibilità?

Gary:
Ciao, signori. Il Dott. Dain oggi è con noi.

L'ETERNA STAGIONE DEL MALCONTENTO

Dain:
Ciao a tutti. Sono felice di essere in questa chiamata. Devo dire che prima di iniziare a fare queste chiamate resistevo a connettermi con altri uomini, così come fate voi, quindi penso che qualcosa stia cambiando nel nostro mondo. Nel mio sta definitivamente succedendo. Spero stia cambiando anche nel vostro.

Da un lato, sapete che siete qui per cambiare le cose nel mondo; dall'altro, c'è un malcontento comune che viene su ogni volta che siamo in presenza di altri uomini.

Pensate che non ci sarà con le donne, ma in realtà è ancora più amplificato con loro. Non volete vederlo perché le donne tendono ad avere degli attributi che voi trovate…. interessanti, potremmo dire.

Gary:

Quale stupidità stai usando per creare le invenzioni, le intensità artificiali e i demoni dell'eterna stagione del malcontento, che stai scegliendo? Tutto ciò che è, per dioziliardi di volte, distruggerai e screerai tutto? Giusto e Sbagliato, Bene e Male, POD e POC, Tutti e 9, Shorts, Boys e Beyonds

Dain:

Oh, che gioia.

Gary:

Oh, che tristezza.

Dain:

Mi chiedo cosa potremmo davvero creare insieme se superassimo l'idea che la nostra separazione è più di valore rispetto alla connessione delle possibilità che potremmo creare.

Quale stupidità stai usando per creare le invenzioni, le intensità artificiali e i demoni dell'eterna stagione del malcontento, che stai scegliendo? Tutto ciò che è, per dioziliardi di volte, distruggerai e screerai tutto? Giusto e Sbagliato, Bene e Male, POD e POC, Tutti e 9, Shorts, Boys e Beyonds

Partecipante alla Classe:
Cosa intendete con *malcontento*?

Gary:
Significa che non sei mai davvero soddisfatto di nulla. Sai che dovresti esserlo, ma in realtà non ti senti così e continui a cercare di scoprire come poterti sentire soddisfatto o come dovrebbe essere sentirsi in quel modo, perché è così che dovresti sentirti, ma in realtà non è vero per te.

Partecipante alla Classe:
Oh, quello.

Gary:
È come credere: "Ora che ho una donna sarò felice." Voi ragazzi state sempre cercando di essere contenti con quello che avete, ma non lo siete mai. Perché vorreste essere contenti? Quale sarebbe il valore di esserlo?

Partecipante alla Classe:
È come se non ci fosse una buona risposta a questa domanda.

Gary:
Perché continuate a cercare la contentezza invece della consapevolezza? La *contentezza* è l'idea che dovreste essere soddisfatti di quello che riuscite ad avere. Non c'è neanche uno solo di voi che non possa avere una vagina dorata nella propria vita e voi pensate di essere contenti per il fatto che avete una vagina a disposizione ogni volta che lo chiedete. Non vi chiedete mai: Quali scelte ho qui che non ho mai considerato?

Tutto quello che ha portato su, per dioziliardi di volte, distruggerete e screerete tutto? Giusto e Sbagliato, Bene e Male, POD e POC, Tutti e 9, Shorts, Boys e Beyonds

Dain:

Quale stupidità stai usando per creare le invenzioni, le intensità artificiali e i demoni dell'eterna stagione del malcontento, che stai scegliendo? Tutto ciò che è, per dioziliardi di volte, distruggerai e screerai tutto? Giusto e Sbagliato, Bene e Male, POD e POC, Tutti e 9, Shorts, Boys e Beyonds

Gary:

Avete mai notato che pensate che sarete contenti quando avrete una donna nella nostra vita? Peccato che questa cosa raramente funzioni perché la donna è dedicata ad assicurarsi che voi non siate mai contenti. Nel momento in cui vi sentite contenti riguardo qualcosa, la donna dirà: "Tesoro, dobbiamo parlare". E questo cosa significa? "Sei sbagliato, sei fottuto, sei chiavato" e non nel senso buono.

Quale stupidità stai usando per creare le invenzioni, le intensità artificiali e i demoni dell'eterna stagione del malcontento, che stai scegliendo? Tutto ciò che è, per dioziliardi di volte, distruggerai e screerai tutto? Giusto e Sbagliato, Bene e Male, POD e POC, Tutti e 9, Shorts, Boys e Beyonds

Gli uomini pensano che le donne saranno contente con loro, ma non lo sono mai. Essi cercano sempre il modo di creare la contentezza con una donna, perché pensano che una volta che la donna sarà contenta, finalmente anche loro avranno contentezza. Non funziona!

UN MALCONTENTO CONTORTO CHE CREA SEPARAZIONE TRA GLI UOMINI

Dain:

Ho notato che c'è una strana energia tra gli uomini che si collega a questo. È come un malcontento contorto che crea separazione gli uni dagli altri. Gary, io so che tu non hai questa cosa con gli altri uomini, ma ho notato che molti hanno questa energia con me. Incontro un ragazzo e posso percepirla.

Il modo migliore in cui posso descriverla è questo: Gary una volta mi ha raccontato che stava lavorando con ragazzo e quest'ultimo disse: "Ho un problema con Dain: sono in competizione con lui." Quello che Gary finalmente capì è che questo ragazzo voleva davvero fare sesso con me e stava creando competizione con me da quello spazio. Cercava di screditarmi. Mi rendeva sbagliato e parlava male alle mie spalle.

Riuscite a immaginare, ragazzi, cos'altro sarebbe a nostra disposizione se questa cosa sparisse completamente? Non so voi, ma questo è uno di quegli spazi dove distruggo le capacità e la potenza che ho a disposizione. E' l'abilità di camminare a testa alta e con un senso di facilità. Io non dico di avere una soluzione a questo; lo sto semplicemente portando su perché è qualcosa di cui gli altri ragazzi non sono disposti ad essere consapevoli o a parlarne. Sto dicendo: "Sai una cosa? E ora di parlarne, è ora di esserne consapevoli ed è ora di cambiarlo cazzo, perché se ti stai separando dagli altri ragazzi, stai anche creando una separazione tra te e te."

Se vi svegliaste domani e non foste più etero, non foste

più gay, o non foste più qualsiasi sessualità con cui vi siete definiti, vi rendete conto di quanta libertà si creerebbe per voi? Se non doveste svegliarvi e andare alla ricerca della donna o dell'uomo, se non doveste andare alla ricerca del sesso, dove altro potreste mettere la vostra energia? Cosa potreste creare e generare che creerebbe una possibilità diversa?

Gary:

E perché vi separereste da voi stessi? La cosa è che, per avere un punto di vista fisso, dovete creare una separazione di voi da voi.

Quanto di quello che avete cercato di creare come la vostra sessualità è in realtà lo spazio in cui avete creato una necessità dell'essere così inconsapevoli di cos'è possibile quanto potete possibilmente essere? Tutto ciò che è, per dioziliardi di volte, distruggerai e screerai tutto? Giusto e Sbagliato, Bene e Male, POD e POC, Tutti e 9, Shorts, Boys e Beyonds

Dain:

Quale stupidità stai usando per creare la personalità e la sessualità come la scelta di tutte le scelte per essere, che stai scegliendo? Tutto ciò che è, per dioziliardi di volte, distruggerai e screerai tutto? Giusto e Sbagliato, Bene e Male, POD e POC, Tutti e 9, Shorts, Boys e Beyonds.

COME SAREBBE SE NON CI FOSSE UN SENSO DEL BISOGNO NELLA TUA VITA?

Gary:
   Sarebbe un posto diverso dal quale funzionare. Sarebbe un riconoscere che non c'è alcun bisogno nella tua vita. Quando esci fuori dal senso del bisogno, non devi più creare un posto nel quale ci sia una limitazione. La limitazione è basata sul bisogno. Perché? Perché il bisogno riguarda sempre creare il più piccolo comune denominatore possibile. Riguarda inventare le cose. Ogni volta che tu inventi qualcosa, lo usi per creare uno scombussolamento.

   Quale invenzione stai usando per creare la sessualità, che stai scegliendo? Tutto ciò che è, per dioziliardi di volte, distruggerai e screerai tutto? Giusto e Sbagliato, Bene e Male, POD e POC, Tutti e 9, Shorts, Boys e Beyonds

   Quale invenzione stai usando per creare lo scombussolamento con le donne, che stai scegliendo? Tutto ciò che è, per dioziliardi di volte, distruggerai e screerai tutto? Giusto e Sbagliato, Bene e Male, POD e POC, Tutti e 9, Shorts, Boys e Beyonds

   Quale stupidità stai usando per creare le invenzioni, le intensità artificiali e i demoni dell'eterna stagione del malcontento, che stai scegliendo? Tutto ciò che è, per dioziliardi di volte, distruggerai e screerai tutto? Giusto e Sbagliato, Bene e Male, POD e POC, Tutti e 9, Shorts, Boys e Beyonds

   Questo senso di malcontento spiega perché gli uomini cercano sempre una donna nuova. Spiega perché le relazioni non possono esistere. Devi sempre essere scontento di quello che hai. Pensi che se avessi quello che hai pensato di dover avere, avresti un risultato diverso. Ecco perché non puoi mai essere felice solo con una donna. Ed ecco perché una donna non può mai essere felice solo con te.

Tutto ciò che è, per dioziliardi di volte, distruggerai e screerai tutto? Giusto e Sbagliato, Bene e Male, POD e POC, Tutti e 9, Shorts, Boys e Beyonds

Dain:

Quale stupidità stai usando per creare le invenzioni, le intensità artificiali e i demoni dell'eterna stagione del malcontento, che stai scegliendo? Tutto ciò che è, per dioziliardi di volte, distruggerai e screerai tutto? Giusto e Sbagliato, Bene e Male, POD e POC, Tutti e 9, Shorts, Boys e Beyonds

Gary:

Quanti di voi hanno cercato di essere contenti con una donna, eppure state sempre cercando un'altra donna nello stesso tempo?

Quand'ero sposato, continuavo a pensare: "Ci dev'essere qualcosa di più grandioso". Poi mi sono imbattuto in un'esperienza di vita passata: ero stato un ragazzo famoso e c'era una donna che continuava a cercarmi. Mi resi conto di avere il punto di vista che alla fine ci sarebbe stata una donna che mi avrebbe davvero amato, che avrebbe davvero voluto me in quanto me e che davvero avrebbe pensato che ero meraviglioso. Sfortunatamente questo non capita nella realtà. Questo è il mondo inventato della pazzia delle possibilità, invece della verità della realtà.

Quale stupidità stai usando per creare le invenzioni, le intensità artificiali e i demoni dell'eterna stagione del malcontento, che stai scegliendo? Tutto ciò che è, per dioziliardi di volte, distruggerai e screerai tutto? Giusto e Sbagliato, Bene e Male, POD e POC, Tutti e 9, Shorts, Boys e Beyonds

Per fortuna nessuno di voi ragazzi ha mai avuto questo punto di vista.

Partecipanti alla Classe:
(risata) No.

Gary:
Sì che ce l'avete. Siete così carini. Vi amo tutti.

Dain:
Quale stupidità stai usando per creare le invenzioni, le intensità artificiali e i demoni dell'eterna stagione del malcontento, che stai scegliendo? Tutto ciò che è, per dioziliardi di volte, distruggerai e screerai tutto? Giusto e Sbagliato, Bene e Male, POD e POC, Tutti e 9, Shorts, Boys e Beyonds

Ho una domanda. Se vedete un altro ragazzo che giudicate simile a voi e lo vedete scegliere di più rispetto a quanto fate voi, cosa succede nel vostro mondo?

Partecipante alla Classe:
La cosa mi fa sentire patetico.

Dain:
Ti fa sentire patetico e così crei separazione dove tu sei "quello meno".

Partecipante alla Classe:
    Sì.

Gary:
    Quale invenzione stai usando per creare te stesso come meno delle donne, che stai scegliendo? Tutto ciò che è, per dioziliardi di volte, distruggerai e screerai tutto? Giusto e Sbagliato, Bene e Male, POD e POC, Tutti e 9, Shorts, Boys e Beyonds

Partecipante alla Classe:
    Wow.

Dain:
    Quale invenzione stai usando per creare te stesso come meno delle donne, che stai scegliendo? Tutto ciò che è, per dioziliardi di volte, distruggerai e screerai tutto? Giusto e Sbagliato, Bene e Male, POD e POC, Tutti e 9, Shorts, Boys e Beyonds

Gary:
    Wow, la cambio:
    Quale invenzione stai usando per creare te stesso come di valore inferiore rispetto alle donne, che stai scegliendo? Tutto ciò che è, per dioziliardi di volte, distruggerai e screerai tutto? Giusto e Sbagliato, Bene e Male, POD e POC, Tutti e 9, Shorts, Boys e Beyonds.

ESSERE INDIFESO

Dain:
Wow. Questa lo descrive bene.

Quale invenzione stai usando per creare te stesso come di valore inferiore rispetto alle donne, che stai scegliendo? Tutto ciò che è, per dioziliardi di volte, distruggerai e screerai tutto? Giusto e Sbagliato, Bene e Male, POD e POC, Tutti e 9, Shorts, Boys e Beyonds

Ci sono altri due pezzi di questa dinamica che puoi osservare. Una è l'invenzione. Chiedi: "Quale invenzione sto usando per creare il problema con l'approcciarmi alle donne, che sto scegliendo?"

L'altra cosa è che noi difendiamo una posizione e, se devi difendere una qualsiasi cosa, avrai problemi ad avvicinarti a chiunque e ad avere una conversazione, a meno che non pensi di essere ben difeso da loro.

Una delle cose che più attrae le donne è un ragazzo disposto a essere totalmente indifeso. Dicono: "Oh mio Dio, da dove arrivi?" Tutti gli altri si avvicinano con l'atteggiamento: "Hey, sono così figo perché ... e sono così figo in quanto ... dovresti vedere quanto sono figo." Le donne ci sono abituate ed è un piccolo stratagemma che le può far divertire, ma risulti molto più attraente per loro quando stai lì, totalmente indifeso.

Indifeso non significa che sei un piccolo patetico smidollato. Significa che hai così tanta consapevolezza di te a tua disposizione che non ti devi difendere da nulla. Semplicemente ti avvicini e dici: "Ciao, so che potresti darmi un calcio nelle palle. So che potrei non piacerti. So che potresti ridere di me e tutto questo mi va bene, perché so che una volta che me ne andrò via da qui avrò tanto di me stesso quanto ne avevo mentre parlavo con te." Quando devi difendere una posizione, non hai questa tra le tue possibili scelte.

Quale posizione di difesa stai scegliendo, che potresti davvero rifiutare, che se ti rifiutassi di difenderla ti darebbe la libertà di essere? Tutto ciò che è, per dioziliardi di volte, distruggerai e screerai tutto? Giusto e Sbagliato, Bene e Male, POD e POC, Tutti e 9, Shorts, Boys e Beyonds

LEI MI RENDERÀ UN PRODOTTO INTERESSANTE?

Fintanto che stai facendo la sessualità delle cose, non hai la libertà di essere. Non hai la libertà o la facilità perché, la maggior parte delle volte, persino prima di pensare di andare a parlare con qualcuno, ti stai chiedendo: "La persona coincide con tutti i criteri che mi renderanno un prodotto interessante?" Questa è l'unica ragione per la quale vai a parlarle in primis. Il 90% delle volte, il 90% dei ragazzi non sono nemmeno interessati alla ragazza. È come se dicessero: "Wow, vediamo. Questa mi renderà interessante? E quell'altra mi renderà interessante? E quell'altra ancora?" E non: "Wow, Questo sarebbe divertente per me."

Togliamo la gioia e il divertimento dall'equazione e scegliamo di fare ciò che ci renderà interessanti. Quando ero all'università, molto, molto tempo fa, Incontrai una ragazza. Era la ragazza con la quale sapevo assolutamente di poter fare sesso ed era da molto tempo che non lo facevo, quindi ci flirtai un po' e la feci eccitare. Era divertente farci sesso, ma non era una ragazza che mi avrebbe reso un prodotto interessante. Quindi, dopo che facemmo sesso, cercai di farla uscire di casa senza svegliare nessuno cosicché non si sarebbero...

Gary:
Accorti di quanto fosse brutta?

Dain:
Già, non si sarebbero accorti di quanto fosse brutta e di quanto fosse cattiva. Mi resi conto che "Questo non ha niente a che fare con me che mi diverto. Sto cercando un risultato predeterminato e sto cercando di trovare qualcuno che corrisponda ad esso. Non ha niente a che fare con me e niente a che fare con lei." Quanto del vostro sesso e relazioni avete creato da quello spazio?

L'ELUSIONE DELLA GIOIA DEL SESSO E DELL'AMPLESSO

Gary:
Quale stupidità stai usando per creare l'elusione totale ed assoluta della gioia del sesso e dell'amplesso, che stai scegliendo? Tutto ciò che è, per dioziliardi di volte, distruggerai e screerai tutto? Giusto e Sbagliato, Bene e Male, POD e POC, Tutti e 9, Shorts, Boys e Beyonds

Negli anni 70 incontrai una ragazza svedese. Si pensava che le svedesi fossero molto più libere sessualmente rispetto a chiunque altro al mondo, così pensai che ci saremmo divertiti assieme; peccato fosse così dannatamente critica e rigida sui suoi punti di vista. Dov'è la libertà in questo?

Partecipante alla Classe:

L'elusione della gioia del sesso e dell'amplesso. Ha a che fare con gli standard della moralità e tutte le altre stronzate che si mostrano nel mio universo?

Gary:

Tutti hanno degli standard. Tutti hanno la moralità. Fortunatamente per te, se sei abbastanza carino, puoi superare tutti gli standard e tutta la moralità. Ma se non sei abbastanza carino e sexy, non puoi superarli. Un giorno mi piacerebbe insegnarti come camminare in modo tale da poter superare la tua stessa rigidità.

Partecipante alla Classe:

Cosa intendi?

Gary:

Tu non cammini come se ti stessi godendo il tuo corpo o volessi davvero scopare. Non cammini come se volessi davvero fare sesso. Tu sembri l'*immagine* di chi vorrebbe far sesso, non *qualcuno a cui piace davvero il sesso*.

Elimini un determinato tipo di flusso di energia dal corpo in modo da non essere quell'energia che invita *la gioia del sesso*. Puoi essere solo quella che invita la *possibilità del sesso*. Quindi, inviti la possibilità e poi finisci con l'avere due o tre donne per notte, che va bene. È grandioso. Ma dove sei tu in questa equazione?

Partecipante alla Classe:
  È vero. Io non ci sono.

Gary:
  Questa è la parte che deve cambiare.
  Quale stupidità stai usando per crearti come il principe azzurro che non scopa mai, che stai scegliendo? Tutto quello che è, per dioziliardi di volte, distruggerai e screerai tutto? Giusto e Sbagliato, Bene e Male, POD e POC, Tutti e 9, Shorts, Boys e Beyonds
  Quale invenzione stai usando per evitare di essere il re, che stai scegliendo? Tutto ciò che è, per dioziliardi di volte, distruggerai e screerai tutto? Giusto e Sbagliato, Bene e Male, POD e POC, Tutti e 9, Shorts, Boys e Beyonds

L'ECCITANTE CHE SEI

  Quanti di voi, quando eravate ragazzini, vi siete eccitati in modo non appropriato diverse volte, senza avere idea del perché eravate eccitati?

Partecipante alla Classe:
  Sì. Un sacco di volte.

Gary:
  Sì.
  Tutto ciò che hai fatto per sopprimere e reprimere questo, distruggerai e screerai tutto? Giusto e Sbagliato, Bene e Male, POD e POC, Tutti e 9, Shorts, Boys e Beyonds
  La ragione per cui vi eccitavate è perché eccitavate gli altri. Quando siete l'energia sessuale di voi, eccitate l'energia

sessuale nei corpi delle altre persone. Accendete gli altri e, poiché li avete accesi, vi accendete anche voi, o almeno, il vostro corpo lo fa.

Quanto dell'eccitazione che avete ricevuto in un momento o in un altro è uno spazio dove avete invalidato la vostra consapevolezza dell'eccitante che eravate e dell'eccitante che gli altri erano per voi? Tutto ciò che è, per dioziliardi di volte, distruggerai e screerai tutto? Giusto e Sbagliato, Bene e Male, POD e POC, Tutti e 9, Shorts, Boys e Beyonds

C'è molta inconsapevolezza attaccata a questo. Quando avevo 15 anni, mi eccitavo sempre durante l'ora di algebra e il professore mi chiamava alla lavagna. Cos'è che mi eccitava durante l'algebra? Per anni pensai che fosse dannatamente strano che quella materia mi eccitasse. Poi, un giorno ho osservato la cosa e mi sono detto: "Wow!". Non mi ero mai reso conto che il mio professore di matematica fosse gay e che io fossi eccitante per lui. Quando ce l'avevo duro, cercava di farmi alzare e andare alla lavagna per fare un'equazione.

Ovunque non siete disposti a riconoscere che siete tanto eccitati quanto eravate a 15 anni e tutto ciò che avete fatto per cercare di sopprimere e reprimere questo, distruggerete e screerete tutto? Giusto e Sbagliato, Bene e Male, POD e POC, Tutti e 9, Shorts, Boys e Beyonds

Partecipante alla Classe:

Ho una domanda. A volte quando sono con una donna e si crea uno spazio davvero carino tra noi, non ho l'erezione. Questo crea uno spazio bizzarro e strano nel mio universo del tipo "non sono un uomo qui."

Gary:

Quindi, quando esci con una donna e c'è uno spazio davvero carino tra voi, ma non sei eccitato, ti rendi conto che forse lei non è disposta a fare sesso? O forse vorrebbe far sesso, ma tu e il tuo corpo non avete desiderio? Pensi che se una donna ti vuole, tu devi darglielo?

Partecipante alla Classe:
Vero.

Gary:
Questo perché sei una troia fatta e finita.

Dain:
Gary lo dice come se fosse una cosa cattiva, ma io non penso che lo sia.

Gary:
Io non ho un punto di vista che essere una puttana sia una cosa cattiva, ma a meno che non riconosci che lo sei, quando qualcuno ti vuole, tu ci andrai, non importa chi sia. Dain stava parlando della ragazza con la quale aveva fatto sesso perché sapeva che sarebbe stato facile. *Facile* significa che non ti costa nulla e quindi lo fai. Voi ragazzi cercate di continuare a dire: "Sì, ma deve corrispondere ai miei standard." I vostri standard sono le cose che usate per evitare ciò che potreste scegliere.

Quale invenzione degli standard stai usando per evitare quello che potresti scegliere che sarebbe facile e divertente? Tutto ciò che è, per dioziliardi di volte, distruggerai e screerai tutto? Giusto e Sbagliato, Bene e Male, POD e

POC, Tutti e 9, Shorts, Boys e Beyonds

Partecipante alla Classe:
   Questa cosa del pensare che devi darlo, ha a che fare con gli standard?

Gary:
   No, ha più a che fare con l'essere il principe azzurro. Se non sei sposato, devi essere un principe. Una volta che ti sposi, sei uno schiavo. Non arrivi mai ad essere il re.

Partecipante alla Classe:
   Purtroppo.

Gary:
   Quale stupidità stai usando per evitare di essere il re che potresti scegliere? La cosa carina dell'essere un re è che i re possono essere sporchi, possono puzzare, possono essere qualsiasi cosa e comunque ottengono quello che voglio.
   Tutto ciò che è, per dioziliardi di volte, distruggerai e screerai tutto? Giusto e Sbagliato, Bene e Male, POD e POC, Tutti e 9, Shorts, Boys e Beyonds

Partecipante alla Classe:
   Stiamo parlando di erezioni, averlo duro e del sentirsi sessuali. Ieri una donna più grande di me mi ha fatto scorrere i Bars e ho avuto una bella erezione nel mentre. Mi succede spesso. Significa che voleva fare sesso con me? O che la sto eccitando? O che sono eccitato da lei? Cosa ne faccio di questa cosa?

Dain:
Sì.

Gary:
Giusto, sì. Mi spiace. Sei un uomo. Hai un pene. Stai respirando. Vuoi avere un'erezione. È un dato di fatto. Quando sei più utile? Quando sei duro come la roccia. Quando sei inutile? Quando non lo sei. La maggior parte degli uomini cerca di evitare questo tipo di energia sessuale. La donna più grande di te ti stava guardando e pensava: "Posso averlo per favore?" e il tuo corpo ha detto: "Oh grazie. Ecco, ti mostro quanto potrebbe essere bello" e quindi ti è venuto duro. Non è che la desiderassi. Il fatto è che lei voleva te ed eri disposto a riceverlo perché questa donna non rientra nei tuoi standard.

Dain:
Fa anche parte dell'energia del vivere. Quando sei vivo, sei eccitato. Quando stai morendo, non lo sei. La maggior parte delle persone sul pianeta sta morendo, quindi non sappiamo cosa voglia dire essere eccitati come conseguenza naturale e conseguenza della vita e del vivere. Davvero, è l'energia del vivere, non importa quanto qualcun altro o qualcos'altro ha cercato di togliertela.

Partecipante alla Classe:
Tornando alla parte dove eravamo quindicenni, io avevo costantemente delle erezioni: sul bus, sul treno mentre tornavo a casa, ovunque. Ero eccitato dal vivere e dall'esistenza. Ora sembra essere più irregolare. Non succede più così tanto. Sarebbe grandioso se potessi tornare

a quel tempo, quando avevo erezioni più regolarmente ed ero più eccitato dalla vita e dall'esistenza.

LA SOMMA ECCITAZIONE

Gary:

Sì, questa è la somma eccitazione: vita ed esistenza. La somma eccitazione è qualcuno che è disposto a vivere. La donna più grande di te era disposta a vivere e ti ha guardato come una possibilità per vivere ancora meglio. Quando sei quindicenne, ci sono un sacco di persone che ti bramano e non tu te ne accorgi perché si suppone che tu non debba notare questo genere di cose; pensi che significhi che devi fare qualcosa al riguardo. Ma non è così. Significa solo che ci sono persone che ti bramano.

Quanta energia stai usando per assicurarti che la bramosia non ti persegua e che non permei mai la tua vita, la tua esistenza, la tua realtà o la tua erezione? Tutto ciò che è, per dioziliardi di volte, distruggerai e screerai tutto? Giusto e Sbagliato, Bene e Male, POD e POC, Tutti e 9, Shorts, Boys e Beyonds

Dain:

Sarebbe brutto se la bramosia permeasse nuovamente la tua realtà. Quando eri un teenager, era incontrollabile. E tu eri come Gary durante la lezione di algebra, che diceva: "Oh mio Dio!" e intanto pensava: "Oh no! Un'altra volta duro" e poi, naturalmente, il professore lo chiamava e lui pensava: "No! Non capisco la matematica."

Gary:

"Non so la risposta. Non ne ho idea. No, non riesco a risolvere questo problema."

Mi sono reso inetto in quell'area della mia vita. Avevo difficoltà in algebra perché non volevo alzarmi e mostrare la mia erezione.

Dain:

Sarebbe stato figo vivere in una realtà dove poteva alzarsi e mostrare la sua erezione. "Ehi, mi sta succedendo una cosa propria figa. Ce l'ho così duro che tra un po' vengo addosso a tutti. Cos'è che volevi sapere di quell'equazione quadrata?" Come sarebbe se vivessimo in una realtà dove questo fosse possibile? Quando consideri questa possibilità, ti rendi conto di quanto siamo lontani dall'essere in grado di avere ed essere qualsiasi cosa stia capitando a noi e ai nostri corpi in quel momento. Siamo così tremendamente separati dai nostri corpi. Se non dovessimo farlo, cos'altro sarebbe possibile?

Gary:

Quale invenzione sto usando per evitare l'erezione che potrei scegliere? Tutto ciò che è, per dioziliardi di volte, distruggerai e screerai tutto? Giusto e Sbagliato, Bene e Male, POD e POC, Tutti e 9, Shorts, Boys e Beyonds

Partecipante alla Classe:

Questa chiamata mi sta facendo sentire veramente eccitato.

Gary:

Se avessi un'erezione per la vita e l'esistenza, ti darebbe più creazione e più generazione rispetto a quella che hai attualmente?

Partecipante alla Classe:

Oh, sì cavolo!

Gary:

Se non sei disposto ad avere quello spazio dove la bramosia, la gioia del vivere e la gioia dell'amplesso sono parte della tua realtà, non sei disposto ad avere un modo di vivere in una capacità generativa e creativa. Una qualità orgasmica della vita deriva dalla disponibilità ad avere l'intensità della bramosia e del succo creativo che deriva dall'orgasmo.

Quale invenzione stai usando per evitare l'erezione che potresti scegliere? Tutto ciò che è, per dioziliardi di volte, distruggerai e screerai tutto? Giusto e Sbagliato, Bene e Male, POD e POC, Tutti e 9, Shorts, Boys e Beyonds

Avete notato che qualcuno di voi sta diventando un po' più eccitato rispetto alla vita e all'esistenza?

Partecipante alla Classe:

Sì.

Gary:

Quanti di voi hanno notato che quando avete un'erezione vi fa stare molto bene?

Dain:

È come un momento felice. È come "Ehi, ciao!"

Gary:
E' un momento felice e umidiccio.

Dain:
Quale stupidità stai usando per creare le invenzioni, le intensità artificiali e i demoni dell'eterna stagione del malcontento, che stai scegliendo? Tutto ciò che è, per dioziliardi di volte, distruggerai e screerai tutto? Giusto e Sbagliato, Bene e Male, POD e POC, Tutti e 9, Shorts, Boys e Beyonds

Quale invenzione stai usando per evitare l'erezione che potresti scegliere? Tutto ciò che è, per dioziliardi di volte, distruggerai e screerai tutto? Giusto e Sbagliato, Bene e Male, POD e POC, Tutti e 9, Shorts, Boys e Beyonds

Quale invenzione stai usando per creare la soppressione e la repressione dell'energia sessuale, che stai scegliendo? Tutto ciò che è, per dioziliardi di volte, distruggerai e screerai tutto? Giusto e Sbagliato, Bene e Male, POD e POC, Tutti e 9, Shorts, Boys e Beyonds

Quale invenzione stai usando per creare te stesso come il "non re", che stai scegliendo? Tutto ciò che è, per dioziliardi di volte, distruggerai e screerai tutto? Giusto e Sbagliato, Bene e Male, POD e POC, Tutti e 9, Shorts, Boys e Beyonds

Quale invenzione stai usando per creare te stesso come il Principe azzurro che mai scopa, che stai scegliendo? Tutto ciò che è, per dioziliardi di volte, distruggerai e screerai tutto? Giusto e Sbagliato, Bene e Male, POD e POC, Tutti e 9, Shorts, Boys e Beyonds.

Gary:

Beh, aggiungeresti questa parte! Ti fai scopare solo dalle principesse invece che da chiunque altro sia abbastanza intelligente da divertirsi con te. Sai, le principesse sono tutte vergini, non sanno come darla e sicuramente non sanno come fare un pompino.

Tutto ciò che è, per dioziliardi di volte, distruggerai e screerai tutto? Giusto e Sbagliato, Bene e Male, POD e POC, Tutti e 9, Shorts, Boys e Beyonds

Dain:

Quale invenzione stai usando per creare te stesso come di valore inferiore rispetto alle donne, che stai scegliendo? Tutto ciò che è, per dioziliardi di volte, distruggerai e screerai tutto? Giusto e Sbagliato, Bene e Male, POD e POC, Tutti e 9, Shorts, Boys e Beyonds

Quale invenzione stai usando per evitare l'erezione che potresti scegliere? Tutto ciò che è, per dioziliardi di volte, distruggerai e screerai tutto? Giusto e Sbagliato, Bene e Male, POD e POC, Tutti e 9, Shorts, Boys e Beyonds

Gary:

Avete notato come il nostro corpo si eccita quando abbiamo fatto scorrere quest'ultima?

Partecipante alla Classe:

Sì.

Gary:

Quindi, qualsiasi cosa tu faccia, non metterla in loop e non ascoltarla per i prossimi 30 giorni. Per favore, non farlo o potresti scoprirti eccitato dalla vita e dall'esistenza in generale.

Dain:
E ciò sarebbe un male.

Gary:
Quando hai 15 anni, sei contemporaneamente eccitato riguardo alla vita e depresso.

Sei grato quando hai un'erezione e tutto il resto sembra meno importante fin quando ce l'hai duro. E se la usassi come energia generativa anziché come erroneità nella tua vita?

Quale invenzione stai usando per evitare l'erezione che potresti scegliere? Tutto ciò che è, per dioziliardi di volte, distruggerai e screerai tutto? Giusto e Sbagliato, Bene e Male, POD e POC, Tutti e 9, Shorts, Boys e Beyonds

IL SESSO È UNA FORZA VITALE

Partecipante alla Classe:
È così la mia vita al momento. Quando non sto facendo sesso, quando non mi masturbo o non ho un'erezione, tutto sembra perdere di significato.

Gary:
Sì, lo so, perché è così? Hai qualche idea?

Partecipante alla Classe:
No, perché?

Gary:

Quando hai un'erezione, ricevi la forza vitale che esiste dentro di te e dentro il tuo corpo. Il sesso è una forza vitale. È qualcosa che ti dà la consapevolezza delle possibilità del creare e generare oltre i limiti di questa realtà, ma non è il modo in cui ci viene presentato in questa realtà. Viene presentato come una correttezza o un'erroneità, non come un'energia che è insita nella vita e nell'esistenza. Il sesso è trattato come qualcosa che ci richiede di limitare la vita e l'esistenza.

Partecipante alla Classe:

Mi fa scoppiare la testa.

Gary:

Bene! E se ti facesse scoppiare sia la testa grande che quella piccola…

Dain:

Sarebbe fantastico.

Gary:

Tutto ciò che è venuto su, per dioziliardi di volte, distruggerai e screerai tutto? Giusto e Sbagliato, Bene e Male, POD e POC, Tutti e 9, Shorts, Boys e Beyonds

Quale invenzione stai usando per disabilitare la tua testa piccola con quella grande, che stai scegliendo?

Partecipante alla Classe:

Ho una testa grossa. Di quale state parlando?

Gary:

Di entrambe. Se la tua testa di sotto fosse grande quanto la tua testa di sopra, dovresti dedicarti al porno, amico.

Dain:

Quale invenzione stai usando per disabilitare la tua testa di sotto con quella di sopra, che stai scegliendo? Tutto ciò che è, per dioziliardi di volte, distruggerai e screerai tutto? Giusto e Sbagliato, Bene e Male, POD e POC, Tutti e 9, Shorts, Boys e Beyonds

Quale invenzione stai usando per evitare l'espansione della tua agenda che potresti scegliere? Tutto ciò che è, per dioziliardi di volte, distruggerai e screerai tutto? Giusto e Sbagliato, Bene e Male, POD e POC, Tutti e 9, Shorts, Boys e Beyonds

CONSIDERARTI DI VALORE

Partecipante alla Classe:

Ultimamente ho aspettato che le donne scegliessero, invece di scegliere io per me. Queste frasi di pulizia mi aiuteranno?

Gary:

La frase di pulizia riguardo l'essere di valore "Quale invenzione stai usando per creare te stesso come di valore inferiore rispetto alle donne, che stai scegliendo?" creerà il maggior cambiamento. È dove puoi cambiare le occasioni in cui reputi la donna più di valore rispetto a te. Non ti vedi di valore.

Partecipante alla Classe:
   Lo so.

Gary:
   Quando non ti vedi di valore, ti presenti alle donne con un'energia disgustosa e trasandata che è nociva e non gradevole. Essa dà alle donne il punto di vista che sei una specie di pervertito. Non è un invito per loro avvicinarsi a te. È come se cercassi di acchiapparle. Ti è chiaro?

Partecipante alla Classe:
   Incontrai una donna e, all'inizio, ero il prodotto di valore. Tiravo energia ed ero semplicemente me stesso; dopo un po' fu come se "Oh, sto tornando ai miei vecchi comportamenti di nuovo." Non so come superare questa cosa.

Gary:
   Potresti farti scorrere:
   Quale invenzione sto usando per creare il problema con questa donna, che sto scegliendo? Tutto ciò che è, per dioziliardi di volte, distruggerai e screerai tutto? Giusto e Sbagliato, Bene e Male, POD e POC, Tutti e 9, Shorts, Boys e Beyonds

COSA CI VORREBBE PER FAR FUNZIONARE QUESTA RELAZIONE?

Partecipante alla Classe:
   Grazie. Ho ascoltato una chiamata del Gentlemen's Club dall'Australia e qualcuno ha chiesto: "Come crei una relazione?" Hai detto qualcosa del tipo: "La donna crea la

sua idea di relazione e l'uomo crea la sua idea di relazione e, se cercano di unirle, non funziona."

Gary:

Di base, quello che sta sotto è: cerchi di vedere come adeguarti nel mondo della donna per creare una relazione con lei. Lei cerca di vedere come tu potresti adeguarti al suo mondo, che per lei è la relazione e nessuna di queste due cose riguarda essere presenti con: "Che cosa funzionerà davvero qui?"

Inizi a inventare immagini bellissime e romantiche di voi due assieme. Vi baciate, sorridete ed è tutto perfetto. E tu dici: "Oh, È perfetta. Andrà alla perfezione." Queste sono domande? No! "Tutto andrà bene. Non vedo l'ora di vedere come funzionerà." Nemmeno questa è una domanda. L'invenzione dell'idea di una relazione perfetta non è la consapevolezza della relazione che hai realmente. Stai creando uno sconvolgimento per te o per lei, per uno dei due piuttosto che vedere ciò che è davvero possibile.

Devi chiedere:
- Cosa ci vorrebbe affinché questa relazione funzioni?
- Cosa sta succedendo qui e come mi piacerebbe che fosse?

LA SOTTIGLIEZZA DELLA CONSAPEVOLEZZA CHE IN REALTÀ HAI

Dain:

La relazione è basata sulla conclusione piuttosto che sulla sottigliezza della consapevolezza che in realtà hai. Hai una sottigliezza della consapevolezza. E' la consapevolezza di ogni sottigliezza che l'energia è. È una consapevolezza di cosa è possibile, di cosa non è possibile, di cosa è possibile con qualcuno e di cosa non lo è.

Ci è stato insegnato a giungere a conclusioni anziché avere consapevolezza e, quando arrivi ad una conclusione, elimini tutta la sottigliezza della consapevolezza che hai; elimini tutto ciò che puoi vedere e tutto ciò che puoi percepire. Puoi solo funzionare dalla conclusione che hai. Quando pensi a una ragazza, se ti permetti di fare una domanda, avrai una leggerezza, avrai una pesantezza, o avrai qualcosa di confuso e puoi chiedere: "Ok, è la sottigliezza della mia consapevolezza?" Se è così, allora diventa il lavoro d'indagine per scoprire cosa sia quel qualcosa. Se capisci che sei giunto a molte conclusioni, puoi chiedere: "Cosa posso cambiare ora per rendere questo diverso? Questa cosa può essere cambiata?"

Gary:

Questa è la domanda che devi farti. La maggior parte di voi ragazzi giunge alla conclusione: "Oh, questa donna è bellissima. E' stupenda. E' tutto quello che ho sempre voluto". Quale di questa è una domanda?

Partecipante alla Classe:
Nessuna.

Gary:

Per noi è più vero non avere domande. Ci inventiamo l'idea che questo è il modo in cui qualcosa dev'essere, invece di chiedere: "Cosa può essere questo? Come mi piacerebbe davvero che sia che non ho mai nemmeno percepito?"

Partecipante alla Classe:

Recentemente stavo ascoltando *The Place* per la seconda volta e ho pianto. Mi sono detto: "So che questo è possibile. Come diavolo faccio ad arrivarci?".

Gary:

Sì, lo so, anche per me questa è realtà. Chiedi: "Cosa è davvero possibile che non ho considerato qui?"

Dain:

E come sarebbe se fosse davvero possibile crearlo come una realtà viva, che respira, invece di tutta quella roba che abbiamo cercato di rendere vera e che tutti noi sappiamo non essere reale?

L'EREZIONE CHE POTRESTI SCEGLIERE

Gary:

Quale invenzione stai usando per evitare l'erezione che potresti scegliere? Tutto ciò che è, per dioziliardi di volte, distruggerai e screerai tutto? Giusto e Sbagliato, Bene e Male, POD e POC, Tutti e 9, Shorts, Boys e Beyonds

Perché questa domanda è quella che crea la maggior gioia nei nostri corpi?

Dain:

È quella che semplicemente continua, continua e continua ad andare.

Gary:

Il dono che continua a donarsi. Un'erezione.

Dain:

Quale invenzione stai usando per evitare l'erezione che potresti scegliere? Tutto ciò che è, per dioziliardi di volte, distruggerai e screerai tutto? Giusto e Sbagliato, Bene e Male, POD e POC, Tutti e 9, Shorts, Boys e Beyonds

Gary:

Non è fantastico? *Essere* un'erezione, ancor più dell'*avere* un'erezione, è ciò che è la realtà. Quando hai un'erezione è il momento in cui sei più disposto a seguire qualcosa, come avere una vita più grandiosa. Stai sempre presente nel "Dove posso mettere questa cosa? Cos'altro posso farci con questo?" L'unico momento in cui entri nella domanda è quando hai un'erezione.

Dain:

Ma anche il momento in cui entri nel "assolutamente nessuna domanda".

Gary:

E' anche il momento dove giungi a serie, dannate conclusioni.

Partecipante alla Classe:

È un' esigenza molto forte quando hai un'erezione.

Gary:

Sì. È un'esigenza molto forte. Come sarebbe se fossi disposto ad avere il tuo desiderio e non la tua esigenza? Come sarebbe?

Gary:

Se usassi quella stessa energia per creare una possibilità diversa, come sarebbe la vita?

Dain:

Quale invenzione stai usando per evitare l'erezione che potresti scegliere? Tutto ciò che è, per dioziliardi di volte, distruggerai e screerai tutto? Giusto e Sbagliato, Bene e Male, POD e POC, Tutti e 9, Shorts, Boys e Beyonds

Questo potrebbe essere il processo che scorre per sempre.

Gary:

È il processo infinito. Mettilo in loop, specialmente se stai dormendo a fianco di una donna. Potrebbe eccitarsi e saltarti addosso al mattino. Se si eccita ed è un'eccitazione a livello di clitoride, vorrà fare sesso con te.

Quale invenzione stai usando per evitare l'erezione che potresti scegliere? Tutto ciò che è, per dioziliardi di volte, distruggerai e screerai tutto? Giusto e Sbagliato, Bene e Male, POD e POC, Tutti e 9, Shorts, Boys e Beyonds

Riesco a sentire tutti i vostri corpi che dicono: "Sì! Sì! Sì!". Vi rendete conto quanto state cercando di spegnere i vostri corpi? È così che creiamo l'invecchiamento. Ecco perché non siete mai l'eterno ragazzino: state usando lo spegnersi della vostra erezione per invecchiare il vostro corpo e rendere meno reale e meno di valore il fatto di averne uno. Volete ringiovanire? Fate scorrere questo processo.

Dain:

Quale invenzione stai usando per evitare l'erezione che potresti scegliere? Tutto ciò che è, per dioziliardi di volte,

distruggerai e screerai tutto? Giusto e Sbagliato, Bene e Male, POD e POC, Tutti e 9, Shorts, Boys e Beyonds

Interessante. Prima facevamo scorrere "Quale stupidità stai usando?" (riferito al processo usato in Access durante la registrazione di queste chiamate N.d.T.) e ora diciamo: "Quale invenzione stai usando?"

Gary:

Ti sei reso inconsapevole di alcune cose, ma qui non si tratta solo dell'inconsapevolezza che scegliamo. E' lo spazio in cui ci inventiamo le cose che abbiamo scelto come se, in qualche modo, fossero più reali della nostra capacità di scegliere qualcosa di diverso, quindi questo è parte del processo, ma è anche leggermente diverso.

Quale invenzione stai usando per evitare l'erezione che potresti scegliere? Tutto ciò che è, per dioziliardi di volte, distruggerai e screerai tutto? Giusto e Sbagliato, Bene e Male, POD e POC, Tutti e 9, Shorts, Boys e Beyonds

Qualcuno di voi sente di avere più sangue scorrere nel corpo?

Partecipante alla Classe:

C'è qualcosa che riguarda il sopprimere l'energia vitale e tutto quello che ne consegue, perché sarebbe inappropriato avere sempre un'erezione.

Gary:

Ti sbagli. Non sarebbe inappropriato per te avere sempre un'erezione. Sarebbe un invito affinché più donne ti usino.

Dain:

A-ha.

Gary:

Se non hai un'erezione, non sei utile, no?

Partecipante alla Classe:

No.

Gary:

Se non eviti l'erezione che sei, diventi una persona più utile nella vita delle altre persone e, affinché tu veda te stesso come privo di valore, devi diventare inutile, giusto? Quindi ti puoi rendere conto che evitare l'erezione che potresti scegliere sta influenzando tutte le aree della vita.

Partecipante alla Classe:

Assolutamente. E come se la trattenessi fino al momento opportuno nel quale posso sguinzagliarla. Non in tutte le aree della mia vita. Come l'immagine della moralità standard negli uomini.

Gary:

Come se avere un'erezione per la vita sia diverso dall'avere un bastone sessualmente duro, per così dire. Ci sono così tante aree della tua vita che stai sopprimendo perché non è accettabile per te avere un'erezione. Non ti permetterai di avere quell'elemento entusiastico nella tua vita e nella tua esistenza, il che significa che non permetterai a te stesso di essere.

Partecipante alla Classe:
  Esattamente. Wow.

Gary:
  Quale invenzione stai usando per evitare l'erezione che potresti scegliere? Tutto ciò che è, per dioziliardi di volte, distruggerai e screerai tutto? Giusto e Sbagliato, Bene e Male, POD e POC, Tutti e 9, Shorts, Boys e Beyonds

  Se sei disposto ad essere un'erezione, sarai disposto ad essere l'energia che crea un'erezione. Stai essendo l'energia che crea e genera. Se stai essendo meno di questo, stai cercando di istituire qualsiasi cosa la donna voglia che tu faccia o sia, il che non è scegliere di essere te.

  Questo è lo spazio in cui gli uomini impediscono a se stessi di essere un'energia che dà quello che può essere ricevuto, ma non deve dare quello che non può essere ricevuto, che è ciò che sei, se sei disposto a essere quell'erezione. Se non sei disposto a esserlo, allora devi difendere il punto di vista della donna, rifiutare di darle quello che può ricevere e rifiutare di essere quello che può essere ricevuto.

  Se sei disposto a essere il tipo di energia che è un invito (perché avere un'erezione è un invito) e se la persona può riceverlo, è grandioso. Se la persona non può riceverlo, è sbagliato il fatto che tu abbia un'erezione?

  Per qualche ragione, sembra che voi non capiate che essere un'erezione è un invito. Non significa che le persone debbano prenderla. Significa solo che è un invito. Come sarebbe se tu fossi semplicemente eccitante e questo fosse l'inizio della possibilità dell'energia del sesso, dell'amplesso e del cazzo duro? Se aveste il tipo di energia dell'essere "sono pronto quando sei pronto", sarebbe un'energia diversa ed un invito diverso rispetto a "c'è qualcosa di sbagliato in me perché ho il cazzo duro"?

Partecipante alla Classe:
Sì. Puoi approfondire?

Gary:
Certo. Ce l'hai a tua disposizione quando sei disposto ad avere quel tipo di flusso d'energia. Ma l'hai trasformato in "un cazzo duro per essere in grado di scopare qualcuno". Devi essere disposto a creare ciò che creerà qualcosa di più grandioso.

ENTRARE NEL RUOLO DEL RE

Dain:
Quando sei disposto a creare qualcosa di più grandioso, ti togli dal ruolo del principe. Il principe è colui che va in giro cazzeggiando e lascia che il mondo capiti attorno a lui e, se riesce a scopare, è felice ed è abbastanza per lui. Devi entrare nel ruolo del re. E' lì che ti rendi conto che sei tu a dover creare la realtà intorno te. Nessun altro lo farà per te. Nessun altro sarà responsabile per te. Cercheranno di screditarti e ti giudicheranno, ma è irrilevante. Sei il re, cazzo! E quindi, invece di vivere la tua vita credendo che sei un relitto galleggiante e che fintanto che riesci a scopare tutto va bene, ti chiedi: "Cosa sto creando qui?"

Se sei disposto ad essere il re e l'erezione che hai rifiutato di essere, ti rendi conto di essere una forza creativa ed un controllo creativo nel mondo che hai fino ad allora rifiutato di essere. Se capisci quanta merda facciamo a proposito delle donne - "Le piacerò? scoperò? Quello scoperà più di me? Scoperò di meno? E bla, bla, bla" - tutta questa merda la usiamo per impedirci di essere l'Essere creativo e generativo che in realtà siamo.

Quale invenzione stai usando per crearti come il *non* creativo, la non fonte generativa, la non forza e il non controllo, che potresti scegliere? Tutto ciò che è, per dioziliardi di volte, distruggerai e screerai tutto? Giusto e Sbagliato, Bene e Male, POD e POC, Tutti e 9, Shorts, Boys e Beyonds

Gary:

Dobbiamo aggiungere qualcos'altro: "fonte, forza, controllo ed energia creativa."

Dain:

Quale stupidità stai usando per creare le invenzioni, le intensità artificiali e i demoni del mai essere il creativo, generativo, fonte, forza, controllo, contributo e capacità generativa, che stai scegliendo? Tutto ciò che è, per dioziliardi di volte, distruggerai e screerai tutto? Giusto e Sbagliato, Bene e Male, POD e POC, Tutti e 9, Shorts, Boys e Beyonds

Partecipante alla Classe:
Wow. Quest'ultima è fortissima.

Partecipante alla Classe:
È connessa anche a quella cosa dell'immagine?

Gary:

Cerchi di creare te stesso come qualcuno che *sembra* anziché qualcuno che è. Vuoi apparire come il maestro della scopata. Vuoi apparire come quello che pensi una donna voglia. Vuoi apparire come qualcuno di successo. Vuoi apparire come qualcuno che è di valore, ma *essere* queste cose e *apparire* come loro sono due mondi diversi.

E SE FOSSI DISPOSTO A ESSERE IL RE DELLE POSSIBILITÀ?

Dain:

Devi essere consapevole che il mondo ti vedrà in tutti i modi possibili. Le persone ti vedranno in tutti modi possibili. Devi sapere qual è il tuo obiettivo, qual è il tuo target e ciò che è vero per te.

Non so voi ragazzi, ma io ho agito da principe azzurro per molto tempo. Sembrava il posto ideale per essere e mi sto rendendo conto a questo punto che non è abbastanza per me. Non so se è abbastanza per voi. Non so se avete guardato allo spazio dal quale stavo funzionando e avete detto: "Wow, questo sarebbe abbastanza per me. Fammi prendere il suo posto."

Come sarebbe se riusciste a rendervi conto di questo nel vostro stesso mondo, anche nel comparare voi stessi a chiunque vi compariate. La comparazione con me, con Gary o con chiunque altro? Sono abbastanza per voi? Forse c'è qualcosa di molto più grandioso nell'essere la capacità creativa, la fonte generativa, la forza, il controllo che siamo che ci porta oltre la cosa del principe che abbiamo fatto, dove siamo stati felici ad avere una qualsiasi donna che ci voleva.

Come sarebbe se fossimo i re delle possibilità?

Gary:

Oh! Buona questa!

Quale stupidità stai usando per creare l'invenzione e l'intensità artificiale dell'evitare di essere il re delle possibilità, che potresti scegliere? Tutto ciò che è, per dioziliardi di volte, distruggerai e screerai tutto? Giusto e Sbagliato, Bene e Male, POD e POC, Tutti e 9, Shorts, Boys e Beyonds

Ti ho già detto quanto ti amo quando apri la bocca, Dain?

Partecipante alla Classe:

Questo è anche dove creiamo la separazione e la competizione tra gli uomini, ossia quando guardiamo qualcun altro e diciamo: "Ooh, wow!" e rendiamo noi stessi più piccoli?

Dain:

Sì, perché se ti rendessi conto che sei il re delle possibilità, avresti una visione totalmente diversa di te stesso. Sarebbe: "Scusa, con chi dovrei competere?" Saresti in grado di vedere dove gli altri re potrebbero essere un contributo, un dono e un ricevere in questa capacità creativa e generativa, la fonte, la forza e il controllo di qualcosa di diverso.

Di solito non usiamo le parole forza, fonte e controllo come qualcosa da abbracciare, ma questo è un posto dove noi uomini non siamo stati disposti ad abbracciare le nostre capacità naturali. Se abbracciassi queste capacità, cos'altro sarebbe possibile? E come sarebbe se il modo per uscire dalla competizione che hai fatto con me, con gli altri uomini in Access Consciousness o al di fuori di Access fosse riconoscere che hai una capacità molto più grande rispetto a quella che sei stato disposto a riconoscere? Come sarebbe se fossi in realtà quello che ha fatto finta di non essere? Come sarebbe se fossi davvero il re delle possibilità? E se sei disposto a essere questo, eliminerebbe la competizione con gli altri uomini nel tuo mondo?

Gary:

Non c'è una competizione reale. La competizione è una bugia. La competizione è quello che fai sul campo di gioco per sport. Più di qualsiasi altra cosa, la competizione tra gli uomini è un modo per non reclamare mai la totalità di te. È il modo col quale ti garantisci che non devi scegliere la grandezza di te. E' lo spazio in cui devi scegliere contro gli altri uomini come se questo fosse un modo per trovare te stesso, invece di vedere ciò che è davvero possibile e come questo potrebbe funzionare per te.

Hai mai avuto l'esperienza di lavorare con un altro uomo e di avere così tanta connessione e facilità che avete fatto tutto molto velocemente?

Partecipante alla Classe:
Sì!

Gary:

Questo succede perché la competizione non è reale. Se ci fosse, non ci sarebbe mai una situazione dove un uomo possa cooperare con altro. E vedo molte situazioni di uomini che cooperano con altri uomini molto facilmente. Come sarebbe se fossi disposto ad avere un mondo completamente diverso? Mi piacerebbe che tutti voi metteste in loop questo:

Quale energia spazio e consapevolezza posso essere che mi permetterebbe di essere il re delle possibilità, che sono veramente, per tutta l'eternità? Tutto ciò che non permette questo, per dioziliardi di volte, distruggerai e screerai tutto? Giusto e Sbagliato, Bene e Male, POD e POC, Tutti e 9, Shorts, Boys e Beyonds

Dain:

Andiamo a giocare gentlemen. Andiamo a creare una realtà diversa.

Gary:

Sì. Creiamo un sacco di re di possibilità, invece di regine della stupidità.

Dain:

E principi della follia.

Gary:

E principi dell'invisibilità.

Dain:

Per favore, fate scorrere questi processi ragazzi. Grazie mille per essere voi. Cosa è possibile creare insieme per noi?

Gary:

Grazie mille per aver partecipato a questa chiamata. Spaccate!

Partecipanti alla Classe:
Grazie!

5
I Fenomenali Sesso, Amplesso e Relazione che Potresti Scegliere

Se fossi disposto a funzionare dal punto di vista delle possibilità e delle scelte più grandi, piuttosto che dall'erroneità del tuo punto di vista, cos'altro sarebbe possibile?

Gary:
Ciao, gentlemen.

CREARE SITUAZIONI AUMENTA-DEMONI

Recentemente io e Dain ci siamo resi conto che quando una donna va dietro a un uomo, quest'ultimo elimina la sua consapevolezza per poter scopare. Non si chiede mai se è quello che vuole o se renderà migliore la sua vita.

Voi dite: "Beh, è successo", "Non potevo fermarmi",

"Sono scivolato" o "È successo per caso", ma in realtà non è così. Voi pensate che se *può* succedere, *dovrebbe* succedere; quindi invitate i demoni a entrare per assicurarvi che *accada*.

Quale stupidità stai usando per creare le situazioni aumenta-demoni che stai scegliendo? Tutto ciò che è, per dioziliardi di volte, distruggerai e screerai tutto? Giusto e Sbagliato, Bene e Male, POD e POC, Tutti e 9, Shorts, Boys e Beyonds

Partecipante alla Classe:
Cosa intendi con 'invitare i demoni ad entrare'?

Gary:
Dovete invitare i demoni a entrare per creare il potere che avete in quanto 'mancanti di potere'. Nessuno di voi è stato mancante di potere di fronte al vostro cazzo, vero?

Partecipante alla Classe:
Già.

Gary:
È come se foste sempre senza potere. Nel momento in cui il vostro cazzo inizia a riempirsi di energia, è come se il cervello non fosse più disponibile. Avete il quoziente intellettivo fatto da una singola cifra. E questo succede anche in altre aree della vita. Ogni volta che dite: "Beh, è successo" o "Non potevo fermarmi", state invitando i demoni per assicurarvi che non siete responsabili di nulla di quello che è successo. Ovunque dite: "Oh, non so come sia potuto capitare" è una bugia. Questo è ciò che fate per assicurarvi di non avere il controllo e di non avere alcuna

capacità di creare nulla. Diventate l'effetto di tutto ciò che succede intorno a voi.

Quale stupidità stai usando per creare le situazioni aumenta-demoni? Tutto ciò che è, per dioziliardi di volte, distruggerai e screerai tutto? Giusto e Sbagliato, Bene e Male, POD e POC, Tutti e 9, Shorts, Boys e Beyonds

Ebbene, la buona notizia è che voi ragazzi siete in questa dinamica dell'aumenta-demoni da quando avete un pene!

Partecipante alla Classe:
Cosa significa *aumenta-demoni*?

Gary:
Aumenta-demoni significa che i demoni arrivano e ti aiutano ad essere stupido. Ti aiutano a essere meno consapevole. Ti aiutano a metterti in una brutta situazione. Ti aiutano ad assicurarti che non hai idea di quello che sta succedendo, motivo per cui ti capitano cose brutte delle quali non sei contento. Può essere con i soldi, può essere con il sesso (di solito per voi ragazzi è con il sesso). Voglio bene a tutti voi e siete un mucchio di cazzi che cercano un posto dove stare.

Quale stupidità stai usando per creare le situazioni aumenta-demoni? Tutto ciò che è, per dioziliardi di volte, distruggerai e screerai tutto? Giusto e Sbagliato, Bene e Male, POD e POC, Tutti e 9, Shorts, Boys e Beyonds

Partecipante alla Classe:
Io e il mio partner ci stiamo dividendo. Stiamo traslocando. Dopo la classe Sintesi Energetica dell'Essere di Dain, mi era così chiaro cosa mi sarebbe piaciuto creare e

generare e sono tornato per andare via dalla casa che io e il mio partner condividiamo. Ma quando sono entrato in casa è come se avessi colpito un muro. Questo è una situazione aumenta-demoni?

Gary:

Sei disposto a vedere ciò che è vero per te? E ricorda che ho pensato "verità" prima di fare questa domanda.

Partecipante alla Classe:

Lo ero fino a quando sono entrato in casa e ora sono infelice.

Gary:

Sì, perché ti sei reso conto di cosa hai vissuto per tutto questo tempo.

Partecipante alla Classe:

Sì.

Gary:

Una volta che ti è chiaro che vuoi fare qualcos'altro, diventi improvvisamente consapevole, finalmente, di tutte le cose che hai eliminato dalla tua consapevolezza per mantenere ciò che hai. Hai la situazione della relazione così com'è, dove elimini la tua consapevolezza per assicurarti di continuare ad avere qualcosa nel modo in cui è.

Partecipante alla Classe:

Quindi sono semplicemente più consapevole del punto in cui mi sono bloccato?

Gary:

Sì. Sei consapevole di ciò su cui prima rifiutavi di essere consapevole. Ogni volta che il tuo pene è coinvolto, ogni volta che entri in una relazione di qualsiasi tipo, entri nella relazione reale e credibile. Non scegli la relazione incredibile e irreale. Perché vuoi una relazione che sia credibile e reale?

Partecipante alla Classe:

Già, una cosa così ti riaggancia a questa realtà.

Gary:

Sì. Ti riporta a questa realtà. Ti blocca in questa realtà, anziché darti una scelta di una realtà diversa. Perché mai non vorresti una scelta diversa?

Partecipante alla Classe:

Oh, la voglio.

Gary:

Se avessi scelta, se stessi veramente scegliendo e avessi scelta e consapevolezza, non lasceresti che le situazioni aumenta-demoni prendano il controllo della tua vita. Ma tu permetti che avvenga. Dici: "Oh, ho perso questi soldi. Li ho fatti fuori." Ti comporti come se non ci fosse scelta, quando invece c'è.

Quale stupidità stai usando per creare le situazioni aumenta-demoni che stai scegliendo? Tutto ciò che è, per dioziliardi di volte, distruggerai e screerai tutto? Giusto e Sbagliato, Bene e Male, POD e POC, Tutti e 9, Shorts, Boys e Beyonds

Quale stupidità stai usando per difenderti dagli irreali,

incredibili, fantastici e fenomenali sesso, amplesso e relazione, che potresti scegliere? Tutto ciò che è, per dioziliardi di volte, distruggerai e screerai tutto? Giusto e Sbagliato, Bene e Male, POD e POC, Tutti e 9, Shorts, Boys e Beyonds

Wow, ragazzi non volete avere nulla che non sia ordinario, vero?

Quale stupidità stai usando per difenderti dagli irreali, incredibili, fantastici e fenomenali sesso, amplesso e relazione, che potresti scegliere? Tutto ciò che è, per dioziliardi di volte, distruggerai e screerai tutto? Giusto e Sbagliato, Bene e Male, POD e POC, Tutti e 9, Shorts, Boys e Beyonds

Quale stupidità stai usando per creare le situazioni aumenta-demoni che stai scegliendo? Tutto ciò che è, per dioziliardi di volte, distruggerai e screerai tutto? Giusto e Sbagliato, Bene e Male, POD e POC, Tutti e 9, Shorts, Boys e Beyonds

NON È "SEMPLICEMENTE SUCCESSO"

Quando decidete improvvisamente di voler far sesso con qualcuno, non è un caso. Non è qualcosa che semplicemente capita. Non è semplicemente successo. Queste donne vi vengono dietro. È davvero vero per voi? Io osservo le persone. L'altro giorno, in una classe, osservavo una donna che andava dietro a un ragazzo. La cosa era ovvia ed era ridicolmente brutto il modo in cui le cose venivano fatte. Il ragazzo non se ne era accorto per nulla perché i demoni amplificavano la situazione. Non aveva idea che poteva davvero indurre la sua stessa morte con la scelta che stava facendo.

Partecipante alla Classe:
   Scegliamo questo dal momento in cui una ragazza inizia a venirci dietro?

Gary:
   Sì. Lo scegliete quando inizia a lasciarvi addosso la bava di lumaca. Quel ragazzo e quella ragazza sarebbero andati a pranzo insieme. Li ho visti e ho pensato: "Oh, povero scemo. E' dannato." Quella ragazza era cattiva e meschina e sapevo che gli avrebbe fatto cose cattive e meschine. Ma la sua agenda è diventata dura, il suo cervello se n'è andato e ha avuto una situazione aumenta-demoni chiamata "l'amore del sesso". Ignorò chiunque per stare con lei. Si rifiutò di fare ciò che precedentemente aveva promesso di fare per gli altri. Ogni cosa che aveva detto che avrebbe portato a termine, ogni cosa che creava il suo business, la sua vita e le sue amicizie con chiunque nel mondo erano perse per la vagina dorata che stava sbavando su tutto il suo mondo.

Partecipante alla Classe:
   Wow.

Gary:
   Tutto ciò che è, per dioziliardi di volte, distruggerai e screerai tutto? Giusto e Sbagliato, Bene e Male, POD e POC, Tutti e 9, Shorts, Boys e Beyonds

Partecipante alla Classe:
   Ho usato la mia relazione per difendermi dalle donne che mi stavano facendo questo?

Gary:

Beh, ti sei difeso. Prima di tutto non è che solo le donne lo fanno. Anche gli uomini te lo faranno.

Partecipante alla Classe:

Vero.

Gary:

Ti stai difendendo da qualsiasi cosa che ti darebbe scelta.

Partecipante alla Classe:

Mi si stanno incrociando gli occhi. Cosa intendi con questo?

Gary:

Se ti definisci gay o etero, o se hai una qualsiasi sessualità particolare, crei una serie di giudizi per garantire quella definizione e renderla vera. Ti difendi da qualsiasi cosa la sfidi o ti metta in una posizione in cui potresti metterla in discussione.

E se la migliore relazione che hai avuto è stata con un buon amico? Anni fa avevo un amico al quale ero molto legato. Facevamo tutto assieme. Era davvero divertente. Era intelligente, brillante e divertente e ce la siamo spassata un mondo. Poi si fece la ragazza. Mi buttò via come un abito logoro e dissi: "Aspetta un attimo! Eravamo così legati e ora nemmeno mi parla?"

I due si lasciarono e lui mi chiamò. Voleva che tornassimo ad essere di nuovo amici. Mi disse: "Ehi, ridiamo vita alla nostra amicizia."

Gli risposi: "No, perché la prossima volta che ti farai una

ragazza, mi butterai nuovamente via. Non sono interessato." Era disposto a distruggere la sua amicizia con me per avere una relazione esclusiva con una ragazza. Pensava che la relazione fosse più importante.

Sei disposto a ignorare i tuoi amici per la vagina che ti sta ricoprendo di bava? E' questo che fai, che tu abbia un impegno a fare qualcosa o meno.

Partecipante alla Classe:
Anche gli impegni verso te stesso.

Gary:
Soprattutto gli impegni verso te stesso. Andare contro un impegno che hai preso è come dire: "Lei è più importante. Tutto quello che lei ha è più importante della mia stessa vita."

Partecipante alla Classe:
E una volta che perdi quell'impegno verso te stesso...

Gary:
È lì che inizi a invitare la morte. È dove induci la morte. Ecco un altro processo da farvi scorrere:

Quale seduzione sto usando per creare l'induzione della morte, che sto scegliendo? Tutto ciò che è, per dioziliardi di volte, distruggerai e screerai tutto? Giusto e Sbagliato, Bene e Male, POD e POC, Tutti e 9, Shorts, Boys e Beyonds

Permettiamo a noi stessi di essere sedotti a morte. Il ragazzo di cui stavo parlando fu sedotto nell'abbandonare tutti i suoi amici, le persone che l'avevano supportato e amato, a favore di una donna. A lei importava solo questo.

Quando lo lasciò, si sentì come una milionaria; lui invece come un mucchio di merda.

Quale seduzione sto usando per creare l'induzione della morte, che sto scegliendo? Tutto ciò che è, per dioziliardi di volte, distruggerai e screerai tutto? Giusto e Sbagliato, Bene e Male, POD e POC, Tutti e 9, Shorts, Boys e Beyonds

Per favore gentlemen, mettetelo in loop e fatevelo scorrere all'infinito. Dovete arrivare al punto in cui non siete sedotti dall'abbandonare la vostra vita per una donna semplicemente perché vi vuole.

"VOGLIO CHE LUI ABBANDONI LA SUA VITA PER ME"

Anni fa stavo facendo una classe e c'era una coppia. Chiesi alla donna: "Cosa vuoi da lui?" E mi rispose: "Voglio che abbandoni la sua vita per me."

"Cosa?!?" dissi. E tutti gli altri nella stanza risposero: "Oh, non è dolce?"

Dissi: "Dolce? Vuoi che il ragazzo abbandoni la sua vita per te? Praticamente stai dicendo che dovrebbe fare tutto ciò che tu vuoi, dovrebbe fare qualsiasi cosa tu richiedi e desideri e non dovrebbe avere una sua vita."

Rispose: "Già."

E' così che vengono create la maggior parte delle relazioni. Io chiesi: "Perché le persone pensano che sia una cosa buona?" Dovete essere disposti a vedere ciò che realmente volete avere come vostra realtà e cosa volete avere in una relazione.

A chi o a cosa sei disposto a darti via che se non ti dessi

via, ti darebbe tutto di te? Tutto ciò che è, per dioziliardi di volte, distruggerai e screerai tutto? Giusto e Sbagliato, Bene e Male, POD e POC, Tutti e 9, Shorts, Boys e Beyonds

Partecipante alla Classe:
Creiamo la seduzione nell'induzione della morte dando via noi stessi?

Gary:
Sì. Ti *dai via* per crearla.

Quale stupidità stai usando per creare la difesa contro gli irreali, incredibili, fantastici e fenomenali sesso, amplesso e relazione, che potresti scegliere? Tutto ciò che è, per dioziliardi di volte, distruggerai e screerai tutto? Giusto e Sbagliato, Bene e Male, POD e POC, Tutti e 9, Shorts, Boys e Beyonds

Dain era con una signora l'altro giorno che gli disse: "Penso che dovremmo passare un paio di giorni assieme."

Chiese: "Perché?"

"Così possiamo conoscerci meglio."

Lui disse: "Ma non ho bisogno di farlo. Io ti conosco." Lui è disposto a sapere; lei no. Voleva passare tempo con lui a causa del suo punto di vista che devi passare del tempo assieme a qualcuno per conoscerlo. E se non dovessi passare del tempo per conoscere qualcuno? Come sarebbe se potessi semplicemente conoscerli?

A chi o a cosa sei disposto a darti via che se non ti dessi via, ti darebbe tutto di te? Tutto ciò che è, per dioziliardi di volte, distruggerai e screerai tutto? Giusto e Sbagliato, Bene e Male, POD e POC, Tutti e 9, Shorts, Boys e Beyonds

Partecipante alla Classe:

Quando "passiamo un paio di giorni assieme per conoscersi", non è lì che troviamo dei modi per eliminare noi stessi e adeguarci alla loro realtà?

Gary:

Sì. È dove riesci a indurre la tua morte a favore della loro vita.

Quanti di voi rinuncerebbero alla vostra vita per avere una donna? Tutto ciò che è, per dioziliardi di volte, distruggerai e screerai tutto? Giusto e Sbagliato, Bene e Male, POD e POC, Tutti e 9, Shorts, Boys e Beyonds

ROMANTICISMO

Partecipante alla Classe:

Dare via te stesso è ciò che chiamano romanticismo in questa realtà? È questo che viene chiamato romantico?

Gary:

Beh, quello che è chiamato romanticismo è avere il divertimento e la gioia di fare ciò che stimola te e la donna con la quale stai, che crea l'illusione che avrai qualcosa di più grandioso. Il romanticismo lo usi come stimolo per creare una risposta nella donna.

Personalmente a me piace il romanticismo. Mi piacciono le cene, mi piace guardare nei loro occhi desiderosi, dar loro dei fiori, bere del buon vino e ascoltare musica, parlare con loro e far loro domande nonstop su se stesse e non dire mai niente di me. E alla fine della serata, quando dicono: "Wow, sei l'uomo più interessante che abbia mai incontrato" so che ci scoperò. Sono più pratico di voi ragazzi. So qual è il mio obiettivo. Voi pensate che il vostro obiettivo sia avere una donna. Quanti di voi hanno avuto una donna e dopo sono stati contenti con lei?

Voi fate romanticismo per stimolare una donna affinché abbassi le sue barriere e vi dia quello che volete. Non rinunciate a voi stessi per avere una donna. Voi ragazzi rinuncereste a qualsiasi cosa per avere una vagina. Se lei dice: "Voglio che abbai come un cane", abbaierete con un cane. Farete qualsiasi cosa che richiede perché ha la vagina.

Quanti di voi hanno rinunciato a tutta la vostra vita per una vagina? Tutto ciò che è, per dioziliardi di volte, distruggerai e screerai tutto? Giusto e Sbagliato, Bene e Male, POD e POC, Tutti e 9, Shorts, Boys e Beyonds

Per chi o per cosa sei disposto a rinunciare a te stesso, che se non fossi disposto a rinunciarvi, ti permetterebbe di avere tutto di te? Tutto ciò che è, per dioziliardi di volte, distruggerai e screerai tutto? Giusto e Sbagliato, Bene e Male, POD e POC, Tutti e 9, Shorts, Boys e Beyonds

"SEMBRO ATTRARRE LE DONNE SPOSATE"

Partecipante alla Classe:

Sembra che io attragga le donne sposate che stanno cercando del divertimento con me, ma poi entro nell'erroneità del dare loro il mio corpo. Entro nell'erroneità di quello che verrà creato dopo questo con il marito e così via. Mi piacerebbe sapere cosa ne pensi e come gestiresti tu questa cosa.

Gary:

Le donne sposate che non sono felici nelle loro vite faranno qualsiasi cosa per ottenere un uomo col quale fare sesso. Lasceranno veramente il loro marito per te? Diciamo di *no*. Perché lo stanno facendo? Stanno scegliendo te perché sei sicuro e perché non sei disposto a prenderti un impegno con loro. Le donne sposate che ti vengono dietro sono più mascoline che femminili nel loro punto di vista. La maggior parte delle donne andrà dietro al marito di un'altra donna. Sei un marito?

Partecipante alla Classe:

No.

Gary:

Sei semplicemente uno scopatore?

Partecipante alla Classe:

È possibile, sì. Mi piacerebbe non entrare nell'erroneità di questo e avere un po' di divertimento, ma continuo a pensare a ciò che si creerà per loro e per i loro...

Gary:

Sei un uomo umanoide?

Partecipante alla Classe:

Penso di sì.

Gary:

Agli uomini umanoidi non piace andare dietro le donne sposate perché non vogliono mandare a puttane la relazione di un altro uomo.

Partecipante alla Classe:
   Sì.

Gary:
   Ma guarda questa cosa con occhio critico. La loro relazione è già rovinata? Sì o no?

Partecipante alla Classe:
   Sì.

Gary:
   Ed è vero che hai bisogno di avere un problema? O stai cercando di creare un problema per giustificare che te, in quanto l'umanoide che sei, non puoi credere che può essere giusto per te fare sesso con una donna sposata?

Partecipante alla Classe:
   Già, è questo.

Gary:
   Stai creando una situazione aumenta-demoni. Ecco un processo che devi fare scorrere. Ti darà chiarezza sul fatto che se una donna sposata ti viene dietro, è perché ha deciso che vuole uscire dal suo matrimonio e sta cercando te come causa di questo. Ora, se questo fosse il caso, dovresti avere un sacco di soldi, un lavoro molto ben pagato e dovresti avere l'aspetto di qualcuno che ha molto di più di quello che tu hai. È una descrizione accurata?

   Quale seduzione stai usando per creare l'induzione della morte, che stai scegliendo? Tutto ciò che è, per dioziliardi di volte, distruggerai e screerai tutto? Giusto e Sbagliato, Bene e Male, POD e POC, Tutti e 9, Shorts, Boys e Beyonds

Partecipante alla Classe:
Beh, ho un lavoro molto buono.

Gary:
Sei un belloccio "facile"?

Partecipante alla Classe:
Dipende dagli occhi che mi stanno guardando. Certo, la bellezza è negli occhi di chi guarda. Non so. Dovresti chiederlo a loro.

Gary:
Devi ammettere ciò che sei e smettere di cercare di essere quello che pensi che dovresti essere. Se sei solo un cazzo che viene usato, allora sii un cazzo che viene usato e goditi "sta cazzo di cosa" di essere usato. In realtà, questo è ciò che sono la maggior parte dei ragazzi giovani. Le donne sposate tendono ad andare dietro ai ragazzi giovani che vengono considerati un cazzo da poter usare. Perché scelgono i bellocci facili? Perché massacrano così tanto a casa i mariti che loro non vogliono più fare sesso.

Ragazzi, dovete essere spietatamente onesti con voi stessi riguardo a cosa siete. Se siete una troia, siete una troia. Non è un'erroneità: è semplicemente qualcosa che siete. Smettete di cercare di creare qualcosa che non è reale per voi. Dovete vedere cos'è reale per voi, non ciò che è reale per gli altri.

Quale seduzione stai usando per creare l'induzione della morte, che stai scegliendo? Tutto ciò che è, per dioziliardi di volte, distruggerai e screerai tutto? Giusto e Sbagliato, Bene e Male, POD e POC, Tutti e 9, Shorts, Boys e Beyonds

Ogni volta che entri nel giudizio, entri nella morte. Sta

inducendo la morte ogni volta che entri nel giudizio.

STAI ABBANDONANDO TE STESSO?

Prendiamo l'amico di cui stavo parlando prima. E comunque, non è Dain. È un altro amico. Tutti pensano che quando parlo di un amico stia parlando di Dain. No, non è lui. Quando questo ragazzo si mise con quella donna, creò sconvolgimenti con tutte le persone con le quali aveva accordato di fare cose. Abbandonò la sua stessa vita a favore di lei e del suo punto di vista su ciò che lei voleva. Questo bloccò il movimento in avanti della sua vita che stava creando i soldi, le possibilità e le scelte. Gli ci vollero quasi due anni per rimettere le cose a posto.

Ogni volta che scegli contro di te, puoi essere sedotto e trascinato fuori da ciò che è una consapevolezza per te e imposti le cose in modo tale che finisci col rinunciare a tutto ciò a cui avevi dato precedentemente vita, in favore di ciò che hai. Perdi tutto il tuo futuro quando fai questo.

Quale seduzione stai usando per creare l'induzione della morte, che stai scegliendo? Tutto ciò che è, per dioziliardi di volte, distruggerai e screerai tutto? Giusto e Sbagliato, Bene e Male, POD e POC, Tutti e 9, Shorts, Boys e Beyonds

Partecipante alla Classe:
Gary, sto avendo quello che potremmo definire un momento "Oh mio Dio". Questo è ciò che ho fatto lo scorso anno?

Gary:
Già, hai cercato di adeguarti alla persona con la quale

stavi per renderla felice. Questa è una giustificazione, non è reale. Non lo stai facendo per renderla felice. Lo stai facendo per abbandonare te stesso. Lo stai facendo per ammazzarti. Quanto tieni a te stesso? Quasi niente.

Partecipante alla Classe:
Beh, ovviamente non ci tenevo.

Gary:
Tutto ciò che è, per dioziliardi di volte, distruggerai e screerai tutto? Giusto e Sbagliato, Bene e Male, POD e POC, Tutti e 9, Shorts, Boys e Beyonds

Partecipante alla Classe:
Questo processo della seduzione mi aiuterà a ritornare nel mondo per creare e generare quello che mi piacerebbe?

Gary:
Si spera. Almeno inizierai a essere in grado di vedere quello che ti piacerebbe. Non sarai sedotto dall'idea che "Lei non sarà felice con me se faccio questo." Non sedurrai te stesso nel non fare qualcosa pensando che così facendo la renderai felice. Non la renderai felice. Niente rende una donna felice, tranne quando decide di essere felice. E nulla rende un uomo felice tranne quando rinuncia a se stesso per una vagina. Pensa che sia felice quando lo fa, ma alla fine è fottuto, miserabile e vuole uccidersi. Vi funziona questa cosa, gentlemen?

Partecipante alla Classe:
Non molto!

Gary:

Quale seduzione stai usando per indurre la morte, che stai scegliendo? Tutto ciò che è, per dioziliardi di volte, distruggerai e screerai tutto? Giusto e Sbagliato, Bene e Male, POD e POC, Tutti e 9, Shorts, Boys e Beyonds

Qualcuno di voi ha mai notato che quando entrate in una relazione, entrate in una cosa "start e stop" con tutta la vostra vita? Iniziate a prendere una strada, vi imbattete in una donna e in un attimo state abbandonando tutto ciò che avete iniziato a creare per stare con lei. Perché lo fate?

Per chi o per cosa, o a chi o a che cosa ti stai dando via, che se non lo facessi, ti permetterebbe di avere tutto di te? Tutto ciò che è, per dioziliardi di volte, distruggerai e screerai tutto? Giusto e Sbagliato, Bene e Male, POD e POC, Tutti e 9, Shorts, Boys e Beyonds

Perché non siete completi senza una donna?

Quale stupidità stai usando per difenderti dallo scegliere te per una donna o per un partner sessuale, che stai scegliendo? Tutto ciò che è, per dioziliardi di volte, distruggerai e screerai tutto? Giusto e Sbagliato, Bene e Male, POD e POC, Tutti e 9, Shorts, Boys e Beyonds

Scegli quello che *tu* vuoi scegliere. Non scegliere perché *lei* vuole che tu scelga. Scegli perché *tu* vuoi scegliere.

Quale stupidità stai usando per creare la seduzione dell'induzione della morte, che stai scegliendo? Tutto ciò che è, per dioziliardi di volte, distruggerai e screerai tutto? Giusto e Sbagliato, Bene e Male, POD e POC, Tutti e 9, Shorts, Boys e Beyonds

INCULCAZIONE DELLE REALTÀ

Partecipante alla Classe:
　Dain l'altro giorno mi stava parlando di come io inculco le realtà degli altri. Afferro la realtà di qualcuno e la filtro attraverso la mia.

Gary:
　Inculcare è quando metti tutte le parti e i pezzi di te e dell'altro/a insieme in un frullatore e cerchi di ottenere due persone uguali (tu e l'altro/a). È il modo in cui la maggior parte delle persone cerca di creare le relazioni.
　Pensiamo di dover creare una relazione mischiando le nostre realtà, ottenendo qualcosa che sia gustoso per entrambi. Peccato che l'unica parte che tu ottieni è la sua merda e l'unica parte che ottiene lei è il tuo oro. Prenderai la sua merda in cambio del tuo oro sempre. Scusa???

Partecipante alla Classe:
　Le persone fanno questo anche con le famiglie?

Gary:
　Esatto.

Partecipante alla Classe:
　Culti?

Gary:
　I culti, le religioni e qualsiasi cosa a cui cerchi di adattarti. Sfortunatamente la maggior parte di voi fa cagare nell'adeguarsi, perché siete molto più disposti ad

essere leader che seguaci. In realtà, siete tutti come gattini. Nessuno riesce a controllarvi, ma voi continuate a far finta che in qualche modo potete essere controllati. Non funziona, ma se siete contenti così, va bene. Se vi fa essere felici, fatelo. Fottetevi più e più volte e godetevela.

Esiste anche l'*esculcare* quando, invece di mescolare assieme tutte le vostre parti e pezzi, cercate di separarle. Siete l'olio e l'acqua, anziché la scelta.

L'intreccio dell'Essere è quando sei talmente intimo con qualcuno che senti e percepisci ciò che l'altra persona non è disposta a sentire e percepire. Io e Dain siamo molto intimi e quando si rifiuta di vedere ciò che è davvero possibile, io lo vedo e lo so sempre.

Per me significa vedere dove la persona ha bisogno di capire quello che sta succedendo davvero, da una prospettiva diversa. Per esempio, ero solito raccogliere della roba strana dalle ragazze con cui Dain faceva sesso, riguardo al fatto che non volevano che lui stesse con altre. E io pensavo: "Oh mio Dio. Non voglio che Dain stia con nessun altro" e poi mi dicevo: "Ma non sta con me! Che cos'è questo?"

Sapevo cosa non era disposto a ricevere. Io sono disposto a sapere un sacco di cose. Sapevo che il ragazzo che era in classe veniva ricoperto di bava dalla donna. Potevo vedere esattamente quello che stava succedendo, ma lui non l'avrebbe visto, qualunque cosa gli avessi detto, quindi tenni la bocca chiusa e lasciai che si ammazzasse da solo, in modo che potesse avere nuovamente quell'opportunità. Non fu la sua scelta migliore. Sarebbe meglio che voi non facciate lo stesso percorso.

Partecipante alla Classe:

E la scelta crea consapevolezza.

Gary:

La scelta crea la consapevolezza. Lui scelse. Ricevette un sacco di consapevolezza. Non era la consapevolezza che voleva, ma comunque ne ricevette molta.

Quale stupidità stai usando per creare l'inculcazione delle realtà come relazione, che stai scegliendo? Tutto ciò che è, per dioziliardi di volte, distruggerai e screerai tutto? Giusto e Sbagliato, Bene e Male, POD e POC, Tutti e 9, Shorts, Boys e Beyonds

Anni fa, quando divorziai, una donna mi disse: "Non vedo l'ora di passare del tempo assieme."

Le chiesi: "Cosa vuoi dire?"

Mi disse: "Beh, immagino che passeremo il 75% del nostro tempo insieme da qui in avanti."

Risposi: "Il 75% del nostro tempo? Vediamo, in un giorno di ventiquattr'ore significa che passo 18 ore con te? A me non piace passare 18 ore con nessuno. Io non voglio passare 18 ore con qualcuno."

Quante ore ti piacerebbe davvero passare con qualcuno ed essere totalmente presente con questa persona per tutto il tempo? Se dite più di due ore e mezzo, state mentendo.

Partecipante alla Classe:

Sì. Due o tre ore.

Partecipante alla Classe:

Tre ore e mezzo a settimana.

Gary:

Il tempo da passare con una persona dovrebbe essere il 10% del tempo che avete in un giorno, perché significa che siete totalmente presenti per quella persona. E la persona è totalmente presente per te. Quanti di voi potrebbero essere totalmente presenti per qualcuno senza giudizio, conclusione o considerazione, essendo semplicemente lì, nella domanda e nella presenza totale? Quanti di voi possono fare questo per più di due ore e mezzo?

Partecipante alla Classe:
Due ore e mezzo sembrano tante.

Gary:

La maggior parte di voi vuole stare con qualcuno finché non sborra e poi è pronta ad andarsene.

Quale seduzione stai usando per indurre la morte, che stai scendendo? Tutto ciò che è, per dioziliardi di volte, distruggerai e screerai tutto? Giusto e Sbagliato, Bene e Male, POD e POC, Tutti e 9, Shorts, Boys e Beyonds

SII ONESTO RISPETTO A DOVE SEI NELLA TUA VITA

Gary:

Ragazzi, siate onesti con voi stessi. Se siete un cazzo in cerca di un posto dove stare, allora siete un cazzo in cerca di un posto dove stare. Questo non lo rende né giusto, né sbagliato. Vuol dire solo che siete un cazzo in cerca di un posto dove stare.

Dovete essere onesti riguardo a dove siete nella vita: che tipo di persona siete, ciò che è davvero importante per voi, quello che volete creare. Se siete disposti a farlo, chiedete: "Ok, come posso usare questo?" anziché: "Come posso abusarmi con questo?"

Essere il maestro della scopata e una troia sono considerate brutte cose in questa realtà, ma come sarebbe se fossero il più grande potere a vostra disposizione? Se foste disposti a funzionare dal punto di vista della più grande possibilità e della più grande scelta, invece che dall'erroneità del vostro punto di vista, cos'altro sarebbe possibile?

Partecipante alla Classe:

È come se stessi usando "sono una troia" come giustificazione per uccidere me stesso.

Gary:

Certo, è usare "troia" come giustificazione invece di dire: "Ok, sono una puttana. Farò sesso con chiunque. Come posso usare questa cosa per creare la mia vita?" E non: "Come posso usarlo per distruggere la mia vita, per uccidere me stesso?"

Tutto ciò che è, per dioziliardi di volte, distruggerai e screerai tutto? Giusto e Sbagliato, Bene e Male, POD e POC, Tutti e 9, Shorts, Boys e Beyonds

Sei il maestro della scopata. È semplicemente quello che sei. Puoi usarlo per indurre la tua morte oppure puoi usarlo per creare la tua vita. In quale modo l'hai usato finora?

Partecipante alla Classe:

Per indurre la morte.

Gary:
Già. Non è stata la tua scelta migliore, vero?

Partecipante alla Classe:
Per creare vita. Come sarebbe?

Gary:
Chiedi: "Come posso usare il fatto di essere una troia per creare più vita, non meno? Chi posso scopare che espanderà il mio universo, mi darà la vita che voglio e farà funzionare tutto quanto?" Invece di cercare quello che creerà la tua vita, cerchi quello che ti farà scopare, perché il fottere è diventato il prodotto di valore; non il fatto che puoi scopare, non il fatto che sei carino e induci le persone a scopare, non il fatto che te la puoi godere un mondo. Rendi lo scopare l'obiettivo finale, il target di tutto. La maggior parte degli uomini lo fa.

Partecipante alla Classe:
Rido. Lo vedo così chiaramente.

Gary:
La creazione si interrompe nel momento in cui entri nella conclusione che "questa donna farà sesso con me." Non stai chiedendo: "Come posso usare tutto ciò a mio vantaggio?" Odio dovervelo dire gentlemen, ma alle donne piace scopare tanto quanto agli uomini. Vogliono solo il romanticismo per essere in grado di sceglierlo.

COME POSSO USARE L'ESSERE UN DEPRAVATO A MIO VANTAGGIO?

Gary:

Per esempio, alcuni di voi fanno i depravati. Di solito funziona? No. Quindi dovete chiedere: "Come posso usare l'essere un depravato a mio vantaggio?" Se gli aggiungete dello humour, potreste usarlo a vostro vantaggio. Se vedeste il divertimento ed il gioco in esso, se vedeste le possibilità anziché la distruzione, la cattiveria, la bruttezza o qualsiasi altra cosa in esso, si mostrerebbe una realtà diversa?

Partecipante alla Classe:

Mi puoi dare un esempio?

Gary:

Se fai il depravato con humour, le persone penseranno che non sei davvero depravato.

Depravato significa che sbavi sulle ragazze. Chiedi: "Ehi, posso togliermi i pantaloni e mostrarti il mio pene? Ora che hai visto, lo vuoi?" E la donna ti risponde: "Porco!" Non hai guardato come poterlo usare in maniera diversa. Come sarebbe se facessi qualcosa di diverso invece di sbavare su tutte le donne e dire: "Vorrai fare del sesso con me?"

Non si tratta di cambiare il fatto che sei un depravato; si tratta di vedere come puoi usarlo a tuo vantaggio. Quello che sto cercando di dirvi è che fate i depravati e non vi dà il risultato sperato. Quindi, cosa potreste fare o essere di diverso per ottenere i risultati che davvero volete? Come potreste essere o fare diversamente con questo?

Chiedete: "Come posso usarlo in una maniera diversa?" Dovete imparare ad usarlo in un modo che funzioni per voi. Proprio ora lo state usando in un modo che non funziona. Dovete essere chiari rispetto a cosa volete. Volete una relazione? Volete solo farvi una scopata? Se volete solo fare sesso, fate un sacco di soldi e affittatevi una battona. Il sesso così è libero da oneri. Oppure diventate gay; anche quello è sesso libero da oneri.

E' la stessa cosa con tutto il resto. Se avete un bell'aspetto, dovete riconoscerlo e chiedere: "Come lo uso per creare la vita?" e non: "Come lo uso per avere una donna?" Userete il vostro aspetto per avere una donna e poi distruggerete la vostra vita per averla (la donna). Userete il vostro aspetto per uccidere voi stessi. Siete sedotti dal fatto che il vostro bell'aspetto vi farà scopare, quindi seducete qualcuno per trombare per uccidere voi stessi.

Quale seduzione stai usando per indurre la morte, che stai scegliendo? Tutto ciò che è, per dioziliardi di volte, distruggerai e screerai tutto? Giusto e Sbagliato, Bene e Male, POD e POC, Tutti e 9, Shorts, Boys e Beyonds

Quale stupidità stai usando per creare le difese contro l'irreale, l'incredibile, il fantastico ed il fenomenale che sei TE, piuttosto che scopare, che stai scegliendo? Tutto ciò che è, per dioziliardi di volte, distruggerai e screerai tutto? Giusto e Sbagliato, Bene e Male, POD e POC, Tutti e 9, Shorts, Boys e Beyonds.

USARE LA TUA ENERGIA SESSUALE

Partecipante alla Classe:
Io non mi vedo come il maestro della scopata o il pervertito. Potresti aiutarmi a scoprire cos'è per me che potrei usare per creare la mia vita?

Gary:
Stai cercando di creare te stesso come altamente sessuale o come asessuale?

Partecipante alla Classe:
Asessuale al momento.

Gary:
Ok, quindi tutto quello che hai fatto è stato per renderti asessuale. Quando cerchi di renderti asessuale, stai cercando di mettere da parte l'energia sessuale che hai in modo tale da non essere sedotto in una relazione che non funziona più? O stai cercando di rendere te stesso asessuale in modo da non creare problemi nel mondo delle altre persone?

Partecipante alla Classe:
L'ultima.

Gary:
Tutto ciò che è, per dioziliardi di volte, distruggerai e screerai tutto? Giusto e Sbagliato, Bene e Male, POD e POC, Tutti e 9, Shorts, Boys e Beyonds

Quando cerchi di renderti asessuale, in modo tale che questo non crei problemi nel mondo delle altre persone, induci un sacco di persone a cercare di sedurti, che è la parte che ti piace. Non ti piace quando le persone cercano di sedurti e devi dire *no*?

Partecipante alla Classe:
Sì.

Gary:
Ti piace essere in grado di dire *no*. "No, non sono quel tipo di ragazza... voglio dire, non sono quel tipo di ragazzo. Non la darò via tanto facilmente. Non sono una puttana di basso bordo. Non sono pervertito. Non sono il maestro della scopata. Sono un bravo ragazzo."

Partecipante alla Classe:
Quindi "fare" l'asessualità fa in modo che le persone vogliano sedurti? È semplicemente intimidazione?

Gary:
La sexualness totale può essere intimidatoria. Se sei disposto a essere totalmente sessuale e usare la tua sexualness come modalità per intimidire gli altri, un intero mondo si apre. Una volta stavo facendo una classe sul sesso e una cosina molto giovane e carina mi guardò e mi disse: "Potrei mettermi lo strap on (N.d.T. dildo indossabile) e farmiti."

Le chiesi: "Tesoro, pensi davvero di riuscire a gestirmi?" e lei si intimidì totalmente. Faceva il sesso come forza. Non stava facendo sesso come una realtà. Dovete arrivare al punto di riconoscere che il sesso come una realtà è un universo totalmente diverso. Sesso come realtà è "Chi posso intimidire con la mia energia sessuale? Chi posso invitare con la mia energia sessuale? Chi posso indurre nella mia vita che non mi ucciderà? E con chi posso creare questo, che creerà ancora di più della vita che mi piacerebbe davvero avere?"

Un sacco di persone usano la loro energia sessuale per creare arte e letteratura: sublimano la loro energia sessuale per l'amplesso e la usano in un modo artistico, come se questo gestisse le cose per loro. L'energia sessuale non è la *fonte* della creazione: è un *contributo* ad essa. Devi espandere la tua energia sessuale cosicché sia un contributo a tutto ciò che sei in grado di creare, che sia arte, letteratura, pittura, musica o altro.

Devi avere la disponibilità di essere sessualmente intimidatorio, il che significa che, invece di dire "Oh, mi vuole. Figo. Sono così contento che mi voglia. Lascerò che mi sparga la sua bava di lumaca su tutto il corpo e nessun altro mi toccherà", chiedete "Pensi davvero di soddisfarmi piccola? Ciao. Ci vediamo dopo. Ho delle cose da fare, persone da vedere e posti da visitare!", non "Sì, rinuncerò alla mia vita per te."

Tutto ciò che è, per dioziliardi di volte, distruggerai e screerai tutto? Giusto e Sbagliato, Bene e Male, POD e POC, Tutti e 9, Shorts, Boys e Beyonds

La maggior parte di voi non vuole essere sessualmente intimidatoria, perché vi immaginate che se lo siete nessuno vi vorrà. No, quelli divertenti vi vorranno.

Quando siete sessualmente intimidatori non siete mai disposti ad essere meno perché qualcun altro non può ricevere la sexualness che siete. Quando siete sessualmente intimidatori, le persone devono scegliere se essere o meno con voi, piuttosto che cercare di sedurle a fare qualcosa che non vogliono fare. Quando cercate di non essere sessualmente intimidatori, le persone cercano di capire cosa voi volete da loro invece di essere in grado di scegliere ciò che vogliono. Se siete disposti ad essere sessualmente intimidatori sapranno cosa volete da loro e dovranno scegliere se darvelo o meno.

Quante volte non sei stato disposto ad essere sessualmente intimidatorio? E tutti i posti dove hai deciso che essere sessualmente intimidatorio fosse un'erroneità, distruggerai e screerai tutto? Giusto e Sbagliato, Bene e Male, POD e POC, Tutti e 9, Shorts, Boys e Beyonds

La maggior parte di voi, quando ha un'esperienza sessuale molto buona, la seconda volta si conterrà, per assicurarsi di non perdere la persona.

Tutto ciò che è, per dioziliardi di volte, distruggerai e screerai tutto? Giusto e Sbagliato, Bene e Male, POD e POC, Tutti e 9, Shorts, Boys e Beyonds

Preferireste avere una "anatra zoppa" che vi vuole, piuttosto di avere qualcuno che sarebbe divertente, che si divertirebbe un sacco e si divertirebbe a scoparvi. E se diceste di non voler fare quello che loro vogliono voi facciate, direbbero: "Oh, ok. Farò quello che vuoi fare tu."

Dain finalmente è diventato sessualmente intimidatorio. Quando la donna disse che voleva passare due giorni con lui, rispose: "No, non voglio passare due giorni con te." Lei gli mandò un messaggio con scritto: "Hai ragione. Voglio solo stare con te. Qualsiasi momento passato assieme è così un invito, è così un contributo. Voglio avere quello."

Se non siete disposti ad adeguarvi al mondo delle persone, loro si adegueranno al vostro. Smettete di essere femminucce (N.d.T. in inglese è stato usato il termine pansy=viola del pensiero).

Tutto ciò che hai fatto per crearti come una viola del pensiero, dove chiunque può annusarti o schiacciarti, distruggerai e screerai tutto? Giusto e Sbagliato, Bene e Male, POD e POC, Tutti e 9, Shorts, Boys e Beyonds

Partecipante alla Classe:
Quindi, se sto scegliendo l'asexualness, mi sto seducendo nell'induzione della morte?

Gary:
Sì. Stai seducendo te stesso alla morte. Ecco cos'è l'asexualness. Non hai sessualità. Non "hai" né un uomo, né una donna, né nient'altro nella tua vita. Non hai energia sessuale nel tuo corpo. Come puoi guarire il tuo corpo se non hai energia sessuale?

Partecipante alla Classe:
Non puoi.

COSA STAI CREANDO CON LA TUA ENERGIA SESSUALE?

Gary:
L'energia sessuale è energia creativa. Devi riaccendere l'energia sessuale, ma non devi usarla per scopare.

Partecipante alla Classe:
No, posso usarla per creare e generare la mia vita. Quindi, quale domanda posso fare?

Gary:

Chiedi: Quale seduzione sto usando per indurre la morte, che sto scegliendo? Stai seducendo te stesso nell'asexualness come se questo creerà la tua vita. No, questo creerà la tua morte.

Devi vedere quello che stai creando con la tua energia sessuale. Se stai essendo il maestro della scopata, pensi che fintanto che scoperai tre volte al giorno, starai creando la tua vita. No, stai creando il tuo pene. Non stai creando la tua vita. La vita non è un pene: non deve essere sempre dura per godertela. Devi iniziare a vedere queste cose da un posto diverso e chiederti: Cosa mi piacerebbe davvero creare come "la mia vita"?

Quando quella donna mi disse "Possiamo passare il 75% del nostro tempo insieme" ho dovuto guardare tanto a lungo questa cosa e chiedermi "Desidero davvero una relazione?" Lei lo voleva. Tra l'altro era sposata e avrebbe lasciato il marito per me. Quando guardai questa cosa, mi resi conto che non era interessata a me: era interessata a me che fossi interessato a lei. Qual è la differenza?

Partecipante alla Classe:

È lo spazio di te dove non sei disposto a rinunciare a te stesso.

Gary:

Non sono disposto a rinunciare a me stesso per nessuno, per nessuna cifra, o per nient'altro.

Per chi o per cosa sei disposto a rinunciare a te stesso, che se non dovessi rinunciarvi, ti permetterebbe di avere tutto di te? Tutto ciò che è, per dioziliardi di volte, distruggerai e screerai tutto? Giusto e Sbagliato, Bene e Male, POD e POC, Tutti e 9, Shorts, Boys e Beyonds

SESSO GRANDIOSO

Un ragazzo mi raccontava di un'esperienza di sesso grandiosa che aveva avuto. Chiese "Cosa ci vorrebbe per averne altro?" Quando hai esperienze di sesso grandioso, invece di chiedere "Cosa ci vorrebbe per averne di più nella mia vita?", chiedete "Cosa ci vorrebbe per me di percepire quell'energia nelle persone?" Dovete essere disposti a percepire l'energia che crea il sesso grandioso nelle persone.

Partecipante alla Classe:
E sceglierlo.

Gary:
Sì e scegliere cosa quello creerà. Voi ragazzi create degli standard molto strani, basati sul punto di vista di qualcun altro riguardo cosa sia una persona attraente. Io posso vedere una donna o un uomo con un corpo stupendo e dire "Oh, wow, bellissimo! Sarebbero divertenti per farci sesso?" No? Ok. Bellissimo corpo. Corpo stupendo da guardare. Assolutamente seducente, ma inutile dal mio punto di vista".

Voi ragazzi vedete un corpo bellissimo, un bellissimo paio di tette, o qualsiasi cosa che vi eccita e... Qual è il motivo per cui vedete qualcosa che vi eccita, invece di essere così eccitati da eccitare chiunque altro?

Partecipante alla Classe:

E' il primo modo di eccitare la seduzione nell'induzione della morte?

Gary:

Sì. E' la seduzione nell'induzione della morte, perché la persona dalla quale sei eccitato è la persona che indurrà la morte in te.

Tutto ciò che è, per dioziliardi di volte, distruggerai e screerai tutto? Giusto e Sbagliato, Bene e Male, POD e POC, Tutti e 9, Shorts, Boys e Beyonds

Siete tutti molto carini, ma avete il quoziente intellettivo a cifra unica e vi penzola tra le gambe.

Partecipante alla Classe:

Apprezzo molto questa chiamata. Queste chiamate sono fantastiche.

Gary:

Se riesco a far arrivare due o tre di voi al punto in cui potete davvero divertirvi e creare la vostra vita, mentre ancora siete in grado di essere i maestri della scopata, gli zozzoni o i pervertirti, allora ne sarà valsa la pena.

NON RENDERE REALI I GIUDIZI DELLE ALTRE PERSONE.

Ragazzi! Vi voglio bene, ma siete dannatamente stupidi. Quando qualcuno cerca di rendervi sbagliati per quello che siete, non prendetela male. Dite: "Sì, grazie" o "Porca vacca! Stai scherzando?" Vi siete resi sbagliati per uno dei vostri migliori attributi. Invece di usarlo *per voi stessi*, l'avete usato *contro di voi*. Quando le persone mi dicevano che ero un pervertito, o uno zozzone, dicevo: "Sì, lo sono!"

E rispondevano: "Beh, non è una cosa buona."

Io dicevo: "Su quale base? Funziona per me."

Partecipante alla Classe:

Quindi creiamo l'induzione della morte per convalidare il punto di vista di qualcuno?

Gary:

Sì, per convalidare il punto di vista che sei sbagliato. Non sei sbagliato: sei semplicemente una puttana. Puttana non è sbagliato. Puttana è semplicemente puttana.

Partecipante alla Classe:

Attenzione! Arriva lo Zozzone!

Gary:

Bene, stiamo arrivando da qualche parte! Ti chiamerò "lo zozzone" invece dell'asessuale.

Partecipante alla Classe:

Tutto questo è basato sul convalidare i giudizi delle altre persone?

Gary:

È tutto basato sul convalidare il punto di vista di questa realtà, i giudizi della realtà delle altre persone. Io direi: "Ok, e quindi se sono una puttana?" Quando le persone hanno un giudizio di te, lo rendi vero e reale. Io non l'ho mai fatto. Io chiederei: "Cosa? Pensi che questo sia giusto o sbagliato, o bene o male e non prendi in considerazione quest›altro punto di vista, per quale ragione?"

Quando ero alle superiori, ero bravo a ballare e avevo un aspetto davvero piacevole. Non sapevo di averlo, ma era così. Dal primo anno delle superiori venivo invitato a tutti i balli di fine anno. Venivo invitato dalle ragazze più brutte del mondo, ma a me non interessava. Sarei stato vergine fino al matrimonio e non sarei stato tentato a fare sesso con delle donne brutte. Avrei bevuto del vino e pranzato con loro, avrei ballato con loro, e loro si sarebbero sentite davvero speciali e bellissime, e questo andava bene.

Tutto ciò che è, per dioziliardi di volte, distruggerai e screerai tutto? Giusto e Sbagliato, Bene e Male, POD e POC, Tutti e 9, Shorts, Boys e Beyonds

Quando finalmente decisi di perdere la verginità e di non aspettare fino al matrimonio, andai dietro ad una donna che era considerata la più grande troia del mio posto di lavoro. Non guardava nessun ragazzo, non era interessata a nessuno di loro. Io la intrattenni. Le sorridevo, le parlavo, ero divertente, ero delizioso, ero stupendo, ero fantastico. Tiravo l'energia da lei e non le chiesi mai di uscire. Per tre mesi non le chiesi di uscire. E poi lo feci. Facemmo del sesso grandioso! Imparai come fare sesso in qualsiasi posizione. In qualsiasi macchina. Su qualsiasi pezzo d'arredamento. Ovunque e in qualsiasi momento. Era magnifico. Era una ragazza che si godeva il sesso ed io ero interessato a qualcuno che si godesse il sesso. Il mio criterio era: sarà facile? Sarà divertente? Imparerò qualcosa? E non "Posso rinunciare a me stesso e morire per questa donna, così che sappia quanto la amo?"

Per favore, fate scorrere questo per il prossimo mese:

Quale seduzione sto usando per indurre la morte, che sto scegliendo? Tutto ciò che è, per dioziliardi di volte, distruggerai e screerai tutto? Giusto e Sbagliato, Bene e Male, POD e POC, Tutti e 9, Shorts, Boys e Beyonds

Posso garantirvi che ogni donna che trovate così tanto seducente è designata a indurvi alla morte. Sì, espanderà la vostra agenda, ma non sarà designata a creare le vostre possibilità.

Usate le domande:

- Se scelgo questo, come sarà la mia vita tra cinque anni?
- Se non scelgo questo, come sarà la mia vita tra cinque anni?

E siate onesti per un cambiamento. Voi pensate che se scoperete, la vita sarà migliore. No, non sarà migliore. Sarà più o meno la stessa cosa che avete creato e che non ha funzionato. Non rinunciate a nessuna parte nella vostra vita per nessun altro, perché se lo fate, rinuncerete a qualsiasi futuro che avete iniziato a creare e dovrete ricominciare tutto daccapo. Vi amo tutti. Questo è quanto per oggi.

Partecipanti alla Classe:
Grazie Gary.

Gary:
Grazie a voi. Siete tutti buoni. Ora siate cattivi. È molto più divertente. Ciao ciao.

6
Cosa Desideri Realmente?

La tua consapevolezza può creare una relazione, se lo vuoi.
Può creare qualsiasi cosa tu desideri, ma devi desiderarla.
La domanda è: cosa desideri realmente?

Gary:
   Ciao gentlemen. Qualcuno ha una domanda?

COME SAREBBE SE TUTTI FOSSERO DISPOSTI AD ESSERE DELLE PUTTANE?

Partecipante alla Classe:
   Nell'ultima chiamata stavi dicendo che essere una puttana e un maestro della scopata non è un'erroneità. Mi sono sempre bevuto il punto di vista che essere una puttana o il maestro della scopata sia sbagliato e che un vero gentleman non lo farebbe o non lo sarebbe. Puoi dirci qualcosa di più?

Gary:

Cos'è che ti rende un gentleman? Quanto delicatamente lo metti dentro quando è duro? Se tutti fossero disposti ad essere delle puttane, avremmo un mondo molto più semplice, ma tutti cercano di essere nel giudizio riguardo le cose che dovrebbero essere "appropriate". Pensano che se potessero fare la cosa appropriata e corretta non avrebbero problemi. Ma i problemi esistono non perché tu stai essendo una puttana o un maestro della scopata; i problemi esistono a causa dei giudizi che le persone usano come arma contro di te.

Quanti di voi hanno avuto qualcuno che usava il proprio giudizio della vostra energia sessuale contro di voi? Ogni volta che l'energia sessuale viene su, la prima cosa che fate è entrare nell'erroneità di voi stessi, perché il giudizio è che questo è ciò che dovete fare.

Tutto ciò che è, per dioziliardi di volte, distruggerai e screerai tutto? Giusto e Sbagliato, Bene e Male, POD e POC, Tutti e 9, Shorts, Boys e Beyonds

COSA VUOI AVERE NELLE TUA VITA?

Avete passato troppo tempo sentendovi sbagliati per qualsiasi cosa avete scelto. Non vi chiedete: "Cosa voglio veramente creare qui?" Come sarebbe se foste disposti a vedere quello che davvero è possibile?

Dovete chiedervi: "Verità, desidero avere una relazione? O mi piace semplicemente fare sesso? E cosa sono disposto a pagare per fare il sesso che voglio?"

Dain:

Se chiedete: "Desidero avere una relazione?" potreste dire: "Beh, non necessariamente, mi piace il sesso. Mi piace anche avere degli appuntamenti, giocare o fare le coccole. Quando diventa relazione, è pesante da morire. Appaiono un mucchio di obblighi." Io non penso necessariamente che il sesso sia abbastanza per la maggior parte di noi. Ci piace anche incontrarci con le persone, quindi dove ci porta questo?

Gary:

Dovete vedere quello che veramente vorreste creare per voi. Cosa volete avere nella vostra vita? Come sarebbe se foste in grado di avere tutto ciò che desiderate?

Dain:

E questo come sarebbe? Tendiamo a metterla giù così: "Vuoi solo sesso o vuoi una relazione?" Non c'è qualcos'altro ancora? Non c'è un ampio spettro di possibilità?

Gary:

In questa realtà non c'è un ampio spettro di possibilità.

Dain:

Vero. Ed è per questo che abbiamo così tanta difficoltà. Continuiamo a pensare che non ci dovrebbe essere un "o questo, o quello" perché tutti i maschi la mettono giù così.

Gary:

Voi pensate che l'unica scelta che avete sia "o questo, o quello" secondo il punto di vista di chiunque altro. Deducete che vi sono alcuni problemi ed erroneità per il modo in cui siete. Dovete chiedere: quale sarebbe la cosa più straordinaria che potrei avere nella vita?

Sfortunatamente, vedo che la maggior parte delle persone cerca di capire quello che *non dovrebbe* avere, invece di quello che *può* avere.

Dain:

Penso che tutti noi lo facciamo. C'è un qualche spazio nei nostri mondi dove andiamo avanti, diciamo per esempio nell'area del sesso e delle relazioni e troviamo qualcuno con cui fare sesso. Facciamo sesso un po' di volte e poi all'improvviso, prima di renderci conto che sia successo, ci troviamo in un posto difficile che non è divertente. Ci sono degli obblighi. E diciamo: "Aspetta un attimo. Come ci siamo arrivati qui? Tutto era semplice un momento fa e ora siamo in questo posto impossibile. Che sta succedendo?" Cerchiamo di eliminare molto di noi stessi per disfare il posto impossibile dove ci siamo ritrovati, piuttosto che renderci conto che se l'avessimo riconosciuto prima avremmo potuto evitare di arrivare lì.

SCEGLIERE LA CONSAPEVOLEZZA

Gary:

Piuttosto che scegliere la consapevolezza, scegliete di eliminarla.

Ovunque avete scelto di eliminare la vostra consapevolezza, invece che sceglierla, come se questo fosse una fonte grandiosa di scelta, distruggerai e screerai tutto? Giusto e Sbagliato, Bene e Male, POD e POC, Tutti e 9,

Shorts, Boys e Beyonds

Ovunque avete scelto di eliminare la vostra consapevolezza, come se questo fosse una fonte grandiosa di scelta, distruggerai e screerai tutto? Giusto e Sbagliato, Bene e Male, POD e POC, Tutti e 9, Shorts, Boys e Beyonds

Rendete le donne misteriose. Quanti di voi hanno riconosciuto che tendete a vedere le donne come se fossero una cosa misteriosa che non riuscite a capire? Non vi chiedete:

- Cosa posso capire di questa donna?
- Di cosa posso essere consapevole?
- Cosa sono in grado di sapere?

Quale stupidità stai usando per difenderti totalmente dalle donne misteriose, il sesso, amplesso e le relazioni, che stai scegliendo? Tutto ciò che è, per dioziliardi di volte, distruggerai e screerai tutto? Giusto e Sbagliato, Bene e Male, POD e POC, Tutti e 9, Shorts, Boys e Beyonds

Avete passato tutta la vostra vita a cercare di comprendere come gestire le donne, ma non sembra che siate in grado di sondarle, di andare abbastanza in profondità, di capire cos'è. Quindi diventa un posto imperscrutabile. Non potete andare abbastanza a fondo per avere un'idea di quello di cui stanno parlando.

Quale stupidità stai usando per difenderti completamente dalle donne misteriose, il sesso, l'amplesso e le relazioni, che stai scegliendo? Tutto ciò che è, per dioziliardi di volte, distruggerai e screerai tutto? Giusto e Sbagliato, Bene e Male, POD e POC, Tutti e 9, Shorts, Boys e Beyonds

È una difesa eterna. Non avete scelta tranne quella di difendervi da tutto.

Dain:

Quando hai fatto quel processo all'inizio Gary, hai detto "la difesa contro" e poi hai detto "la difesa del". Facciamo entrambi? Difendere qualcosa e difendersi contro qualcosa?

Gary:

Sì, sembra di sì.

Quale stupidità stai usando per creare la difesa eterna degli e dagli uomini misteriosi, donne, sesso, amplesso e relazioni, che stai scegliendo? Tutto ciò che è, per dioziliardi di volte, distruggerai e screerai tutto? Giusto e Sbagliato, Bene e Male, POD e POC, Tutti e 9, Shorts, Boys e Beyonds

Partecipante alla Classe:

Ti ritrovi nella terra di nessuno.

Gary:

Beh, non ti sembra di esserti trovato là la maggior parte delle volte? In qualche tipo di terra di nessuno dove non avevi idea di quello che stava succedendo e del perché?

Partecipante alla Classe:

Assolutamente.

DEVI DESIDERARLO

Gary:

Questo è il sunto di tutta la situazione: non hai idea di quello che sta succedendo o del perché. Tutto quello che sai è che in qualche modo qualcosa non è giusto. E di solito sei *tu* quella cosa non giusta. E dal momento che hai determinato e deciso che sei sbagliato e che c'è qualcosa di sbagliato in te, devi essere in uno stato di osservazione costante delle tue erroneità. Non vedi le scelte e la consapevolezza che sei, non ti vedi in quanto il prodotto di valore.

La tua consapevolezza può creare una relazione, se vuoi. Può creare qualsiasi cosa tu desideri, ma devi desiderarlo. La domanda è: cosa desideri realmente? Stavo parlando con un ragazzo un po' di tempo fa e mi stava dicendo: "Beh, non desidero avere bambini, ma forse……" Era tutto fantasia e chiacchiere.

Gli dissi: "Sai una cosa? Non hai una scelta qui. Verità, vuoi veramente una relazione?"

Mi rispose: "Lo sento pesante"

Gli chiesi: "Vuoi una relazione da favola?"

"Sì."

"Okay, sei in grado di crearla?"

Mi disse: "No, non andrebbe bene."

Gli chiesi: "Come fai a saperlo? Non l'hai ancora creata." Qualcuno di voi ha mai raggiunto la relazione da favola che pensava fosse possibile?

Partecipante alla Classe:
No.

Gary:
Giusto. Non cercate di farlo dalla consapevolezza! Cercate di farlo dagli insondabili relazione, sesso, amplesso, uomini e donne.

Quale stupidità stai usando per creare la difesa eterna degli e dagli uomini misteriosi, donne, sesso, amplesso e relazioni, che stai scegliendo? Tutto ciò che è, per dioziliardi di volte, distruggerai e screerai tutto? Giusto e Sbagliato, Bene e Male, POD e POC, Tutti e 9, Shorts, Boys e Beyonds

Partecipante alla Classe:
È come difendere le fondamenta di questa realtà.

TI STAI RENDENDO SBAGLIATO PER LA VERITÀ DI TE?

Gary:
Sì, sono le fondamenta della relazione, del sesso e dell'amplesso di questa realtà. Mi piacerebbe portarvi nello spazio in cui iniziate a vedere che tipo di relazione vi piacerebbe creare, invece di una relazione basata su questa realtà.

Partecipante alla Classe:
Quando avevo compiuto da poco vent'anni, conobbi una ragazza ad un party e la sua amica mi disse: "Tu vuoi solo scopare." E mi ricordo perfettamente che le risposi: "Sì, e allora?" E poi mi resi sbagliato per quello che realmente sono.

Gary:
Vediamo, questo succedeva circa 15 anni fa. La buona notizia è che per 15 anni ti sei reso sbagliato, quando in realtà ciò che era vero per te si era manifestato nella tua giovinezza.

Quale stupidità stai usando per difenderti dal maestro della scopata e la puttana che in realtà sei, che stai scegliendo?

Tutto ciò che è, per dioziliardi di volte, distruggerai e screerai tutto? Giusto e Sbagliato, Bene e Male, POD e POC, Tutti e 9, Shorts, Boys e Beyonds

Quanta della tua consapevolezza devi eliminare per non riconoscere che quello che vuoi fare davvero è scopare? Ti rendi sbagliato e poi passi tutto il tempo a cercare di dimostrare che non è davvero quello che vuoi, così le altre persone penseranno che non vuoi davvero quello, quando in realtà è quello che vuoi. Ma anche le altre persone sono telepatiche, quindi sanno che tu in realtà lo vuoi. Devi mentire loro e devi mentire a te stesso doppiamente per dimostrare che non stai volendo quello che davvero vuoi, perché sarebbe una cosa triste e cattiva.

Tutto ciò che è, per dioziliardi di volte, distruggerai e screerai tutto? Giusto e Sbagliato, Bene e Male, POD e POC, Tutti e 9, Shorts, Boys e Beyonds

Quale stupidità stai usando per difenderti contro il maestro della scopata e la puttana che in realtà sei, che stai scegliendo? Tutto ciò che è, per dioziliardi di volte, distruggerai e screerai tutto? Giusto e Sbagliato, Bene e Male, POD e POC, Tutti e 9, Shorts, Boys e Beyonds

Quale stupidità stai usando per creare la difesa eterna degli e dagli uomini misteriosi, donne, sesso, amplesso e relazioni, che stai scegliendo? Tutto ciò che è, per dioziliardi di volte, distruggerai e screerai tutto? Giusto e Sbagliato, Bene e Male, POD e POC, Tutti e 9, Shorts, Boys e Beyonds

Partecipante alla Classe:
Cosa ci vorrebbe per generare e creare il contributo per andare oltre la merda che ci inventiamo come più vera di chi in realtà siamo?

Gary:

Tutte queste chiamate hanno quello scopo.

UNA RELAZIONE IDEALE CON UNA DONNA

Partecipante alla Classe:

Saresti in grado di descrivere una relazione ideale con una donna?

Gary:

Certo. Lei vive in un altro stato e vi fate visita per tre giorni. Sto scherzando.

Continuate a cercare di creare una relazione che sarà una relazione ideale. Se state facendo la relazione dal punto di vista della relazione ideale, state vedendo la persona che avete davanti? O state vedendo come vi piacerebbe che lei fosse, come pensate che dovrebbe essere e chi pensate debba essere?

Quale stupidità stai usando per creare la difesa dal e dell'ideale utopistico della relazione, che stai scegliendo? Tutto ciò che è, per dioziliardi di volte, distruggerai e screerai tutto? Giusto e Sbagliato, Bene e Male, POD e POC, Tutti e 9, Shorts, Boys e Beyonds

La miglior relazione con una donna è quando potete vivere l'uno con l'altra ed entrambi permettete all'altra persona di essere chi è. Non avete giudizi, entrambi vi godete il sesso che fate (che sia poco o tanto) e non dovete passare ogni momento assieme.

PASSARE DEL TEMPO ASSIEME

Una delle cose che tutti voi dovete guardare è quanto tempo vi piacerebbe passare con una donna. A me personalmente piace passare da un'ora a un'ora e mezza a parlarle e, dopo di ciò, voglio fare del sesso con lei.

Quale percentuale della vostra vita vi piacerebbe passare con una donna? 10%? 20%? 30%? 40%? Altro?

Partecipante alla Classe:
10%.

Gary:
Okay, quindi vuoi passare due ore mezza al giorno con lei.

Partecipante alla Classe:
Già.

Gary:
Due ore e mezza al giorno è probabilmente una buona percentuale. Se fossero di più, molto probabilmente ti annoieresti.

Partecipante alla Classe:
Sembra che le donne vogliano passare più tempo con me di quanto io ne voglia passare con loro.

Gary:
Sì, perché non ti impegni mai ad essere presente, anche quando stai passando il 10% del tuo tempo con loro. E non sei disposto ad essere intimidatorio. Tendi a funzionare

dall'incapacità totale di intimidirle. Come sarebbe se esigessi da loro di passare più tempo con te?

Partecipante alla Classe:

Questo sarebbe intimidatorio?

Gary:

Certo, perché se un uomo esige che una donna passi del tempo con lui, immagina cosa vuole fare lei? Andarsene. Se vuoi far allontanare una ragazza, esigi di passare più tempo con lei.

Partecipante alla Classe:

Puoi farmi un esempio? È una cosa energetica? È quello che dico?

Gary:

Devi cominciare con l'energia di questo. Devi guardarla e dirle: "Sai una cosa? Penso che non stiamo passando abbastanza tempo assieme."

Quando siete lontani, chiamala e dille quanto ti manca. Se continui a farlo, troverà delle ragioni per non essere disponibile. Se smette di rispondere al telefono, allora saprai che finalmente hai il controllo. Quanti hanno avuto donne che facevano a voi la stessa cosa? Vi chiamano così tanto e così spesso che non volete neanche più rispondere al telefono.

Partecipante alla Classe:

Davvero.

Gary:

E quindi, perché non lo fai tu a loro? Resisti al fatto di essere così esigente nei loro confronti, in modo tale che *loro* debbano stare buone, calme, zitte e tranquille con te, invece di startene tu buono, calmo, zitto tranquillo con loro.

Partecipante alla Classe:

Già, porca vacca!

Gary:

Vuoi che una donna ti lasci dello spazio? Questa è un'altra cosa che la maggior parte degli uomini vogliono in una relazione: qualcuno che dia loro dello spazio. Quanti di voi si rendono conto che, in quanto uomini, vi piace il tempo che passate da soli?

Partecipante alla Classe:

Sì.

Gary:

Gli uomini hanno bisogno di pause. Queste sono il vostro momento per processare. Sono i momenti in cui prendete tutte le cose che sono successe durante la giornata, date loro la vostra attenzione ed arrivate ad una consapevolezza o ad una conclusione di tutto quello che volete fare con la consapevolezza di tutte queste cose.

Tutto ciò che non permette a questo di mostrarsi nella tua vita, lo distruggerai e screerai? Giusto e Sbagliato, Bene e Male, POD e POC, Tutti e 9, Shorts, Boys e Beyonds

Agli uomini è stato insegnato di dover *fare* delle cose per indicare che amano o che sono premurosi. Sono stati allenati a credere che fare corrisponde all'avere a cuore. Quindi, devono gestire tutte le cose che hanno raccolto durante la giornata e chiedere: "Cosa ne faccio di tutta questa roba?" Fino a quando arrivano a dire: "Oh! Ho capito cosa devo fare." È il modo col quale giungono alla consapevolezza di quello che "devono fare". Ma in realtà non è una consapevolezza; è una conclusione, la quale non dà la stessa libertà che darebbe la consapevolezza.

Le donne possono parlare di qualcosa per tutto il giorno e non arrivare mai ad una conclusione. Un uomo deve processare qualcosa fin quando non giunge ad una conclusione e determina ciò che deve fare. È un modo diverso di gestire la vita.

QUAL È LA COSA PIÙ IMPORTANTE PER ME?

Partecipante alla Classe:
Ci parleresti di più riguardo al creare le nostre vite?

Gary:
Beh, una cosa che devi osservare è: cosa mi piacerebbe avere come mia vita? Devi farti queste domande:
- Come mi piacerebbe che fosse la mia vita in cinque anni?
- Voglio viaggiare?
- Quanti soldi voglio fare?
- Qual è la cosa più importante per me?

Guarda se c'è una relazione inclusa in tutto questo. Ho scoperto che la maggior parte degli uomini hanno una vita che funziona e poi decidono di aggiungerci una relazione, la quale elimina metà della loro vita. E se la relazione fosse *un'aggiunta* alla tua vita e non un *rimpiazzo* per essa?

Ovunque hai reso la relazione un rimpiazzo per la vita e per l'esistenza, distruggerai e screerai tutto? Giusto e Sbagliato, Bene e Male, POD e POC, Tutti e 9, Shorts, Boys e Beyonds

Partecipante alla Classe:

Sembra che debba prendere un impegno come me stesso riguardante il chiedere: "Cosa mi piacerebbe?"

Gary:

Sì, devi vedere se realmente ti piacerebbe avere una relazione e poi prendere l'impegno con quello che ti piacerebbe. La maggior parte di voi entra nella relazione per default. Vi rendete conto di questo?

Partecipante alla Classe:

Sì.

FAI UNA LISTA: COSA MI PIACEREBBE IN UN PARTNER?

Devi chiedere: "Cosa mi piacerebbe in un partner?" Devi avere chiarezza riguardo ciò che vuoi in una relazione. Il problema è che non lo chiedi. Guardi qualcuno e dici: "Oh, mi piace." Non chiedi mai: "Le piaccio? Le piacciono gli uomini?" Deduci che, visto che ti piace, le piacerai, le piaceranno gli uomini e tutto sarà perfetto.

Scopri cosa tu desideri. Come ti piacerebbe che fosse la vostra interazione? Come sarebbe interagire con lei? Cosa vuoi creare con lei? Vuoi qualcuno che abbia un buon senso dell'umorismo? Qualcuno con cui avere delle buone conversazioni?

E, comunque, c'è una grossa differenza tra conversazione e comunicazione. La comunicazione è: "Tira giù quei piedi sudici dal divano." Questa è una comunicazione onesta; è una buona comunicazione, ma non è una conversazione. Scopri cosa vuoi creare con lei. Fai una lista di quello che ti piacerebbe avere in un partner.

HAI ANCHE BISOGNO DI UNA LISTA "NON VOGLIO AVERE"

Prima di mettermi insieme alla mia ex moglie, feci una lista di tutte le cose che *volevo* nella donna con cui ero in relazione. Aveva tutte queste cose. Quello che non feci fu una lista delle cose che *non volevo* in quella persona. Quindi ebbi tutto quello che volevo, ma anche tutto quello che non volevo.

Partecipante alla Classe:
Come deve essere nello specifico la lista dei "non voglio"? Questo non è creare una limitazione?

Gary:
Non si tratta di limitazione. Devi osservarlo e dire: "Non desidero avere una donna che si lamenti sempre" o "Non voglio una donna che litighi sempre." Qualcuno di voi ha notato che avete scelto una donna che era molto simile all'ultima donna che avevate scelto? Non è come se fosse la stessa donna in un corpo diverso?

Partecipante alla Classe:
Sì.

Gary:
Stai sempre scegliendo la stessa donna e ti aspetti un risultato diverso. Qual è l'unica persona che potete cambiare?

Partecipante alla Classe:
Me stesso.

QUALE STUPIDITÀ STAI USANDO PER CREARE LE DONNE CHE STAI SCEGLIENDO?

Gary:
Dovete cambiare la *vostra* prospettiva. Non potete cambiare quella di qualcun altro. Guardate la vostra prospettiva: "Ho scelto sempre la stessa donna e non ho ottenuto nulla di quello che volevo. Perché lo faccio?" Se attraversate nuotando un fiume e ogni volta beccate gli stessi sassi, proverete un'altra direzione? No. Rifarete sempre lo stesso percorso. Quindi chiedetevi: quale stupidità sto usando per creare la donna che sto scegliendo?

Partecipante alla Classe:
Lo farò.

Partecipante alla Classe:
Il mese scorso ho partecipato alla classe in streaming di Dain "Sintesi Energetica dell'Essere". Anche se non ero presente fisicamente, ho scoperto che stavo giudicando alcune donne presenti nella classe. Non riuscivo a sopportare

il modo in cui facevano le domande. Mi sembrava che volessero solo attirare l'attenzione di Dain.

Gary:

Ovvio! È il conducente della classe. Vogliono attirare la sua attenzione. Quindi, qual è il problema?

Tutto quello che non sei disposto a riconoscere riguardo la tua consapevolezza, distruggerai e screerai tutto? Giusto e Sbagliato, Bene e Male, POD e POC, Tutti e 9, Shorts, Boys e Beyonds

Partecipante alla Classe:

Ho notato che Dain era assolutamente tranquillo con loro. Le riceveva senza giudizio riguardo quello che dicevano o che chiedevano. Come posso esserlo anch'io? Ricevere tutte le ragazze e le donne per quello che sono. Ci sono delle frasi di pulizia che possiamo fare per poterlo essere anche noi?

Gary:

Quale stupidità sto usando per creare la donna che sto scegliendo? Tutto ciò che è, per dioziliardi di volte, distruggerai e screerai tutto? Giusto e Sbagliato, Bene e Male, POD e POC, Tutti e 9, Shorts, Boys e Beyonds

Continua a far scorrere questa.

ESSERE SENZA IL BISOGNO DI UNA DONNA

Partecipante alla Classe:

In passato ti ho sentito parlare dell'assenza di bisogno.

I Fenomenali Sesso, Amplesso e Relazione che Potresti Scegliere

Puoi parlare un po' di più dell'essere senza bisogno quando si tratta di ragazze, donne, sesso, relazione e amplesso? È una cosa importante per me. Se non ci fossero tutte queste cose delle quali penso di aver bisogno, potrei avere il vero valore di me stesso.

Gary:

Più riesci a funzionare dal "non bisogno", di qualsiasi cosa si tratti, più inizi a riconoscere le scelte che hai a disposizione per sceglierlo veramente (il "non bisogno"). Recentemente ho chiesto a Dain: "Ti è chiaro che queste donne ti vogliono?" e mi ha risposto: "No, non mi è chiaro."

"Certo" ho detto "Continui a pensare che sei tu a volerle, ma la realtà è che loro ti vogliono."

Quando sei nel "non bisogno" di una donna, lei ti vuole sempre. Più sei nel "non bisogno" e più ti vuole. Hai il bisogno di essere "necessario", perché ti è stato insegnato che avevi il bisogno di essere in grado di aggiustare le cose e fare le cose per una donna, per dimostrarle che la ami. Stai cercando di dare prove d'amore, invece di essere "non bisognoso" di avere amore, o di dare amore.

Partecipante alla Classe:
Vero.

Gary:

Quale stupidità stai usando per difenderti dal "non bisogno" che potresti scegliere? Tutto ciò che è, per dioziliardi di volte, distruggerai e screerai tutto? Giusto e Sbagliato, Bene e Male, POD e POC, Tutti e 9, Shorts, Boys e Beyonds

Partecipante alla Classe:

Quando ho iniziato a cercare una relazione, non aveva nulla a che fare con me. Il fatto era che *avevo bisogno* di una relazione per essere il prodotto di valore. Ci hanno detto di dover aver bisogno di queste cose.

Gary:

Perché hai bisogno di una relazione? Hai bisogno di una relazione per dimostrare qualcosa. Hai bisogno di una relazione per dimostrare che non sei inutile quanto un sacco di spazzatura. Hai bisogno di una relazione per dimostrare che non sei gay. Hai bisogno di una relazione per dimostrare che hai valore. Hai bisogno di una relazione. Qualcuna di queste cose è vera?

Partecipante alla Classe:

No, ed è la stessa cosa con tutto. Entriamo nel bisogno. "Ho bisogno di avere figli. Ho bisogno di sposarmi. Ho bisogno di avere X soldi."

Gary:

E così massacri la scelta.

Quanto della tua vita hai passato massacrando la scelta, basandoti sul bisogno di essere qualcosa che non sei? Tutto ciò che è, per dioziliardi di volte, distruggerai e screerai tutto? Giusto e Sbagliato, Bene e Male, POD e POC, Tutti e 9, Shorts, Boys e Beyonds.

"HO SMESSO DI CREARE"

Partecipante alla Classe:
Sento di essere ora in un punto dove ho smesso di creare. Mi puoi aiutare?

Gary:
Hai smesso di creare perché qualcun altro stava facendo tutta la creazione?

Partecipante alla Classe:
Hmm. Sì.

Gary:
Hai smesso di creare perché non c'era bisogno che tu creassi? E hai misidentificato e misapplicato il *non aver nessun bisogno* con il *non necessario*?

Partecipante alla Classe:
Sì, ho confuso il *non aver nessun bisogno* con il *non necessario*.

Gary:
Tutto ciò che è, per dioziliardi di volte, distruggerai e screerai tutto? Giusto e Sbagliato, Bene e Male, POD e POC, Tutti e 9, Shorts, Boys e Beyonds

Partecipante alla Classe:
Wow.

Partecipante alla Classe:
Grazie per aver fatto questa domanda. Mi ha mostrato

il casino che ho creato per aver qualcosa da fare. E ora non sto creando.

Gary:
Il tuo problema è che hai creato il *bisogno* come la fonte della scelta, anziché la scelta come creazione della tua vita.

Partecipante alla Classe:
Sì.

Gary:
Quale realizzazione fisica della creazione attraverso la scelta sei ora in grado di generare, creare e istituire? Tutto ciò che non permette a questo di mostrarsi, per dioziliardi di volte, distruggerai e screerai tutto? Giusto e Sbagliato, Bene e Male, POD e POC, Tutti e 9, Shorts, Boys e Beyonds

ABDICARE LA TUA VOCE

Partecipante alla Classe:
Nella classe per Facilitatori di "La Giusta Voce per Te", hai menzionato il fatto che gli uomini abdicano le loro voci.

Gary:
Sì. La maggior parte degli uomini nel mondo pensa che sia importante essere il tipo forte, silente. Quanto della vostra voce nel mondo avete abdicato in modo da poter essere forti e silenti? Un po', molto o megatonnellate?

Partecipante alla Classe:
Megatonnellate.

Gary:

Giusto e Sbagliato, Bene e Male, POD e POC, Tutti e 9, Shorts, Boys e Beyonds

Abdicate la vostra voce riguardo alle donne perché non volete bisticciare con loro. Pensate che se bisticcerete, se ne andranno. Le donne hanno una strana caratteristica: a loro piace discutere di tutto senza giungere a nessuna conclusione. Voi, in quanto uomini, state sempre cercando di giungere a una conclusione, qualsiasi cosa facciate o diciate. Quindi, per voi una discussione significa conclusione. Per una donna significa: "Ne stiamo semplicemente discutendo, e tu hai torto."

Tutto ciò che è, per dioziliardi di volte, distruggerai e screerai tutto? Giusto e Sbagliato, Bene e Male, POD e POC, Tutti e 9, Shorts, Boys e Beyonds

Partecipante alla Classe:

La conclusione porterà a trovare l'azione da intraprendere?

Gary:

Devi solo capire quale azione intraprendere basata sulla conclusione che sei prima di tutto sbagliato (non che tu sia mai stato reso sbagliato in una relazione!). Ecco dove gli uomini abdicano la loro voce.

Quale stupidità stai usando per difendere la giustezza dell'abdicare la tua voce, che stai scegliendo? Tutto ciò che è, per dioziliardi di volte, distruggerai e screerai tutto? Giusto e Sbagliato, Bene e Male, POD e POC, Tutti e 9, Shorts, Boys e Beyonds

Bene, la brutta notizia, gentlemen, è che non abbiamo

finito. La buona notizia è che dovete uscire e fare pratica. Ricordate, infilatelo gentilmente. Questo vi rende un gentleman.

Partecipante alla Classe:
Lo adoro. Adesso abbiamo una definizione di cosa signifchi essere un gentleman.

Dain:
Finalmente!

Partecipante alla Classe:
Sei fantastico Gary. Grazie.

7
Essere Bravo a Letto

> Decisi che sarebbe stato meglio imparare tutto quello che potevo su come far venire una donna, cosicché sarebbe stata soddisfatta qualsiasi cosa avessi fatto.

Gary:
Hello, gentlemen. Iniziamo con una domanda.

Partecipante alla Classe:
Nel manuale di Livello Uno di Access Consciousness dici che essere bravi a letto è uno dei tre elementi di una buona relazione. Ce ne parli? Cosa intendi con "bravi a letto"? C'è un criterio per capire chi è bravo a letto?

CREARE UNA RISPOSTA GALVANICA NEL SUO CORPO

Gary:
Sì, ci sono diversi criteri. Iniziamo a guardare la risposta

galvanica della pelle delle persone. Riguarda come il tuo tocco crea un effetto nell'altra persona. Tiratevi su le maniche e fate scorrere la vostra mano a circa 1 cm e mezzo di distanza dal vostro braccio e tirate energia. Sentirete i peli delle vostre braccia che si sollevano per avvicinarsi alla mano. Se usate questo con la persona con la quale state facendo sesso, vi vedrà in un modo diverso rispetto agli altri amanti che ha avuto e sarà più eccitata. Le risposte galvaniche che potete creare nel corpo di qualcun altro sono parte di ciò che crea l'essere bravi a letto. Fa anche parte di quello che invita il corpo del vostro partner all'orgasmo e anche questo vi rende bravi a letto. Dovete chiedere: "Quanto tempo sono disposto a prendermi per fare sesso con questa persona?"

ANDARE PIANO

Alla maggior parte di noi è stato insegnato a venire in fretta. Avete imparato a eiaculare basandovi sul guardare alcune foto e menarvi l'uccello il più forte possibile per venire velocemente, perché qualcuno avrebbe potuto bussare alla porta, entrare e beccarvi in qualsiasi momento. Dovete superare questo punto di vista. Si tratta di imparare ad andare piano.

IMPARARE LE PARTI DEL CORPO FEMMINILE

L'altra cosa che dovete imparare sono le parti del corpo femminile. Il clitoride è la sua parte più sensibile. Non siate rudi sul clitoride. Usate il tocco da farfalla più delicato con la vostra lingua, in modo tale da creare e invitare il clitoride ad essere come i peli sulle vostre braccia, che vogliono raggiungere e toccare la vostra mano.

Toccate il clitoride così dolcemente da creare un formicolio nel corpo della donna, ma anche la consapevolezza di voi e di ciò che lo sta facendo formicolare. Aspettate finché il clitoride inizia ad alzarsi per incontrarvi. Usando la lingua allargatele le labbra e poi mettetela nella vagina. E poi tornate a toccare il clitoride molto dolcemente. Se usate la lingua come una farfalla sul clitoride di una donna, di solito la porterete all'orgasmo in cinque, sette minuti. Se ha due o tre orgasmi prima ancora che entriate in lei, penserà che siete la miglior cosa a letto che le sia mai capitata. Quindi, usate questa tecnica.

CHE TIPO DI TOCCO LE PIACEREBBE?

E chiedete: che tipo di tocco piacerebbe a questa persona? Cosa creerebbe in lei una risposta galvanica dinamica? Quando fate questo, invece di cercare come farlo drizzare, farlo continuare e metterlo dentro senza disfare la vostra acconciatura, inizierete a capire da quale spazio lei funziona e come potrebbe fare le cose. Volete un punto di vista diverso. Volete vedere la possibilità di cosa *potrebbe* essere, non quello che voi *volete* che sia o *non volete* che sia. Questo è molto importante.

LIBIDO DIMINUITA

Partecipante alla Classe:
Conosci qualcosa che aiuti gli uomini con disfunzioni sessuali tipo libido diminuita o eiaculazione precoce?

Gary:
Hai una libido diminuita perché non hai scelto di fare sesso con le persone che desiderano fare sesso con te. Il nostro cervello crea la libido, non il nostro corpo. Cosa fai per stimolare il tuo cervello? La maggior parte degli uomini pensa che stimolare il cervello significhi guardare porno o qualcosa che li ecciterà e farà venir loro voglia di fare più sesso. No. Guardate le parti di un corpo che per voi sono eccitanti. Alcune donne hanno una curva bellissima nella loro schiena; anche alcuni uomini. Notate come si muove e come funziona il sedere di una donna. Queste sono cose che stimolano in voi il senso delle possibilità che potrebbero capitare nel lavorare con quel corpo.

Quale parte del corpo vi eccita di più? La maggior parte degli uomini è stata educata a credere che le tette e la vagina sono la somma totale del desiderio sessuale. Io personalmente non credo. Trovo che il modo nel quale una donna cammina sia un grandissimo indicatore di quanto sia brava a letto. Deve essere in grado di muovere le anche. Deve essere in grado di muoverle con voi a letto.

E comunque, gentlemen, anche voi dovete essere in grado di camminare così. Dovete sapere che siete in grado di muovere le vostre anche in qualsiasi direzione possibile. Lo scopo dell'avere un buon fisico è che così potete scopare meglio. Andate e create il vostro fisico per delle scopate migliori e non per come apparite allo specchio. Tendete a focalizzarvi su come apparite allo specchio e questo solo per ispirare gli altri uomini a pensare che non siete in competizione con loro (o che lo siete). Non è necessariamente la vostra scelta migliore. Notate come le persone muovono le loro anche. Questo probabilmente non sarà vero per un ragazzo gay: forse preferirebbe vedere come qualcuno mangia, perché quello è un grande indicatore di quanto bravo sarà a "mangiarlo".

Se avete libido diminuita potete usare cose tipo il Viagra. Ci sono anche diverse sostanze naturali che i cinesi hanno usato per anni per creare erezioni migliori e più durature. Dovete semplicemente scoprire quello che funziona per il vostro corpo. Chiedete al vostro corpo:

- Andrà bene questo per te?
- Ti piacerà?
- Come funzionerà per te?

E non "Oh bene, questo me lo farà venire duro." Non è questa la prospettiva. Prima di tutto avere un'erezione è una cosa; creare una capacità dinamica a letto è un universo totalmente diverso. Dovete chiedere: come creo una stimolazione nel corpo di questa persona? Dovete arrivare al punto dove siete così presenti su come fate sesso che potete sentire il corpo dell'altra persona provare quello che gli state facendo, mentre anche il vostro corpo lo sente, in modo tale da avere tutte le indicazioni. Questa sarebbe la più grande stimolazione che possiate fare per la vostra libido.

Partecipante alla Classe:
C'è una frase di pulizia per questo, Gary?

Gary:
Quale stupidità stai usando per difenderti da e difendere le risposte galvaniche, i tocchi stimolanti e le possibilità rinvigorenti che altererebbero le tue limitate capacità sessuali che stai scegliendo? Tutto ciò che è, per dioziliardi di volte, distruggerai e screerai tutto? Giusto e Sbagliato, Bene e Male, POD e POC, Tutti e 9, Shorts, Boys e Beyonds

Partecipante alla Classe:
Ho una domanda riguardo al creare il mio corpo per scopate migliori. C'è una domanda o una frase di pulizia che potrebbe aiutare?

Gary:
Quale realizzazione fisica del creare il mio corpo come una macchina da scopata potrei scegliere, che non sto scegliendo? Tutto ciò che non permette a questo di mostrarsi, per dioziliardi di volte, distruggerai e screerai tutto? Giusto e Sbagliato, Bene e Male, POD e POC, Tutti e 9, Shorts, Boys e Beyonds

Partecipante alla Classe:
Gary, quando dici "macchina da scopata" nella mia mente salta su l'immagine di un coniglio. È come se facessi sesso da conigli.

Gary:
Ti sei giudicato come uno che fa sesso da conigli perché venivi troppo in fretta?

Partecipante alla Classe:

Non perché venissi troppo in fretta, ma perché me la stavo godendo e mi stavo godendo il fatto che fosse animalesco.

Gary:

E chi ti ha giudicato per questo?

Partecipante alla Classe:

Io e la donna.

Gary:

Questo era guardare come potevi usare la risposta galvanica per creare qualcosa di diverso? No. Guarda la risposta galvanica che ti ho detto prima e ricorda come usare il clitoride. C'è anche il punto G situato sul lato superiore dell'area vaginale.

Partecipante alla Classe:

Gary, puoi spiegarlo? Io non so cosa sia.

Gary:

Il punto G è situato sul lato superiore dell'area vaginale. Entra dal davanti con la mano, muovila in piccoli circoli verso il lato frontale della vagina e sentirai che inizia ad esserci un indurimento. La stessa cosa può succedere sul lato posteriore della vagina, se usi sempre questa tecnica. Ora, perché capita? Perché tutto questo è designato per andare insieme. Pensaci un attimo. Se entrassi da dietro e mettessi dentro il tuo pene (la maggior parte dei peni hanno un'inclinazione che va verso il corpo) questa inclinazione andrebbe verso l'alto e colpirebbe un posto nella cavità vaginale che permette una stimolazione maggiore. E le tue palle che sbattono contro il clitoride possono avere un effetto su questo. Ecco perché ad alcune donne piace essere prese da dietro.

STIMOLARE IL SUO CORPO

Quando iniziai a fare sesso (e "sesso" significava tre ragazzi che andavano dietro la libreria e si masturbavano), ci menavamo il pisello per vedere chi veniva più in fretta. Uno dei ragazzi aveva un pisello di 30 cm e di circa 8 cm di diametro, l'altro ce l'aveva di 25 cm con un diametro di quasi 9 cm e il mio era di 14 cm. Pensavo di essere un bambino ritardato e che tutti avessero un cazzo di 25 o 30 cm.

Qualche tempo dopo, fu molto interessante scoprire che non era così, ma visto che avevo pensato di essere povero nel settore pene, decisi che sarebbe stato meglio imparare tutto quello che potevo su come far venire una donna, cosicché sarebbe stata soddisfatta qualsiasi cosa avessi fatto. Imparai il sesso orale, come fare un buon pompino, come avere la risposta galvanica e imparai come toccare il corpo di una donna al punto di farla urlare per avere un rapporto sessuale e nient'altro.

Iniziai a imparare come funziona il clitoride e quale parte del corpo femminile toccare e a rallentare, invece di infilare semplicemente il pene. Passavo molto tempo ad accarezzare il seno, le ascelle, l'incavo del gomito e toccare parti diverse del corpo. Se fate scorrere le vostre mani molto lentamente lungo la parte esterna del corpo femminile, dalle tette giù fino alle ginocchia, potete creare abbastanza risposta galvanica da farle venire la pelle d'oca e farete del sesso fantastico. Dovete portarla al punto dove è disposta ad avere quel genere di stimolazione nel suo corpo.

La maggior parte delle donne non ha mai imparato ad avere quel tipo di stimolazione nel proprio corpo perché l'unica ragione per la quale fa sesso è per avere una relazione. E agli uomini è stato insegnato solo a fare sesso. Nessuna di queste due cose è sesso amorevole.

Quale concretizzazione fisica dell'amplesso sensuale, sessuale e innervazione (stimolazione dei nervi) sono ora in grado di generare, creare e istituire? Tutto ciò che non permette a questo di mostrarsi per dioziliardi di volte, distruggerai e screerai tutto? Giusto e Sbagliato, Bene e Male, POD e POC, Tutti e 9, Shorts, Boys e Beyonds

MASTURBAZIONE

E se lo scopo della masturbazione fosse creare una maggior sensibilità nel vostro corpo, in modo da poter essere un amante migliore?

Partecipante alla Classe:
Allora dovrei essere il miglior amante sul pianeta!

Gary:
Vero, ma l'hai fatta per quello scopo o l'hai fatta per venire?

Partecipante alla Classe:
Ah, per venire.

Gary:

Quando l'unica ragione per cui ti masturbi è venire, stai cercando di dissipare l'energia sessuale, che è parte della vita e dell'esistenza.

Partecipante alla Classe:

Quando ci si masturba qual è il valore, se mai esiste, di fantasticare sul fare sesso e amplesso con le diverse donne incontrate nella mia vita? Per molti anni ho fatto sesso con donne nella mia testa e nella mia mano, e poi sentivo che l'opera era compiuta.

Gary:

E lo è. Questa è una delle ragioni per la quale lo fai. La domanda che non ti stai facendo è: queste donne desiderano fare sesso con me? E se lo desiderano, chiedi: quale sarebbe la cosa più piacevole da dar loro?

Se non dovessi più fantasticare, pensa cosa faresti per portare il suo corpo ad un maggior livello di vitalità e sballo, perché questo dovrebbe essere lo scopo del sesso. Ecco perché non devi masturbarti per arrivare alla conclusione. Vuoi arrivare al punto dove il tuo corpo è stimolato e senti ulteriore energia entrare in esso. Quando questo succede, smetti. Esci e fai qualcos'altro. Questo farà due cose: numero uno, inizierà a creare uno spazio nel tuo corpo in cui è un prodotto di valore essere sessualmente eccitato e, numero due, creerà più libido per te. Guarda la masturbazione dal punto di vista di: cosa sto creando qui? Per cosa lo sto facendo?

Se ti masturbi solo per venire, non raggiungerai un senso dell'energia maggiore che può nascere dall'amplesso. Lo scopo dell'amplesso dovrebbe essere quello di renderti più stimolato a vivere, non per creare la petite mort (N.d.T. la piccola morte in francese). I francesi chiamano l'eiaculazione "piccola morte". Quindi, continua a guardare a: cosa sto cercando di raggiungere con quello che sto facendo?

La maggior parte delle persone si masturba per desensibilizzare il pene, invece di sensibilizzarlo. Conosco qualcuno che prese due "Rockhard", uno stimolante per il pene. Disse: "Tutto quello che devo fare era sfregare mio pene contro qualcosa e mi veniva duro." Questo è un livello di sensibilità che la maggior parte degli uomini non riesce a gestire e la maggior parte delle donne non vuole sapere che avete. Un altro amico disse che aveva preso un "Rockhard" mentre indossava dei pantaloni larghi senza essersi messo le mutande e i pantaloni sfregavano sul suo corpo. Disse: "Dovetti fermarmi in mezzo alla strada e pensare a conigli morti perché non riuscivo a liberarmi della mia erezione." Ci sono diversi modi per sensibilizzare voi stessi. Chiedete: come posso sensibilizzare me stesso in modo da essere pronto in qualsiasi momento?

Cercate di stimolare i vostri capezzoli e il resto del vostro corpo facendo scorrere le vostre dita e facendo la risposta galvanica fino a quando non avete un'erezione. La prossima volta che farete sesso con una donna sarete un amante molto migliore, perché sarete più sensibili e più consapevoli. Avrete anche una disponibilità a ricevere ciò che attualmente non è nel vostro repertorio. La maggior parte degli uomini non sa come ricevere un pompino e la maggior parte delle donne non sa come farlo. Perché?

RICEVERE

Partecipante alla Classe:
Perché si tratta di ricevere, giusto?

Gary:
Esatto. Non avete mai imparato a ricevere; avete imparato a venire. Se passate la vostra vita a masturbarvi per venire, non state incrementando la vostra capacità di ricevere, il che limita anche la quantità di soldi che potete avere nella vostra vita. Dovete ri-sensibilizzare il vostro corpo, perché avete eliminato la sensibilità quasi del tutto. La maggior parte degli sport riguarda lo scontrarsi con altri ragazzi. È questo che chiamate sensibilità? In realtà questo significa eliminare la sensibilità. Chiedete: come sensibilizzo il mio corpo di modo tale che le sue risposte galvaniche creino una risposta galvanica negli altri?

La risposta galvanica è un sistema che ha il tuo corpo e che forse non stai usando. Il tuo corpo ha in sé dei sistemi automatici. In tutto il tuo corpo esiste una risposta somatica. Il modo in cui il tuo corpo risponde a qualcosa fa parte dell'informazione che esso deve ricevere. Hai degli elementi nel tuo corpo che ti permettono di "rispondere" in modo diverso alle cose. Puoi creare uno spazio in te e nel tuo corpo dove la tua sensibilità e tuo senso di ricevere sono più estremi. Per esempio, alla maggior parte degli uomini non è mai stato toccato l'ano. E' una delle parti più sensibili del corpo, ma non se lo sognano nemmeno di toccarlo. Se lo sfregano con la carta igienica e non vanno oltre.

Imparate quanto possa essere reattiva ogni parte del vostro

corpo. Non diventerete gay. Non significa che la donna si metterà uno strap on e vi scoperà il culo, anche se potrebbe essere divertente. Riconoscete che c'è una modalità diversa nel modo in cui il vostro corpo riceve. Come sarebbe se foste disposti ad avere più di questo e meno di ciò che attualmente avete? Quello che attualmente avete è abbastanza? Quello che avete è ciò che volete?

Raramente le persone capiscono che c'è una scelta diversa. La maggior parte delle persone ha l'idea che "Devo fare questo" o "Devo fare quello" o "Questo è l'unico modo" o "Ecco come dovrebbe essere". E se niente di tutto questo fosse vero?

CREARE UNA VIBRAZIONE MOLECOLARE TRA TE E LA DONNA

Partecipante alla Classe:
Tu dici che le donne di solito fanno sesso per ottenere la relazione e che gli uomini "fanno" relazione per ottenere il sesso. Invece di essere confinato da questa realtà, come posso avere una possibilità diversa? Per esempio, come posso fare sesso senza una relazione? Io ho conosciuto un po' di persone che erano maestri della scopata, ma non riesco a capire perché o come possano esserlo. Sembra che sia così naturale per loro. Com'è possibile?

Gary:
Quale stupidità stai usando per difenderti totalmente dall'essere il maestro della scopata che potresti essere, che stai scegliendo? Tutto ciò che è, per dioziliardi di volte,

distruggerai e screerai tutto? Giusto e Sbagliato, Bene e Male, POD e POC, Tutti e 9, Shorts, Boys e Beyonds

Essere un maestro della scopata non è né un bene né un male. Devi farti domande: "Questa donna vuole davvero fare sesso con me o desidera qualcos'altro?" Molto spesso, le donne che vorrebbero fare sesso con te vogliono qualcos'altro oltre al sesso, ma tu non vuoi saperlo. Tu giungi alla conclusione: "Ok, posso scoparmela" ed elimini la tua consapevolezza per assicurarti che scoperai.

Quando diventerai molto abile nel fare cunnilingus, quando diventerai anche molto bravo ad usare le tue dita nel corpo di una donna e la farai venire quattro o cinque volte prima di sborrarle dentro, vorranno venire a farti visita più e più volte.

Ecco come inizi a creare lo spazio in cui diventi un prodotto di valore. Devi rendere te stesso un prodotto di valore sensibilizzando abbastanza il tuo corpo affinché tu possa sentire ciò che sta provando il suo corpo e affinché il tuo corpo provi ciò che il suo corpo sta provando. Pratica la risposta galvanica così da arrivare al punto in cui riesci a creare comunione tra le strutture molecolari dei vostri corpi. Chiedi: "Come possiamo creare la vibrazione molecolare tra di noi come qualcosa di ancora più grandioso rispetto a quello che possiamo avere da soli?"

Partecipante alla Classe:
Questo è ciò che descrivi in *The Place*, vero?

Gary:
Sì. È quello che sto cercando di far capire alle persone:

esiste questo posto. Se ci sono stato personalmente? Sì. Sono stato in grado di raggiungerlo con poche donne.

Non che fossi un maestro della scopata. Usavo la mia lingua argentata in più modi per ottenere tutto ciò che volevo. Avevo dei compagni di stanza di bell'aspetto, maschioni che usavano le donne. Si facevano la ragazza e si annoiavano dopo le prime tre volte che facevano sesso. E io chiedevo: "Cosa c'è di noioso nel modo in cui lei fa sesso?"

PARLALE

E i miei compagni rispondevano: "Uh, sono stanco di doverle parlare." Mi resi conto che se sei disposto a parlare con qualcuno andrai molto più lontano rispetto a quanto potresti mai andare se non ci parlassi. Quindi iniziai a parlare con queste ragazze e finii per andarci a letto. La parte divertente è che tutte mi dicevano che ero migliore dei miei compagni di stanza perché a me non interessava solo ficcarlo dentro. Dicevano che si divertivano a fare sesso con me. Devi chiederti: cosa sarà divertente per lei? Puoi chiedere alla donna: "Qual è la cosa che ti diverte di più?"

Io ero un po' diverso. Quando ero giovane, il mio punto di vista era che dovevo imparare tutto quello che potevo perché non ero adeguatamente dotato, quindi cercavo di scoprire cosa facessero le altre persone. Chiedevo alle donne con cui stavo: "Stavi con quel ragazzo. Cosa faceva che io non ho fatto?" o "cosa faceva che era davvero grandioso?" Le donne erano sorprese dal fatto che chiedessi ed elettrizzate dal fatto di poterlo dire. Devi essere disposto a chiedere: "Qual è stata la cosa migliore che qualcuno abbia mai fatto sessualmente con te?" Scoprilo e poi chiedi: "Mi puoi insegnare come farlo?" Indovina un po'? Se chiedi loro di insegnarti, inizieranno a contribuirti. È così che le porti dalla tua parte. "Insegnami a fare la cosa migliore che ti sia mai stata fatta. Insegnami come farlo. L'ho fatto abbastanza bene o posso ancora migliorare?" Chiedi anche al corpo della persona: "Cosa posso fare di diverso che sarebbe un miglioramento di questo?"

LE PERSONE SI CONNETTONO IN QUANTO CORPI

Un'altra cosa riguardo il sensibilizzare i vostri corpi: riconoscete che le persone non si connettono in quanto esseri; si connettono in quanto corpi. Se non vi è chiaro che le persone si connettono come corpi anziché come esseri, il vostro comportamento non avrà senso per loro. Tendiamo a vedere la persona con la quale stiamo, o le persone con le quali ci piacerebbe stare, basandoci su dove sono i loro corpi e dove sono nel tempo. Ecco perché quando qualcuno muore o quando perdete un animale, per esempio, vi mancano così tanto. Vi manca il fatto di essere in grado di toccarli. Quando vi sentite separati da un'altra persona, non sentite più che il vostro corpo è connesso al loro.

Quando passate attraverso i cambiamenti più profondi che Access Consciousness crea per voi, tende ad esserci un senso di separazione. Ed è lì che dovete chiedere: "Siamo cambiati così tanto che io e il mio corpo non siamo più rintracciabili dai sistemi delle altre persone?"

Con *sistemi* intendo il genere di cose che le persone cercano per avere un senso dell'essere connessi al vostro corpo. Vogliono sapere dov'è il vostro corpo nello spazio e dove voi siete in relazione ad esso. Questa non è necessariamente la scelta migliore o la più facile, ma è così che viene fatto in questa realtà. Mentre attraversate questi cambiamenti, anche la relazione con i soldi cambia, perché i soldi servono a voi, l'Essere, o servono al corpo? Sono per il corpo.

"SEI MIA"

Partecipante alla Classe:
Sono andato a un seminario dove uomini e donne venivano messi in coppie e la donna doveva chiedere all'uomo come voleva essere toccata. La mia partner mi chiese: "Mi puoi toccare come se fossi tua?" Voleva che la toccassi come se fosse di mia proprietà o come se fosse la mia donna.

Gary:
Cosa ti stava dicendo quella donna? Che le piacevano gli uomini? Che non le piacevano gli uomini? O che voleva possederne uno?

Partecipante alla Classe:
Voleva possederne uno.

Gary:
Esatto. Quello che le persone dicono è un'indicazione di quello che è. Sei stato in grado di soddisfarla?

Partecipante alla Classe:
In realtà sì e questo espanse il mio universo, perché non

ero mai stato disposto ad entrare in quell'energia prima. Avevo il giudizio che l'energia "Sei mia" fosse errata.

Gary:

C'è una differenza tra "sei mia" e "sei di mia proprietà"

Partecipante alla Classe:

L'energia era "sei mia". Questa era l'energia della quale lei voleva fare esperienza.

Gary:

Ecco cosa devi essere disposto a osservare:
+ Come posseggo questa donna per sempre?
+ Cosa posso fare che la renderà così eccitata sessualmente da non riuscire a immaginare la sua vita senza di me?

COSA VUOLE QUESTA PERSONA? / IO COSA VOGLIO?

Partecipante alla Classe:

Dain ha parlato di come a noi uomini umanoidi piaccia coccolare ed essere romantici. Puoi parlare un po' di più di questo argomento? Questo era qualcosa al di fuori del mio universo. Io faccio sempre sesso o relazione.

Gary:

Non è un "questo o quello". Devi capire ciò che vuole la persona con cui stai. Io chiedo: "Sarà facile? Sarà divertente? Imparerò qualcosa?" Quello che io ho imparato è che molte donne volevano solo coccole e niente sesso, quindi me ne andavo a casa. Devi vedere:

- Cosa voglio?
- Per cosa sono venuto?
- Perché sono qui?
- Perché voglio avere un orgasmo con questa persona?
- Cos'è che desidero realmente?
- Cos'è che richiedo realmente?
- Dove desidero andare con questo?

La maggior parte di noi uomini non si fa mai queste domande. Personalmente, mi sono reso conto: "Ho tutti questi punti di vista su come io debba essere in quanto uomo, basato su quello che le donne mi hanno detto di dover essere e non su quello che funzionerà davvero per me. Oh! Devo vedere quello che veramente voglio e non cercare di capirlo accordandomi a quello che le donne vogliono." La maggior parte degli uomini cerca di immaginare quello che sarà bene per una donna ed ignorano quello che sarà bene per loro.

Quale stupidità stai usando per difenderti totalmente dall'essere l'uomo che potresti davvero essere, che stai scegliendo? Tutto ciò che è, per dioziliardi di volte, distruggerai e screerai tutto? Giusto e Sbagliato, Bene e Male, POD e POC, Tutti e 9, Shorts, Boys e Beyonds

Potresti farti scorrere:

Quale realizzazione fisica di una realtà sessuale completamente diversa oltre questa realtà sono ora in grado di generare, creare e istituire?

Ho cercato di farvi uscire dallo spazio in cui rendete le donne l'autorità, la ragione e la giustificazione per qualsiasi cosa. Quando smettete di farlo, iniziate ad avere la scelta di essere voi stessi, avere voi stessi e vedervi di valore.

Mi piacerebbe anche vedervi arrivare al punto dove,

invece di scegliere chiunque voglia fare sesso con voi, iniziate a cercare chi farà con voi del sesso che per voi sarà davvero divertente.

Quindi non si tratta di: "Oh, farà sesso con me" = "La prendo". Sarà invece:
- Sarà divertente per me?
- Me la godrò?
- Questo renderà la mia vita più grandiosa?
- Questo renderà tutto ciò che desidero più di valore, più fenomenale?

Capite quanto sono diverse queste domande da "Farà davvero sesso con me?" Quando vedete una donna e dite: "Oh, scommetto che è lei", è una conclusione. Non è una domanda. Una domanda è:
- E' lei quello che sto cercando?
- Sarà questo ciò che voglio che sia?

Quanti di voi si stanno svendendo per qualsiasi cosa potete ottenere, piuttosto di sapere esattamente quello che volete e non essere disposti a prendere di meno?

Tutto ciò che è, per dioziliardi di volte, distruggerai e screerai tutto? Giusto e Sbagliato, Bene e Male, POD e POC, Tutti e 9, Shorts, Boys e Beyonds

Quale impegno ti stai rifiutando di prendere con te stesso, che se lo prendessi, ti darebbe il tipo di sesso e relazione che davvero ti piacerebbe avere? Quale stupidità stai usando per difendere e per difenderti dal sesso e dalle relazioni che stai scegliendo? Tutto ciò che è, per dioziliardi di volte, distruggerai e screerai tutto? Giusto e Sbagliato, Bene e Male, POD e POC, Tutti e 9, Shorts, Boys e Beyonds

Ragazzi, non vi state prendendo un impegno con voi

stessi. Vi state impegnando con le donne. Perché per voi è più importante impegnarvi con una donna che con voi stessi?

ASFISSIANTE

Partecipante alla Classe:
Per mantenerla soddisfatta, così non mi asfissia.

Gary:
In altre parole, ti stai aspettando che ti asfissi. Ti aspetti che le donne ti asfissino. Ecco qual è il problema: Visto che stai cercando di evitare di essere asfissiato, trovi sempre donne che ti asfissieranno. E questo si applica a tutti voi.

Partecipante alla Classe:
Possiamo pulirlo ora per favore?

Gary:
Tutto ciò che è, per dioziliardi di volte, distruggerai e screerai tutto? Giusto e Sbagliato, Bene e Male, POD e POC, Tutti e 9, Shorts, Boys e Beyonds

Partecipante alla Classe:
Questo è divertente perché nella mia relazione l'unica cosa alla quale reagisco è quando mi asfissia. Non do peso a nient'altro, ma quando mi asfissia mi arrabbio davvero.

Gary:
Ma tu fai sempre ciò che può creare il fatto che lei ti asfissi.

Partecipante alla Classe:
Da cosa o cosa sto ancora difendendo con la mia partner?

Gary:
Stai difendendo lei che è asfissiante, così che puoi scegliere di lasciarla, mentre ti difendi da lei che è asfissiante, così che puoi amarla?

Partecipante alla Classe:
Terrificante.

Gary:
Lei in realtà è una relazione perfetta per te. È una ragazza che ti asfissia, ti asfissia e ti asfissia fin quando non fai quello che lei vuole, il che significa che puoi essere arrabbiato con lei per averti fatto fare quello che voleva, ma almeno ti asfissierà.

Lascia che ti faccia un'altra domanda. Hai definito "asfissia" come amore?

Partecipante alla Classe:
Così sembra.

Gary:
Tutto quello che hai fatto per definire asfissia come amore, e tutti voi ragazzi che avete visto vostra madre asfissiare vostro padre, perché sapevate che quando una donna era arrabbiata con un uomo e lo asfissiava era vero amore, distruggerete e screerete tutto?

Giusto e Sbagliato, Bene e Male, POD e POC, Tutti e 9, Shorts, Boys e Beyonds

Partecipante alla Classe:

Fantastico. Quanto l'amore e l'odio sono la stessa cosa? Sono due lati della stessa medaglia. Ho iniziato a cambiare molto riguardo a questo. Non reagisco più alla mia partner quando mi asfissia. Sono in allowance di questo e scelgo qualcosa di diverso per me, ma per lei è come se sparissi dal suo universo perché non sto reagendo.

Gary:

Sì, lo so. Lei ha definito l'asfissia come un atto d'amore.

Partecipante alla Classe:

Cosa potrei fare di diverso qui? Non so cosa fare o dove andare.

Gary:

Beh, cos'è che vuoi davvero da lei?

Partecipante alla Classe:

Bella domanda.

Gary:

Non sai nemmeno tu cosa vuoi. Ti faccio una domanda. Cosa vuoi avere con una donna? Quello. Cos'è quell'energia che è venuta su quando ti ho fatto quella domanda?

Partecipante alla Classe:

Quello che ricevo è "qualcuno che non mi ostacoli"

Gary:

Quindi vuoi una donna che non ti ostacoli. E la tua partner sarebbe quella donna?

Partecipante alla Classe:

(risate) Sì.

Gary:

Tutto ciò che è, per dioziliardi di volte, distruggerai e screerai tutto? Giusto e Sbagliato, Bene e Male, POD e POC, Tutti e 9, Shorts, Boys e Beyonds

Quindi, cosa vuoi con una donna? Quello.

Partecipante alla Classe:

Qualcuno che sta resistendo o creando una resistenza, cosicché io possa avere qualcosa da combattere.

Gary:

Figo.

Tutto ciò che è, per dioziliardi di volte, distruggerai e screerai tutto? Giusto e Sbagliato, Bene e Male, POD e POC, Tutti e 9, Shorts, Boys e Beyonds

Partecipante alla Classe:

Grazie Gary. È stato davvero d'aiuto. Prima che tu facessi quella domanda, non ero consapevole che stavo cercando qualcuno che creasse una sorta di resistenza o di lotta. Pensavo di fare qualcosa di diverso.

Gary:

Tutto ciò che è, per dioziliardi di volte, distruggerai e screerai tutto? Giusto e Sbagliato, Bene e Male, POD e POC, Tutti e 9, Shorts, Boys e Beyonds

Gentlemen, mi piacerebbe che tutti voi faceste scorrere questo processo da adesso alla nostra prossima chiamata.

Quale stupidità sto usando per creare (il nome della

relazione più recente che avete avuto o della persona con la quale attualmente state) che sto scegliendo?

Quindi è:

Quale stupidità sto usando per creare (il nome della persona) che sto scegliendo? Tutto ciò che è, per dioziliardi di volte, distruggerai e screerai tutto? Giusto e Sbagliato, Bene e Male, POD e POC, Tutti e 9, Shorts, Boys e Beyonds

Fatelo con la persona con la quale attualmente state o l'ultima persona con cui siete stati. Avete scelto ogni donna che abbiate mai avuto nella vostra vita perché corrispondeva a qualche vostra vibrazione. Se davvero volete creare un cambiamento nella vostra vita, dovete scoprire qual'è questa vibrazione. Okay, gentlemen, siamo arrivati. Ci sentiamo alla prossima chiamata. State bene amici miei. Bye-bye.

Partecipanti alla Classe:
Grazie infinite!

8

Cos'è un Gentleman?

Un gentleman non ha conclusioni e, dal momento che non ha giudizi, apre le porte alle possibilità a qualunque persona che entra in contatto con lui.

Gary:
Hello, gentlemen. Qualcuno ha una domanda?

ESSERE UN GENTLEMAN

Partecipante alla Classe:
Quando penso alla parola *gentleman*, la sento pesante. Sento che essere un gentleman è una limitazione. Per essere un gentleman, ci sono cose che dovresti fare e cose che non dovresti fare. Qual è la tua definizione di *gentleman*?

Gary:
Prima di tutto, un gentleman è qualcuno che è disposto a riconoscere di cosa ha bisogno una donna e darglielo.

Tutto a quello che non permette questo, per dioziliardi di volte, distruggerai e screerai tutto? Giusto e Sbagliato, Bene e Male, POD e POC, Tutti e 9, Shorts, Boys e Beyonds

Partecipante alla Classe:
C'è qualcos'altro oltre a questa definizione?

Gary:
Se sei disposto ad essere un gentleman, sei disposto a vedere ciò che una donna richiede da te. Un gentleman non considera solo il punto di vista di un uomo. E' disposto a vedere anche il punto di vista della donna. E' disposto a vedere quello che può fare per creare una possibilità diversa. Se non sei disposto a vedere quello che sei in grado di creare come una possibilità diversa, sei davvero in grado di creare ciò che ti piacerebbe creare?

Ad esempio, io posso essere un gentleman e aprire la porta a una donna quando sta entrando in macchina. Quando lo faccio, lei mi dice: "Sei davvero un gentleman." Quello che lei intende dal suo punto di vista è quello che tu stai cercando, perché per creare una relazione o del sesso con qualcuno devi essere ciò che loro sono disposti ad avere di te. Se sei disposto ad essere un gentleman, le donne ti vedranno da un punto di vista diverso. Questo punto di vista è un giudizio o no? È un punto di vista di non giudizio. Ecco perché qui essere un gentleman è uno stato operativo.

Tutto ciò che è, per dioziliardi di volte, distruggerai e screerai tutto? Giusto e Sbagliato, Bene e Male, POD e POC, Tutti e 9, Shorts, Boys e Beyonds

Se senti pesantezza riguardo l'essere un gentleman,

significa che non lo sei stato in molte vite passate.

Ovunque hai fatto "non un gentleman" e ovunque ti sei giudicato per non essere stato un gentleman, e ovunque hai cercato di far finta che davvero non ti interessa essere un gentleman, distruggerai e screerai tutto? Giusto e Sbagliato, Bene e Male, POD e POC, Tutti e 9, Shorts, Boys e Beyonds

Partecipante alla Classe:
Puoi parlarci di cosa sia essere un gentleman, al di là delle donne nella relazione?

Gary:
Se sei un gentleman, ti rendi conto del valore di qualsiasi persona con la quale stai. I gentlemen non hanno giudizio su nessuno; hanno solo la consapevolezza di quello che potrebbe essere possibile per ogni persona che incontrano. Come sarebbe se fossi disposto ad avere la consapevolezza di qualsiasi cosa fosse possibile, anziché il giudizio di ciò che dovresti o non dovresti fare?

Diciamo che sei un gentleman ed esci con un uomo gay, che è un tuo amico. Ci flirti o no?

Partecipante alla Classe:
Sì, ci flirto.

Gary:
Sì, perché questo è quello che lui richiede e desidera da te. Significa che ci farai qualcosa?

Partecipante alla Classe:
No.

Gary:

No. Significa che gli darai ciò che lui desidera da te. Devi essere disposto a vedere ciò che la gente desidera da te. Se non sei disposto a essere un gentleman, non sarai disposto a vedere ciò che le persone desiderano da te. Un gentleman sa sempre cosa gli altri desiderano e richiedono da lui e dà quello che sceglie.

Partecipante alla Classe:

Come fai questo senza divorziare da te stesso? Perché è quello che io faccio io.

Gary:

Allora, esci con un amico gay e flirti. Ci fai sesso?

Partecipante alla Classe:

Probabilmente no. Ma potrei. Voglio dire, chi lo sa?

Gary:

Bene. Sei sempre aperto alla possibilità di quello che potrebbe succedere, piuttosto che concludere e giudicare quello che potrebbe o non potrebbe succedere.

Partecipante alla Classe:

Qual è la differenza tra un gentleman e una troia?

Gary:

Un gentleman è una troia molto brava, perché non ha giudizio su quello che fa o quello che fanno gli altri. Un gentleman non giunge a conclusione o a giudizi. Se dovessi cercare il termine opposto di gentleman, sarebbe sessista: ecco il termine più idoneo opposto a gentleman.

Un sessista è qualcuno che ha determinato ciò che è giusto. Ha deciso che "questo si deve fare così e questo è quello che devi fare". Essere un gentleman significa che stai cercando le possibilità, non stai cercando le conclusioni e i giudizi.

Partecipante alla Classe:
Wow. Sto avendo delle conferme o delle consapevolezze qui.

Gary:
E' la disponibilità ad essere qualcosa che le altre persone non sono disposte ad essere.

Partecipante alla Classe:
Wow.

Gary:
Ho settant'anni e le donne di trenta mi dicono che preferirebbero stare con me che con Dain, perché sanno che io non le ferirei e invece Dain sì. È vero?

Partecipante alla Classe:
No.

Gary:
No, l'unica cosa che ferisce qualcuno è quando non gli dai quello che vuole. Dain è più propenso rispetto a me nel dar loro quello che pensano di volere. Pensano che
Dain si rivelerà essere il principe azzurro che pensavano di stare cercando. Loro sanno che sono troppo vecchio per essere un principe azzurro, quindi, cosa posso essere? Il

vecchio uomo che si prende cura di loro con l'eleganza con la quale si meritano di essere trattate.

UN GENTLEMAN SCEGLIE LE POSSIBILITÀ AL POSTO DEL GIUDIZIO

Le persone scelgono sempre il giudizio al posto della possibilità. In quanto veri gentlemen, voi sceglierete sempre le possibilità invece del giudizio, perché invitano le persone a possibilità più grandi. Anni fa andai a cena con una donna e suo padre, il quale aveva ottant'anni. Era un gentleman della vecchia scuola. Si vestiva bene e aveva un aspetto elegante. A cena con noi c'era una donna di cinquant'anni che non aveva occhi che per quest'uomo. Perché? Perché non aveva giudizio su di lei, ma solo la possibilità di ciò che davvero si sarebbe potuto mostrare.

Un gentleman non ha conclusioni e, dal momento che non ha giudizi, apre le porte alle possibilità a qualsiasi persona entri in contatto con lui.

Tutto ciò che questo ha portato su per tutti voi, distruggerete e screerete tutto? Giusto e Sbagliato, Bene e Male, POD e POC, Tutti e 9, Shorts, Boys e Beyonds

Partecipante alla Classe:

Spesso ho sentito le donne dire: "Sean Connery è un tale gentleman."

E io chiedo: "L'avete incontrato?"

E mi rispondono: "No, ma sembra un gentleman."

Io chiedo: "E io no?"

CHIEDILE DI FARSI AVANTI VERSO UNA POSSIBILITÀ PIÙ GRANDE

Gary:

    Sean Connery è disposto ad essere elegante per creare un posto in cui le persone sceglieranno ancora più eleganza. Se sei un gentleman chiederai sempre a tutti di diventare più di quello che possono essere, non di meno. Quante volte hai fatto sesso con una donna e le hai chiesto di diventare meno di quello che era? Poche, molte o mega-tonnellate? Se chiedi a una donna di darsi a te, le stai chiedendo di essere tutta se stessa o meno di se stessa?

Partecipante alla Classe:

    Meno.

Gary:

    Sì. In quanto gentleman, le chiederai sempre di farsi avanti verso una possibilità più grande e, se lo fai, molto probabilmente capiterà. Entrerà in un'energia sessuale maggiore di quanto tu abbia mai avuto prima. La maggior parte di voi chiede a una donna di darsi a voi, che non è chiederle di essere più di se stessa. Non le chiedete di farsi avanti verso una possibilità maggiore di quanto abbia mai saputo fosse possibile. Come sarebbe se chiedeste alle donne con le quali fate sesso di entrare in uno spazio che nemmeno sapevano esistesse?

    Tutto ciò che è, per dioziliardi di volte, distruggerai e screerai tutto? Giusto e Sbagliato, Bene e Male, POD e POC, Tutti e 9, Shorts, Boys e Beyonds

Partecipante alla Classe:
Come si chiede a una donna di fare questo?

Gary:
Sarebbe: "Hey, posso fare questo per te?" Anni fa chiedevo alle donne: "Cosa ha fatto qualcuno per te, che nessuno prima d'allora aveva mai fatto per te, che se ti venisse fatto ti darebbe più di quanto hai mai pensato fosse possibile?" Ho sempre voluto sapere quello che gli altri ragazzi avevano fatto e che io non avevo fatto. Ora, perché lo facevo?

Partecipante alla Classe:
Per scoprire cosa le piaceva?

Gary:
Esatto! Per scoprire cosa le piacesse, cosa la rendesse felice e cosa facesse cantare il suo corpo. Se le chiedi cosa le ha fatto un altro uomo, che nessun altro le ha mai fatto, riceverai l'energia della cosa. Quando sei disposto a dare quell'energia, stai essendo un gentleman disposto a darle tutto ciò che ha mai desiderato, qualunque cosa abbia mai voluto e qualsiasi cosa abbia mai pensato fosse grandiosa.

Tutto ciò che non ti permette di percepire, sapere, essere e ricevere questo, distruggerai e screerai tutto? Giusto e Sbagliato, Bene e Male, POD e POC, Tutti e 9, Shorts, Boys e Beyonds

Partecipante alla Classe:
Non sono così fottuto come pensavo di essere.

Gary:
Sei tu, Mr. Maestro della Scopata?

Partecipante alla Classe:

Sì. Sono quello che consegna se stesso istantaneamente ad una donna.

Gary:

Mi hai mai sentito dirti che non sei così fottuto come pensi di essere?

Partecipante alla Classe:

Sì, un paio di volte.

Gary:

Già, ma non mi hai mai creduto, vero?

Partecipante alla Classe:

L'ho sentito più o meno 2000 volte.

Gary:

La prossima volta che ti vedo mi devi dare un euro per dimostrare che non avevo torto.

Quello che sei in grado di fare e quello che fai sono due cose diverse. E come sarebbe se non fossero due cose diverse? Continui a cercare di vedere quanto sei sbagliato oppure quanto sei giusto?

Partecipante alla Classe:

Quanto sono sbagliato.

Gary:

Quale creazione del sesso e dell'amplesso stai usando per convalidare le realtà delle altre persone ed invalidare la tua realtà, che stai scegliendo? Tutto ciò che è, per dioziliardi di volte, distruggerai e screerai tutto? Giusto e Sbagliato, Bene e Male, POD e POC, Tutti e 9, Shorts, Boys e Beyonds

Partecipante alla Classe:
Esatto, mi butto a piè pari nella realtà delle altre persone.

Gary:
Vuoi riconoscere che lo stai facendo?

Partecipante alla Classe:
Certo.

Gary:
No, non vuoi. Stai sempre cercando di capire come *non lo stai facendo* piuttosto che capire come *lo stai facendo*. Devi essere in grado di vedere quello che le persone richiedono e desiderano da te.

Per esempio, quando pensi di voler fare sesso con qualcuno, elimini la tua consapevolezza per fare sesso?

Partecipante alla Classe:
Molto spesso sì.

Gary:
Non molto spesso. Tutte le fottute volte!

Quale stupidità stai usando per creare il difenderti da e la difesa dell'amplesso che gli altri stanno scegliendo per te, che stai scegliendo? Tutto ciò che è, per dioziliardi di volte, distruggerai e screerai tutto? Giusto e Sbagliato, Bene e Male, POD e POC, Tutti e 9, Shorts, Boys e Beyonds

DEVI CREARE DALLA TUA REALTÀ

Partecipante alla Classe:

Gary, è stata una serie fantastica. L'altra sera ho fatto il sesso più fenomenale della mia vita. Ho il desiderio di fare più sesso con questa persona particolare ed esplorarlo ancora di più. È possibile fare un Deal and Deliver* (Accordo e Consegna) con una donna circa l'avere di più, senza creare una relazione?

Gary:

Grazie a Dio finalmente hai fatto questa esperienza. L'energia sessuale riguarda la capacità generativa della vita e dell'esistenza, o la qualità orgasmica della vita e dell'esistenza, che la maggior parte di noi non è mai stata disposta o in grado di avere. Capite tutti cosa intendo?

Se è possibile avere di più con una donna senza creare una relazione? Probabilmente no. Vi piacerebbe crederlo? Assolutamente. Siete degli illusi? Certo, siete uomini. Dovete capire che le donne cercano cose diverse rispetto agli uomini. Le donne non sono nel vostro stesso universo. Il più delle volte non capiscono quello che state chiedendo o quello a cui siete interessati.

C'è una possibilità diversa nella vita per come la create. Dovete creare dalla vostra realtà. Iniziate a far scorrere:

Quale energia, spazio e consapevolezza posso davvero essere che mi permetterà di creare la realtà che so che è possibile? Tutto ciò che non permette a questo di mostrarsi per dioziliardi di volte, distruggerai e screerai tutto? Giusto e Sbagliato, Bene e Male, POD e POC, Tutti e 9, Shorts,

Boys e Beyonds

Ho tirato fuori un nuovo processo, che penso sia appropriato per l'argomento:

Quale creazione del sesso e dell'amplesso stai usando per subordinare, assolvere e risolvere la scelta e la consapevolezza che hai, a favore della realtà degli altri, che stai scegliendo? Tutto ciò che è, per dioziliardi di volte, distruggerai e screerai tutto? Giusto e Sbagliato, Bene e Male, POD e POC, Tutti e 9, Shorts, Boys e Beyonds

Continuate a cercare di scegliere quello che funzionerà per le donne. È una delle cose che fanno gli uomini. Cercano sempre di scegliere quello che funzionerà per la donna. C'è una ragione per questo? Si.

Siete stati istruiti ed allenati a credere che la donna sia il prodotto di maggior valore sul pianeta terra e non voi.

Tutto ciò che è, per dioziliardi di volte, distruggerai e screerai tutto? Giusto e Sbagliato, Bene e Male, POD e POC, Tutti e 9, Shorts, Boys e Beyonds

Quale creazione del sesso e dell'amplesso stai usando per subordinare, assolvere e risolvere la scelta e la consapevolezza che hai, a favore della realtà degli altri, che stai scegliendo? Tutto ciò che è, per dioziliardi di volte, distruggerai e screerai tutto? Giusto e Sbagliato, Bene e Male, POD e POC, Tutti e 9, Shorts, Boys e Beyonds

Continuate a dedurre che dovete abbandonare la vostra realtà a favore di quella di qualcun altro. Non si tratta nemmeno di abbandonare la vostra realtà. Il fatto è che non avete punti di vista. Siete un uomo. Non avete punti vista finché il vostro pene è duro e punta in una direzione. La cosa che amo degli uomini è che sono completamente insensibili alla consapevolezza di chiunque altro fin quando il loro pene non punta in una direzione. La "stella Penale" è la direzione che sapete come seguire.

Non trovate interessante il fatto che cercate sempre di accontentare e dar valore a qualcun altro, prima ancora di aver cercato di vedere il valore di voi stessi?

Partecipante alla Classe:
Sì.

Gary:
Ha senso?

Partecipante alla Classe:
Beh, no, non ha senso.

Gary:
È l'universo non-sensibile dal quale cercate di creare. Non funziona.

COSA VUOI CREARE?

Partecipante alla Classe:
Durante l'ultima chiamata abbiamo parlato di sesso e hai detto di diventare molto bravi con il cunnilingus e nell'usare le dita. Hai detto che a quel punto le donne ci avrebbero cercato più è più volte ed è così che iniziamo a creare lo spazio in cui diventiamo il prodotto di valore. Mi suona come se stessi dicendo che non siamo prodotti di valore e che dobbiamo fare qualcosa per diventarlo.

Gary:

Sì, ai loro occhi non lo sei.

Partecipante alla Classe:

E' questa l'*esser-nezza** invece dell'essere? Hai detto che *essere* è essere te, l'essere infinito che sei e che la *esser-nezza* è qualcosa che fai per dimostrare che stai essendo.

Gary:

Devi osservare quello che stai cercando di creare, non quello che pensi dovrebbe essere. Puoi avere tutta una serie di fantastici punti di vista riguardo cosa dovrebbe essere e cosa deve essere, che non è. Devi osservare quello che è, non quello che *vuoi* che sia.

Partecipante alla Classe:

Puoi chiarire per favore? Sembra che tu stia dicendo che gli uomini hanno bisogno del riconoscimento delle donne per diventare il prodotto di valore.

Gary:

Per diventare il prodotto di valore nel mondo di una donna devi accontentarla in diversi modi affinché apprezzi il sesso, che a te piace, più di quanto già faccia.

Partecipante alla Classe:

E questo non rende la donna più di valore?

Gary:

Sì e che c'è di sbagliato?

PERCHÉ LA BRAMOSIA È CONSIDERATA UN'ERRONEITÀ?

Partecipante alla Classe:

Il mese scorso una mia amica ha postato su Facebook una foto di noi: lei era vestita bene e truccata. Appariva splendida e diversi uomini hanno commentato la foto. La elogiavano e alcuni hanno cercato di farsi dare un appuntamento. Quando l'ho visto, mi sono sentito un po' arrabbiato. Cos'è che non sto capendo qui?

Gary:

Ti sei sentito arrabbiato o ti sei sentito invidioso? Deve esserti chiara la differenza. Io credo che ti sentissi invidioso, perché volevi essere bramato quanto lei. Quanti di voi stanno rifiutando di essere bramati perché pensate che questo vi renderà meno?

Tutto ciò che è, per dioziliardi di volte, distruggerai e screerai tutto? Giusto e Sbagliato, Bene e Male, POD e POC, Tutti e 9, Shorts, Boys e Beyonds

Partecipante alla Classe:

Alcuni giorni dopo ho avuto la consapevolezza che lei stava cercando di controllare il sesso opposto con il suo aspetto. E la rabbia era perché questo è esattamente quello che non sono stato disposto a fare.

Gary:

Vuoi dire che ti arrabbi solo per quello che tu stesso stai o meno facendo?

Tutto ciò che hai fatto per rendere reale e vero il fatto

che non puoi essere la persona bramosa che in realtà sei, distruggerai e screerai tutto? Giusto e Sbagliato, Bene e Male, POD e POC, Tutti e 9, Shorts, Boys e Beyonds

Quale rifiuto della bramosia stai usando per invalidare l'essere che potresti scegliere? Tutto ciò che è, per dioziliardi di volte, distruggerai e screerai tutto? Giusto e Sbagliato, Bene e Male, POD e POC, Tutti e 9, Shorts, Boys e Beyonds

Partecipante alla Classe:

Non sono stato disposto ad usare a mio vantaggio il mio aspetto. La maggior parte delle volte ho un aspetto normale, a volte sembro trasandato.

Gary:

Io direi, mio dolce amico, che stai scegliendo di essere trasandato il più spesso possibile perché non vuoi che la gente ti brami. Perché la bramosia è considerata un'erroneità? Io non lo capisco.

Quale creazione della bramosia stai usando per invalidare te stesso ed invalidare gli altri che stai scegliendo? Tutto ciò che è, per dioziliardi di volte, distruggerai e screerai tutto? Giusto e Sbagliato, Bene e Male, POD e POC, Tutti e 9, Shorts, Boys e Beyonds

Quale creazione della bramosia stai usando per invalidare la tua realtà ed invalidare le realtà delle altre persone, che stai scegliendo? Tutto ciò che è, per dioziliardi di volte, distruggerai e screerai tutto? Giusto e Sbagliato, Bene e Male, POD e POC, Tutti e 9, Shorts, Boys e Beyonds

Partecipante alla Classe:

Sono confuso su questo. Stai dicendo che bramiamo gli

altri per renderci di valore inferiore?

Gary:

A volte. La cosa è che non siete disposti a vedere il valore della bramosia.

Partecipante alla Classe:

E allora qual è il valore della bramosia?

Gary:

Il valore della bramosia è lo spazio dove esci fuori dal giudizio ed entri nel: "Farò questo, non importa quale aspetto avrà. Non importa cosa ci vorrà. Non importa cosa succederà." La bramosia non è un'erroneità. La bramosia è il posto in cui non puoi superare la tua indisponibilità ad essere limitato. Sceglierai sempre la bramosia al posto delle limitazioni. Anziché vedere questo come un vantaggio ed una possibilità, lo vedi come un'erroneità. Perché? Perché ti è stato sempre detto che la bramosia è sbagliata. È davvero sbagliata, o è semplicemente dove ti sei cristallizzato?

Quando qualcuno vuole fare sesso con te dici: "Wow, questa persona vuole fare sesso con me. Quanto è figo?" o vai alla conclusione: "Come posso farlo e quando posso farlo?"

Devi essere disposto a vedere "E questa persona per quale ragione vuole fare sesso con me?"

Partecipante alla Classe:

Sarebbe davvero un cambiamento per me.

Gary:

Molte persone sceglierebbero di fare sesso con te perché

a) sei un uomo b) sei sessuale c) ti piacciono davvero le donne d) sai come fare un discreto cunnilingus; non buono, solo discreto.

Ragazzi dovete imparare a fare un miglior cunnilingus, se non sapete come farlo.

Quale stupidità stai usando per creare la difesa dal e per difendere il sesso che qualcuno vuole fare con te, che stai scegliendo? Tutto ciò che è, per dioziliardi di volte, distruggerai e screerai tutto? Giusto e Sbagliato, Bene e Male, POD e POC, Tutti e 9, Shorts, Boys e Beyonds

Partecipante alla Classe:

L'altra settimana ho avuto delle questioni con una donna che voleva avere un appuntamento con me. Stava iniziando a difendere il fatto che non sarebbe andata a letto al primo appuntamento. Le ho chiesto: "Stai facendo la preziosa o cosa?"

Mi ha risposto: "Certo, ma chi saresti o cosa faresti per averla?"

Le ho detto: "Uh, sarei me stesso."

E lei: "Ah, sei molto sicuro di te stesso, vero?"

E poi ho detto: "Cancellata dalla lista. Levati dalle palle."

Gary:

La femmina di qualsiasi specie per quale scopo è designata? Per avere bambini o per non avere bambini?

Partecipante alla Classe:

Per avere bambini.

Gary:

Esatto, quindi, chi sceglierà? Un uomo che abbia il pedigree. La donna lo vedrà e dirà: "Ha un buon pedigree, quindi, ci farò sesso." Guarderà un altro ragazzo e dirà: "Potrebbe avere una disabilità fisica. Non è una buona scelta." Guarderà qualcun altro e dirà: "Ha una malattia. Non lo voglio." oppure "Ha una dipendenza, non è il miglior pedigree." Si tratta di chi può scegliere con il miglior pedigree.

Vi è mai capitata una donna che vi dicesse: "Potremmo fare dei bambini bellissimi io e te"?

Partecipante alla Classe:

Non così tante in realtà. Spesso è esattamente il contrario.

Gary:

Sei tu quello che lo dici, vero? Ma questo è quello che lei ti sta mettendo in testa di dirle, di modo tale che ti porti a scegliere di farlo.

Chi ha un'altra domanda?

ESSERE MESCHINO CON GLI ALTRI UOMINI

Partecipante alla Classe:

Una volta un ragazzo mi stava rompendo i coglioni e gli dissi: "Il corpo ha quattro sistemi nervosi: il sistema nervoso centrale, il sistema nervoso simpatico, il sistema nervoso apatico e l'ultimo, che in te è quello più attivo." Cavolo. Si è incazzato ed è stato divertente. È così che operano gli uomini?

Gary:

No. Volevi fare sesso con lui e l'unico modo in cui avresti potuto non fare sesso con lui era evitarlo dicendogli qualcosa di meschino. Gli uomini fanno cose meschine agli altri uomini perché vogliono farci sesso.

Tutto quello che non sei disposto a percepire, sapere, essere e ricevere di questo, distruggerai e screerai tutto? Giusto e Sbagliato, Bene e Male, POD e POC, Tutti e 9, Shorts, Boys e Beyonds

Ogni volta che stai essendo meschino verso un altro uomo, chiedi: "Sto scegliendo questo perché mi piacerebbe fare sesso con questo ragazzo?" In questa realtà non è accettabile fare sesso con un altro uomo, vero? No. Non se sei un eterosessuale. Quindi, perché devi essere un eterosessuale?

Partecipante alla Classe:

Perché è la regola. Per adeguarti.

Gary:

Tutto ciò che hai fatto per rendere questa la tua realtà, invece di avere scelta, distruggerai e screerai tutto? Giusto e Sbagliato, Bene e Male, POD e POC, Tutti e 9, Shorts, Boys e Beyonds

Comunque, non sto cercando di farti far sesso con un altro uomo. Sia chiaro. Un ragazzo gay non si arrabbia con gli uomini. Diventa sessuale con loro. Voi ragazzi vi arrabbiate con gli uomini.

Tornate a pensare a tutti posti in cui vi siete arrabbiati con gli uomini, mentre in realtà volevate far sesso con loro.

Distruggerete e screerete tutto quello che non vi permette

di percepire, sapere, essere e ricevere che avreste avuto una risposta diversa se fosse stati disposti a farci sesso? Giusto e Sbagliato, Bene e Male, POD e POC, Tutti e 9, Shorts, Boys e Beyonds

Non sto sostenendo che dobbiate fare sesso con gli uomini. Sto cercando di darvi la libertà di vedere quello che veramente è, così da sapere dove sono le vostre scelte. Il fatto che sareste disposti a fare sesso con un uomo significa essere disposti ad avere qualcuno nella vostra vita che era disposto a fare sesso con voi.

Partecipante alla Classe:

Questo non è una grande parte del ricevere gli altri uomini? Non la parte dell'amplesso, ma il ricevere?

Gary:

Sì. Dovete ricevere quando un altro uomo vi trova sessuali, così come quando voi vi trovate sessuali.

Non è che dovete far sesso con gli uomini. Quello che dovete fare è avere la consapevolezza che siete così tanto sessuali che potete creare in qualsiasi persona intorno a voi la disponibilità a fare sesso.

Tutto ciò che è, per dioziliardi di volte, distruggerai e screerai tutto? Giusto e Sbagliato, Bene e Male, POD e POC, Tutti e 9, Shorts, Boys e Beyonds.

CERCARE DI RUBARE LA DONNA DEGLI ALTRI

Partecipante alla Classe:
   Hai detto che gli uomini umanoidi non cercano di rubare la donna degli altri.

Gary:
   Sì.

Partecipante alla Classe:
   Io penso di essere un umanoide, eppure devo ammettere che ho cercato di farlo un paio di volte. Che cos'è?

Gary:
   Eri tu che stavi cercando di rubare le loro donne, o erano le donne che volevano rendere gelosi i loro uomini?

Partecipante alla Classe:
   La seconda.

Gary:
   Quando sei consapevole tendi a vedere le cose dal punto di vista: "Cosa vorrebbe questa persona?" Come sarebbe se fossi disposto a vedere cosa sarebbe possibile con ogni persona, invece di cercare di dar loro quello che vogliono da te?

Partecipante alla Classe:
   E scegliere quello che funziona per me.

Gary:

Esatto e la cosa è che sei davvero consapevole psichicamente che quando stai per rubare la donna di un altro uomo è perché quella donna vuole rendere l'uomo geloso. Dain stava passando la notte con una donna e io pensavo: "Sono così geloso. Non riesco a credere che stia facendo sesso con quella." E poi mi sono detto: "Eh? Aspetta un attimo! Anche nel migliore dei casi, questo non potrebbe essere il mio punto di vista. Che cos'è?"

Mi sono reso conto che era il pensiero della donna. Voleva portare gelosia nell'universo di qualcuno. La mattina dopo ho chiesto a Dain: "Cos'è successo ieri notte? Com'è andata?"

E mi ha risposto: "Bene, si è fermata a dormire perché era troppo ubriaca per guidare fino a casa, ma ha chiamato il suo ragazzo per dirgli di non preoccuparsi e che non avrebbe fatto nulla; e non ha voluto dormire con me. Ha dormito sul pavimento. Non capisco per niente questa donna. Mi aveva detto che voleva fare sesso con me e invece non l'ha fatto."

Gli ho chiesto: "Pensi che potrebbe aver trovato il modo di rendere geloso il suo ragazzo venendo con te e ubriacandosi, in modo da non poter guidare fino a casa?"

Dain mi ha risposto: "Sì!"

Una volta messa a fuoco la cosa, mi sono reso conto che la gelosia di cui ero consapevole era la stessa di cui Dain non era disposto ad essere consapevole. La donna stava cercando di rendere geloso il suo ragazzo. Fece finta di andare nella stanza di Dain per dormire con lui, ma lo stava facendo per rendere geloso il suo ragazzo, in modo tale che gli venisse una crisi di nervi. Se non sei disposto a vedere da dove le persone stanno funzionando, sarai sempre l'effetto della loro follia.

Tutto ciò che hai fatto per renderti l'effetto della follia delle persone, anziché avere la consapevolezza di quando sono folli, distruggerai e screerai tutto? Giusto e Sbagliato, Bene e Male, POD e POC, Tutti e 9, Shorts, Boys e Beyonds Conosco questa merda da tutta la vita. Perché gli altri no?

Partecipante alla Classe:
Perché tu sei strano.

Gary:
Sì lo so.

TASSAZIONE

A qualcuno di voi è mai capitato di fare sesso con qualcuno e poi essersi sentito in obbligo di fare qualcosa per loro per sdebitarsi?

Partecipante alla Classe:
Sì.

Gary:
Questa è una forma di tassazione. È tassazione, non è scelta, possibilità, creazione e generazione. Avete mai fatto del sesso orale a qualcuno e pensato che anche loro avrebbero dovuto farvelo?

Partecipante alla Classe:
Sì.

Gary:

O viceversa?

Partecipante alla Classe:

Anche questa è tassazione?

Gary:

Sì. "C'è una tassa che devo pagare per quello che ho ricevuto." La tassazione sono tutti i pezzi e le parti di quello che devi pagare, a prescindere da cos'altro succede. Non suona divertente?

Partecipante alla Classe:

No. Ho superato questa cosa.

Gary:

Figo. Bene, prossima domanda.

UNA REALTÀ SESSUALE CHE VA OLTRE QUESTA REALTÀ

Partecipante alla Classe:

Attraverso queste chiamate ho notato che la tendenza generale degli uomini è di chiedere: "Come ottengo un miglior sesso e più sesso?" Stiamo davvero facendo queste chiamate per questo?

Gary:

Beh, non siamo qui per questo, ma fa parte di ciò che è bello riguardo all'essere qui.

Partecipante alla Classe:

Dal mio punto di vista la mia donna è molto sexy e io l'adoro, ma sicuramente c'è molto di più rispetto al semplice fatto che il mio cazzo si bagni. Dal tuo punto di vista, cosa c'è oltre a questo che non abbiamo ancora considerato? Cosa ci vorrebbe per averlo?

Gary:

Quale realizzazione fisica di una realtà sessuale che va completamente oltre questa realtà sei ora disponibile a generare, creare e istituire? Tutto ciò che è, per dioziliardi di volte, distruggerai e screerai tutto? Giusto e Sbagliato, Bene e Male, POD e POC, Tutti e 9, Shorts, Boys e Beyonds

SONO TUTTI GIUDIZI SUL RICEVERE

Partecipante alla Classe:

In queste chiamate, si è parlato molto di donne e sesso. Stiamo parlando di questo perché sono così interconnessi a tutte le parti delle nostre vite ed è un modo per...

Gary:

Sfortunatamente abbiamo passato un sacco di tempo cercando di determinare se dovremmo fare sesso o meno, se fosse appropriato fare sesso o se non fosse appropriato, se avremmo avuto di più facendo sesso, o se avremmo avuto di meno non facendo sesso. C'è qualche giudizio qui, o sono tutti giudizi?

Partecipante alla Classe:

Tutti sono giudizi. Questo si relaziona a tutti i giudizi che abbiamo in qualsiasi area, anche in altre parti della nostra vite?

Gary:

Sono tutti giudizi sul ricevere. Ricordate: il sesso riguarda il ricevere.

Partecipante alla Classe:

Lo so, lo so.

Gary:

Diciamo che farai sesso con una donna. Cosa sei disposto a ricevere da lei? Qualcosa o nulla? Nulla.

Partecipante alla Classe:

Mi è venuto *nulla*.

Gary:

Ed è per questo che stai cercando di fare sesso con lei, in modo da poterle dare tutto ciò che non ti piace di te.

Tutto ciò che è, per dioziliardi di volte, distruggerai e screerai tutto? Giusto e Sbagliato, Bene e Male, POD e POC, Tutti e 9, Shorts, Boys e Beyonds

Partecipante alla Classe:

C'è qualcosa da dire riguardo alla situazione opposta, ovvero quando hai più da dare rispetto a quanto l'altra persona possa ricevere?

Gary:

Sei ancora nel calcolo di quello che puoi dare, non di quello che puoi ricevere. Se fossi in grado di vedere qualcuno che possa ricevere qualsiasi cosa tu sei, saresti intrappolato da questo?

Partecipante alla Classe:

Ricevo un *sì* su questo.

Gary:

Questo è il problema. Quando hai qualcuno che può ricevere qualsiasi cosa tu sei, senti che in qualche modo verrai intrappolato. È una verità, è una bugia o è una follia che continui a rendere reale e che in realtà non è?

Partecipante alla Classe:

Ah, cazzo!

Gary:

Tutto ciò che è, per dioziliardi di volte, distruggerai e screerai tutto? Giusto e Sbagliato, Bene e Male, POD e POC, Tutti e 9, Shorts, Boys e Beyonds

Ti interessa di più rinunciare alla scelta piuttosto che non rinunciarvi.

Quale creazione della vita, dell'esistenza e dell'amplesso stai usando per renderti schiavo dell'anti-consapevolezza e dell'inconsapevolezza che stai scegliendo? Tutto ciò che è, per dioziliardi di volte, distruggerai e screerai tutto? Giusto e Sbagliato, Bene e Male, POD e POC, Tutti e 9, Shorts, Boys e Beyonds

Per favore, riconoscete che la maggior parte di voi si è resa schiava di questa realtà. Non siete stati disposti a vedere quali sono le vostre scelte. Siete molto più interessati alle scelte che non avete. Non è la vostra scelta migliore.

Partecipante alla Classe:

Sono uscito con una donna bellissima ed è stato davvero diverso questa volta. È stato molto facile. Il sesso è fantastico, così come mi connetto a lei. È semplicemente spazio. Che cos'è? Sono io che non ricevo lei?

Gary:

No, questo in realtà è ricevere.

Partecipante alla Classe:

È talmente diverso che quasi non so cosa fare con questo. Non sono abituato.

Gary:

Già, non hai mai scelto una donna che potesse davvero ricevere da te, vero?

Partecipante alla Classe:

No, mai.

Gary:

E hai mai scelto donne che avessero davvero cura amorevole per te?

Partecipante alla Classe:

No.

Gary:

Perché? Perché scegli delle donne che non hanno cura amorevole per te? In modo tale da non dover avere tu cura amorevole per loro?

Partecipante alla Classe:
Sì.

Gary:
Tutto ciò che hai fatto per scegliere donne delle quali non dovevi prenderti cura, distruggerai e screerai tutto? Giusto e Sbagliato, Bene e Male, POD e POC, Tutti e 9, Shorts, Boys e Beyonds
Fortunatamente sei l'unico ad averlo fatto.

Partecipante alla Classe:
Già, vero.

Gary:
Perché scegliete una donna della quale non dovete prendervi cura per poter scegliere qualcuno di cui prendervi cura?

Partecipante alla Classe:
Questa è una domanda molto buona. È per controllare me stesso dal non essere più grande di quello che sono?

Gary:
È per controllare te stesso? O è il modo con cui ti garantisci che non sceglierai mai di essere la grandezza di te?

Partecipante alla Classe:
La seconda.

Gary:
Tutto ciò che è, per dioziliardi di volte, distruggerai e

screerai tutto? Giusto e Sbagliato, Bene e Male, POD e POC, Tutti e 9, Shorts, Boys e Beyonds

Partecipante alla Classe:

Grazie Gary. Queste chiamate sconvolgono il mio mondo. Sono così grato.

Gary:

Ne sono felice. Se anche solo sei o otto di voi iniziano a scegliere in maniera più grandiosa, potranno cambiare il mondo e mi piacerebbe davvero vedere cosa succede quando il sesso e le relazioni sono diverse.

Partecipante alla Classe:

Cambiamo il mondo!

CHE GENERE DI FUTURO STA CERCANDO DI CREARE?

Gary:

Sì. Originariamente il compito delle donne era di essere disposte ed in grado di creare un futuro, perché le donne sono più disposte a vederlo degli uomini. Non significa che siano migliori. Significa solo che sono più disposte.

Partecipante alla Classe:

Ed è anche per questo motivo che le donne sono più portate ad uscire e a conquistare il mondo e gli uomini stanno solitamente nello stesso posto?

Gary:

La maggior parte degli uomini umanoidi preferirebbe avere una vita confortevole e creare il nido per i suoi figli, piuttosto che uscire e conquistare il mondo.

Le donne vogliono creare un futuro. La farsa perpetrata alle donne è stata quella di far credere loro che il desiderio per il futuro riguardasse i bambini, ma in realtà non è così. Non stanno facendo quello che stanno facendo per i bambini; lo stanno facendo perché questo creerà una possibilità diversa.

Tutto ciò che è, per dioziliardi di volte, distruggerai e screerai tutto? Giusto e Sbagliato, Bene e Male, POD e POC, Tutti e 9, Shorts, Boys e Beyonds

Ragazzi, quando siete con una donna dovete chiedevi: "Che genere di futuro sta cercando di creare qui?" Se sta cercando di creare un futuro basato sull'avere dei figli, si sta bevendo questa realtà. È questa la realtà in cui volete vivere? Se ricevete che sta cercando di creare bambini, avrete lo stesso tipo di relazione che avreste se non stesse cercando di farlo?

Partecipante alla Classe:
No.

Gary:

Se iniziate a vedere quale tipo di futuro sta cercando di creare, non vi berrete più l'erroneità di voi stessi. Quando la donna sta cercando di creare un futuro che includa voi, questo non renderà l'erroneità di voi stessi più reale della scelta che fate.

Cosa creereste se sapeste quale futuro sta cercando di

creare? Se sta cercando di creare un futuro più grandioso rispetto a quello che voi siete disposti ad avere, potreste stare con lei?

Partecipante alla Classe:
Ricevo un *no* per questo.

Gary:
Esatto. È un *no*. Dovete essere disposti a creare il futuro che lei è disposta ad avere. Quanto è grande il futuro che è disposta ad avere? Se siete disposti a saperlo, potete creare qualsiasi cosa con lei. Potete creare una relazione. Mettiamo il caso che avete una donna che desidera andare fuori a conquistare il mondo e voi siete perfettamente felici di stare a casa, senza fare molto. Se questo fosse il vostro caso, quella donna potrebbe stare con voi?

Partecipante alla Classe:
No.

Partecipante alla Classe:
E se questo fosse il caso, cosa facciamo?

Gary:
Allora dovete chiedere: "Possiamo creare qualcosa di buono?"

Partecipante alla Classe:
Sì.

Gary:
L'unico modo in cui potete creare una relazione è se il suo

desiderio per il futuro e la vostra capacità di andare in quel futuro combaciano. Se osservate le relazioni che non hanno funzionato in passato. La donna aveva un desiderio per un futuro per il quale voi non avevate desiderio?

Partecipante alla Classe:
   Sì.

Gary:
   Questo è il motivo per cui quelle relazioni non hanno funzionato.
   Tutto ciò che è, per dioziliardi di volte, distruggerai e screerai tutto? Giusto e Sbagliato, Bene e Male, POD e POC, Tutti e 9, Shorts, Boys e Beyonds

Partecipante alla Classe:
   Ecco perché sono stato mollato, mi sono ritirato o ho scelto di non vedere più una donna. Perché ero consapevole del futuro. Ero consapevole di esso, ma non ero disposto a vederlo e mi sono reso sbagliato per questo.

Gary:
   Se la donna ha un futuro in cui devi essere un seguace, sarai bravo a esserlo?

Partecipante alla Classe:
   No.

Gary:
   No. Non sei un seguace. Sei disposto ad essere un leader?

Partecipante alla Classe:
Sì, lo sono.

Gary:
O cerchi di evitare il leader che potresti essere?

Partecipante alla Classe:
Sì, lo sto facendo.

Gary:
Tutto ciò che è, per dioziliardi di volte, distruggerai e screerai tutto? Giusto e Sbagliato, Bene e Male, POD e POC, Tutti e 9, Shorts, Boys e Beyonds

Per favore, sappiate che non sto cercando di rendervi sbagliati. Voglio che vediate ciò che non ha funzionato nella vostra vita, in modo tale che possiate creare qualcosa di più grandioso. Io credo nel fatto che tutti voi abbiate l'abilità di creare qualcosa che le altre persone non sono in grado di creare, ma vi fate incastrare con le donne della vostra vita. Continuate a pensare che sceglieranno qualcosa che farà funzionare tutto più facilmente. È realmente possibile?

Partecipante alla Classe:
No.

SMETTERE DI ESSERE BLOCCABILE

Partecipante alla Classe:
Ho contattato mio padre oggi. Non gli parlavo da 13 anni.

Gary:

Di cosa eri consapevole riguardo tuo padre, di cui non volevi essere consapevole e che ti ha impedito di parlargli?

Partecipante alla Classe:

Gli mancavo.

Gary:

Carino, ma questo non è ciò di cui eri consapevole.

Partecipante alla Classe:

Penso che sia anche malato.

Gary:

Non è ciò di cui eri consapevole. Tuo padre era sessuale quanto lo eri tu? O era più sessuale?

Partecipante alla Classe:

Di più.

Gary:

E a tua madre questo piaceva o lo odiava?

Partecipante alla Classe:

Lo odiava.

Gary:

A te piaceva o l'odiavi?

Partecipante alla Classe:

A me piaceva.

Gary:

Quindi volevi crescere per essere come tuo padre, ma hai messo resistenze nel farlo?

Partecipante alla Classe:

Sì.

Gary:

Tutto ciò che è, per dioziliardi di volte, distruggerai e screerai tutto? Giusto e Sbagliato, Bene e Male, POD e POC, Tutti e 9, Shorts, Boys e Beyonds

Partecipante alla Classe:

Si collega al fatto che, da quando sono nato, mia madre mi ha resistito e ha rifiutato mio padre.

Gary:

Sei stato disposto a stemperare la tua energia sessuale per adeguarti ai bisogni di tua madre?

Partecipante alla Classe:

Assolutamente

Gary:

Quanto della tua energia sessuale hai stemperato per adeguarti ai bisogni degli altri? Poca, tanta o megatonnellate?

Partecipante alla Classe:

L'ultima.

Gary:

Tutto ciò che è, per dioziliardi di volte, distruggerai e screerai tutto? Giusto e Sbagliato, Bene e Male, POD e

POC, Tutti e 9, Shorts, Boys e Beyonds

Quanti di voi hanno stemperato la loro energia sessuale per combaciare con qualcosa che fosse accettabile dalle vostre madri o non accettabile dai vostri padri, o fosse troppo simile ai vostri padri per essere accettabile dalle vostre madri? Tutto ciò che è, per dioziliardi di volte, distruggerai e screerai tutto? Giusto e Sbagliato, Bene e Male, POD e POC, Tutti e 9, Shorts, Boys e Beyonds

Solo perché eri in grado di essere sessuale quanto tuo padre, o sessuale quanto tua madre, o sessuale quanto lo erano insieme... eccola: non siete disposti ad essere tanto sessuali quanto loro erano insieme perché pensate che quell'energia sessuale è ciò che vi ha creato. Mi dispiace. Non è stata quella a crearvi. Li avete fatti cozzare l'uno contro l'altra per avere il corpo che volevate. E questo non ha creato voi, l'Essere. Già eravate voi, l'Essere.

Tutto ciò che è, per dioziliardi di volte, distruggerai e screerai tutto? Giusto e Sbagliato, Bene e Male, POD e POC, Tutti e 9, Shorts, Boys e Beyonds

Resistete a tutta l'energia sessuale della vostra stessa vita per non essere sessuali quanto vostra madre e vostro padre erano insieme, per non creare qualcuno come voi. Molto figo, e, ovviamente, questo non richiede nessun giudizio di voi stessi, vero?

Partecipante alla Classe:
Oh mio Dio.

Gary:
Tutto ciò che è, per dioziliardi di volte, distruggerai e screerai tutto? Giusto e Sbagliato, Bene e Male, POD e

POC, Tutti e 9, Shorts, Boys e Beyonds

Fantastico che voi ragazzi possiate camminare, parlare e masticare una gomma; figuriamoci avere un'erezione.

Partecipante alla Classe:

Questo spiega perché cerco altre cose da giudicare, aggiustare o pettinare per bene.

Gary:

Perché non capisci che sei straordinario? Perché vedere quanto sei straordinario è per te insostenibile, insondabile e inappropriato?

Quanto di te stesso hai reso inappropriato perché eri preoccupato che saresti stato tanto sessuale quanto lo erano tuo padre e tua madre assieme, che è ciò che hai creato in loro per creare il tuo corpo? Non sei disposto a creare qualcuno grandioso quanto te ed a dargli un corpo uguale a quello che hai avuto tu? Sembrerebbe un *sì*.

Tutto ciò che è, per dioziliardi di volte, distruggerai e screerai tutto? Giusto e Sbagliato, Bene e Male, POD e POC, Tutti e 9, Shorts, Boys e Beyonds

Partecipante alla Classe:

Questo invaliderebbe chiunque altro.

Gary:

Invaliderebbe chiunque altro o ispirerebbe chiunque altro?

Partecipante alla Classe:

Già, lo inspirerebbe.

Gary:

Quanti di voi stanno rifiutando di ispirare gli altri dinamicamente, così da potervi espirare fuori dall'esistenza? Tutto ciò che è, per dioziliardi di volte, distruggerai e screerai tutto? Giusto e Sbagliato, Bene e Male, POD e POC, Tutti e 9, Shorts, Boys e Beyonds (N.d.T. gioco di parole: in inglese *inspire*, qui tradotto come ispirare, significa anche inspirare)

Partecipante alla Classe:

È dove mettiamo tutte le invenzioni, gli standard e tutto quello con cui possiamo inscatolarci in questa realtà.

Gary:

Bene, ed è tua qualcuna di queste cose?

Partecipante alla Classe:

No.

Gary:

Quale creazione della tua sessualità stai rifiutando, che potresti davvero scegliere, che se la scegliessi creerebbe un universo completamente diverso per te? Tutto ciò che è, per dioziliardi di volte, distruggerai e screerai tutto? Giusto e Sbagliato, Bene e Male, POD e POC, Tutti e 9, Shorts, Boys e Beyonds

Partecipante alla Classe:

Oh, Dio bono. Stai scherzando?

Gary:

Quale creazione della tua sessualità stai rifiutando che se non la rifiutassi ti permetterebbe di essere tutto quello che sei? Tutto ciò che è, per dioziliardi di volte, distruggerai e screerai tutto? Giusto e Sbagliato, Bene e Male, POD e POC, Tutti e 9, Shorts, Boys e Beyonds

Ragazzi, vi state impegnando molto per rifiutare la vostra energia sessuale.

Quale energia sessuale di te stesso stai rifiutando per creare le limitazioni che stai scegliendo? Tutto ciò che è, per dioziliardi di volte, distruggerai e screerai tutto? Giusto e Sbagliato, Bene e Male, POD e POC, Tutti e 9, Shorts, Boys e Beyonds

Partecipante alla Classe:
Ho sempre rifiutato la mia energia sessuale.

Gary:
Perché? Perché nessuno era in grado di riceverla? O perché se fossi stato la tua energia sessuale, avresti dovuto essere qualcosa che non pensavi essere in grado di essere?

Partecipante alla Classe:
Oh cazzo.

Partecipante alla Classe:
Quando ti sento parlare di questo, la parola che salta fuori per me è *insondabile*. È insondabile entrare in così tanta sexualness.

Gary:
Vuoi dire smettere di essere bloccabile?

Partecipante alla Classe:
Sì.

Gary:

Tutto ciò che è, per dioziliardi di volte, distruggerai e screerai tutto? Giusto e Sbagliato, Bene e Male, POD e POC, Tutti e 9, Shorts, Boys e Beyonds

Partecipante alla Classe:

Arrivai in un posto in cui il mio corpo non era disposto a lasciarmelo fare. Mi venne l'orticaria.

Gary:

Davvero il tuo corpo non era disposto a lasciartelo fare? O sapevi che il tuo corpo avrebbe dovuto cambiare se fossi stato disposto a farlo? Il tuo corpo sapeva che se fossi stato disposto a sceglierlo, avrebbe dovuto cambiare?

Partecipante alla Classe:

Sì.

Gary:

Tutto ciò che è, per dioziliardi di volte, distruggerai e screerai tutto? Giusto e Sbagliato, Bene e Male, POD e POC, Tutti e 9, Shorts, Boys e Beyonds

Gary:

Ti stava dicendo: "Okay, questo è un colpo d'avvertimento. Se prosegui per questo cammino cambierai molto di più."

Partecipante alla Classe:

Questo è interessante perché l'orticaria si è sempre mostrata quando stavo scegliendo qualcos'altro. E quindi mi rendevo sbagliato. Entravo nel: "Cos'è che sbaglio? Ci dev'essere qualcosa che sto facendo male."

Gary:
   Quindi ti piace renderti sbagliato?

Partecipante alla Classe:
   Beh, sono bravo a farlo.

Gary:
   Se lo stai facendo, la risposta è *sì*. E, ovviamente, stai distruggendo la tua vita.

Partecipante alla Classe:
   Sì, lo so. Ogni volta che entro in quello spazio di erroneità non sto assolutamente creando nulla.

Gary:
   Questo perché non vorresti davvero creare nulla, giusto?

Partecipante alla Classe:
   È stato interessante per me essere a casa, da solo, mentre il mio partner era fuori per un paio di settimane. Ho riconosciuto l'energia della distruzione quando è venuta su.

L'ENERGIA DELLA LIMITAZIONE

Gary:
   È davvero l'energia della distruzione, o è l'energia della limitazione?

Partecipante alla Classe:
   Giusto. Quella.

Gary:

Perché è più importante per te la limitazione rispetto alla possibilità?

Partecipante alla Classe:

Ecco...

Gary:

Andresti oltre i limiti di ciò che hai deciso essere la realtà che sei disposto ad avere?

Partecipante alla Classe:

Sì.

Gary:

Sei disposto a farlo?

Partecipante alla Classe:

Ricevo *no*.

Gary:

Perché non sei disposto ad andare oltre i limiti di ciò che sei disposto ad avere? Sei disposto a vivere entro le limitazioni che ti sono tanto familiari? O sei disposto ad andare oltre a ciò che può vivere quell'energia?

Partecipante alla Classe:

Sono disposto ad andare oltre.

Gary:

Questa è una richiesta che devi fare a stesso: Okay, non importa cosa ci vorrà, andrò oltre ogni limitazione. Non vivrò la mia vita da questo punto di vista limitato. Non mi funziona. E non importa a chi funziona, a me non funziona.

Partecipante alla Classe:
Già.

Gary:
Come sarebbe se non riguardasse mai ciò che funziona per chiunque altro? Come sarebbe se riguardasse sempre ciò che funziona per *te*?

Partecipante alla Classe:
Sì, mi piace.

Gary:
Quanto della tua vita hai fatto 'ciò che funziona per una donna' perché è più facile rispetto a ciò che funziona per te?

Partecipante alla Classe:
Tutta la vita.

Gary:
Ed è lì che sei stato un uomo, anziché essere un gentleman.

Partecipante alla Classe:
Esattamente.

Partecipante alla Classe:
Gary, che cosa ne pensi di questa frase di pulizia che ho creato? Può essere migliorata? Dalla tua consapevolezza, è efficace?

Quale energia, spazio e consapevolezza possiamo essere io e il mio corpo per ricevere le energie femminili, sessuali, nutrienti, che sono vibrazionalmente compatibili per me?

Gary:

Beh, direi che c'è solo una limitazione in questa frase.

Quale energia, spazio e consapevolezza possiamo essere io e il mio corpo per ricevere le energie sessuali e nutrienti che sono vibrazionalmente compatibili per me e per il mio corpo, in totalità?

Non solo le energie femminili potrebbero essere sessualmente nutrienti per te. E se anche le energie maschili ti contribuissero in maniera dinamica? Saresti disposto a ricevere questo? Ci sono alcuni uomini che, essendo tuoi amici, possono darti molto di più rispetto alle donne. Se crei la frase di pulizia riguardo all'energia femminile, hai definito la limitazione di ciò che sei disposto ad avere come tua realtà. Ed esiste davvero l'energia *femminile?* Questa è l'unica differenza che creerei nella frase di pulizia.

Partecipante alla Classe:

Grazie per queste chiamate Gary. Sono fantastiche.

Partecipante alla Classe:

Grazie, grazie, grazie.

Gary:

Grazie gentlemen, per essere su queste chiamate. Spero che in qualche modo possano cambiare il futuro, in modo che ci sia più libertà per gli uomini e per le donne.

Partecipante alla Classe:

Grazie Gary. Sei meraviglioso.

Gary:

Grazie per essere gli uomini stupendi che siete.

9
Cosa Vuoi Veramente in una Relazione?

Se hai una relazione, dovrebbe essere qualcosa che si aggiunge alla tua vita e la rende più grande, migliore e più divertente. Se una relazione non fa queste cose, perché esserci dentro?

Gary:
Hello, gentlemen. Iniziamo con una domanda.

LA PERFEZIONE DELLA DONNA

Partecipante alla Classe:
Durante l'ultima chiamata, hai detto che un gentleman è disposto a riconoscere ciò che una donna richiede e necessita, ed è disposto a darglielo. Mi sono chiesto "Qual è il valore di questo?" e non sembra che sia qualcosa di buono per nessun uomo. La mia ex usava questa cosa del gentleman contro di me. Diceva cose del tipo: "Dovresti fare questo, o non sei un

gentleman" e dal suo punto di vista non essere un gentleman era un'erroneità.

Gary:

No. Dal *tuo* punto di vista era un'erroneità, ecco perché eri disposto a farti dire da lei: "Devi fare questo" e lo facevi. Le donne ti useranno per ottenere quello che vogliono.

Se una donna dice: "Se sei un gentleman, farai questo" significa che vuole controllarti. Sei disposto ad essere controllato? Sì, in un certo qual modo, ma non totalmente. Di recente abbiamo tirato fuori un nuovo processo che è dannatamente buono. Lo dico per tutti voi:

Quale imbastardimento della perfezione delle donne stai usando per creare i giudizi, le limitazioni e l'invito dei demoni, delle sirene e delle silfidi dell'anti-consapevolezza e dell'inconsapevolezza che stai scegliendo? Tutto ciò che è, per dioziliardi di volte, distruggerai e screerai tutto? Giusto e Sbagliato, Bene e Male, POD e POC, Tutti e 9, Shorts, Boys e Beyonds

C'è una perfezione nelle donne, ma non si tratta delle cose che pensiamo le rendano perfette. Ciò che rende una donna migliore di un uomo sta nel fatto che lei non deve giungere ad una conclusione. Non deve aggiustare nulla. Ha la possibilità di scegliere più di quanto faccia un uomo. Parte della perfezione delle donne è che possono cambiare idea e gli uomini devono capirlo. Devi essere in grado di capire questo, o ti renderai miserabile.

Quando crei le donne come perfette, inviti i demoni, le sirene e le silfidi. Le *sirene* sono donne che chiameranno un uomo alla sua morte. Le *silfidi* sono esseri somiglianti a spettri che appaiono e scompaiono dalla vita, ma non ne diventano mai davvero parte. Ci impediamo di essere consapevoli riguardo a ciò che una donna richiederà e desidererà da noi e poi cerchiamo di controllare i desideri e le richieste che dice di avere. I desideri e le richieste *che dice di avere* e quelli che *realmente ha* sono due cose diverse.

Quale imbastardimento della perfezione delle donne stai usando per creare i giudizi, le limitazioni e l'invito dei demoni, delle sirene e delle silfidi dell'anti-consapevolezza e dell'inconsapevolezza che stai scegliendo? Tutto ciò che è, per dioziliardi di volte, distruggerai e screerai tutto? Giusto e Sbagliato, Bene e Male, POD e POC, Tutti e 9, Shorts, Boys e Beyonds

Okay, passiamo alla prossima domanda.

Partecipante alla Classe:

In quanto gentleman, come gestisci le stronze ultra-esigenti?

Gary:

Le chiami stronze ultra-esigenti! Una donna che sia una vera donna lotterà per la creazione di un futuro che non è mai esistito sul pianeta terra. Ecco ciò che farà una vera donna. Non cercherà di portarti a soddisfare tutti i suoi desideri, le sue speranze e le sue richieste. Hai creduto a troppe commedie romantiche, quei chick flick* che ti sei dovuto sorbire *(N.d.T. chick flick indica un particolare tipo di film, non per forza sentimentale, che contiene tematiche e situazioni esclusivamente fruibili dalle donne). Come ti comporti con le stronze ultra-esigenti in quanto gentleman?

Le chiami stronze ultra-esigenti.

PORNOGRAFIA

Partecipante alla Classe:

Puoi fare un po' di pulizia sulla pornografia? Anche se so che non è reale e che, qualunque cosa facciano, non è nutriente per i corpi, trovo il porno molto più eccitante del mondo reale.

Gary:

Sì, e su che base questa dovrebbe essere una sorpresa? Se stai funzionando dalle illusioni della pornografia, non devi includere nessun altro nel tuo mondo. Non devi avere una persona reale nella tua vita.

Partecipante alla Classe:

Generalmente trovo che le ragazze nei porno siano più carine e che ci sia più varietà. Mi piacerebbe pulire questo ed essere più presente con le ragazze nel mondo reale.

Gary:

Beh, non devi farlo se non vuoi. Se preferisci avere delle donne nella tua vita che siano come le donne nel porno, devi essere disposto a puntare a quel genere di donne. Sembra che tu abbia cercato di trovarti delle ragazze carine che non siano carine e scelto ragazze graziose ma non troppo graziose, cosicché non ti lasceranno. E, contemporaneamente, non sei disposto ad avere le troie e le puttane che ti daranno tutto quello che vuoi sessualmente.

Tutto quello che questo ha portato su, per dioziliardi di volte, distruggerai e screerai tutto? Giusto e Sbagliato, Bene e Male, POD e POC, Tutti e 9, Shorts, Boys e Beyonds

GLI INCANTESIMI CHE CREIAMO

Questa sera, io e Dain abbiamo fatto uno spettacolo radiofonico dove abbiamo parlato degli incantesimi che creiamo. Li creiamo ripetendo qualcosa più e più volte, come se fosse vera. Gettate i vostri incantesimi sulle cose. "Voglio una ragazza così" è un incantesimo che state lanciando. Non puoi avere una ragazza che sia come una pornostar finché non vai nel posto dove girano i porno e trovi una ragazza che sia una pornostar. E deduci cose su di lei che non hanno nulla a che fare con la realtà.

Quanti incantesimi stai usando per creare la necessità e l'amore del porno che stai scegliendo? Tutto ciò che è, per dioziliardi di volte, distruggerai e screerai tutto? Giusto e Sbagliato, Bene e Male, POD e POC, Tutti e 9, Shorts, Boys e Beyonds

Ogni volta che dite: "Il mio pene è troppo piccolo" gettate un incantesimo e così facendo non potrà mai essere visto più grosso. E non potrete nemmeno crearlo più grosso.

Partecipante alla Classe:

Anche la perfezione della donna sarebbe un incantesimo, giusto?

Gary:

Sì, hai cercato di vedere le donne come se fossero perfette per tutta la tua vita. Le hai viste più grandi rispetto a te, o che offrivano più di te, o qualcos'altro.

Un incantesimo ha luogo quando prendi un punto di vista fisso che crea un holding

pattern* nel corpo. Oltre ai punti di vista fissi che hai sul corpo, c'è inoltre uno spazio in cui dici alcune cose ripetutamente. Crei un incantesimo ogni volta che dici "non sono in grado" o "non lo farò" o "la mia vita fa schifo" o "sei sbagliato" o qualsiasi altra cosa del genere.

Quante volte ti è stato detto da una donna che eri sbagliato? Stava gettando un incantesimo su di te.

Tutti gli incantesimi che sono stati gettati su di te dalle donne per mostrarti che sei sbagliato, che non lo stai facendo nella maniera giusta e che devi essere diverso per loro, distruggerai e screerai tutto? Giusto e Sbagliato, Bene e Male, POD e POC, Tutti e 9, Shorts, Boys e Beyonds

Non devi essere diverso per una donna. Devi essere quello che funziona per te.

Partecipante alla Classe:

È questo ciò che ho fatto? Ho cercato di vedere me stesso attraverso gli occhi di una donna?

Gary:

Sì. Ti è stato gettato un incantesimo in modo tale che tu possa essere visto solo attraverso gli occhi di una donna?

Partecipante alla Classe:

Sì.

Gary:

Tutto quello che hai fatto per renderti visibile solo

attraverso gli occhi di una donna e, ovviamente, quanto spesso una donna ti lascia entrare nella sua vita e ti vede attraverso i suoi occhi? Mai. Tutto ciò che è, per dioziliardi di volte, distruggerai e screerai tutto? Giusto e Sbagliato, Bene e Male, POD e POC, Tutti e 9, Shorts, Boys e Beyonds

Partecipante alla Classe:
Ero nella classe quando hai usato per la prima volta quel processo ed ho percepito com'è cambiata l'energia in tutto il gruppo, sia per gli uomini che per le donne dopo questo processo. Suona come un processo per gli uomini, ma sembra che abbia alleggerito l'universo delle donne ancora di più rispetto a quello degli uomini. Ce ne puoi parlare?

Gary:
Se state proiettando alle donne che sono perfette, questo è un incantesimo che state gettando loro e quindi devono essere in giudizio di se stesse per cercare di rendersi perfette.

Partecipante alla Classe:
Grazie.

Gary:
Prego. Quando stai cercando di rendere le donne perfette, o cerchi di essere perfetto per le donne, non hai la libertà di scegliere.

Quale imbastardimento della perfezione delle donne stai usando per creare i giudizi, le limitazioni e l'invito dei demoni, delle sirene e delle silfidi dell'anti-consapevolezza e dell'inconsapevolezza che stai scegliendo? Tutto ciò che è, per dioziliardi di volte, distruggerai e screerai tutto? Giusto e Sbagliato, Bene e Male, POD e POC, Tutti e 9, Shorts, Boys e Beyonds

Se proietti sempre: "Questa donna sarà perfetta per me" le stai gettando un incantesimo per essere perfetta per te. Le proiezioni sono il modo in cui gli incantesimi vengono lanciati. Questo le dà la libertà di essere se stessa? Ti dà la libertà di essere te stesso?

Quanti incantesimi stai usando per creare la trappola che stai scegliendo? Tutto ciò che è, per dioziliardi di volte, distruggerai e screerai tutto? Giusto e Sbagliato, Bene e Male, POD e POC, Tutti e 9, Shorts, Boys e Beyonds

"NON RIESCO A SMETTERE DI PENSARE A LEI"

Partecipante alla Classe:

Di recente ho incontrato una donna e sento come se fossi sotto un incantesimo. Non riesco a smettere di pensarla. Che succede?

Gary:

Beh, quanti incantesimi hai che ti mantengono incantato dalle donne? Tutto ciò che è, per dioziliardi di volte, distruggerai e screerai tutto? Giusto e Sbagliato, Bene e Male, POD e POC, Tutti e 9, Shorts, Boys e Beyonds

E non hai assolutamente consapevolezza, quindi non sai mai quando lei ti sta pensando, giusto?

Partecipante alla Classe:

Esatto, il che è strano, perché ha interrotto tutte le

comunicazioni, eppure c'è ancora il richiamo.

Gary:
Perché ha interrotto le comunicazioni?

Partecipante alla Classe:
Mi sono fuso il cervello a forza di pensarci. Non ti so dare una risposta.

Gary:
Sì che lo sai. Cos'è che non vuoi sapere riguardo alla sua scelta, che se lo sapessi ti renderebbe libero?

Partecipante alla Classe:
Mi disse che non voleva soffrire.

Gary:
Sì, il che significa che voleva farti soffrire.

Partecipante alla Classe:
Già. Lo sta facendo proprio ora.

Gary:
Tutto ciò che è, per dioziliardi di volte, distruggerai e screerai tutto? Giusto e Sbagliato, Bene e Male, POD e POC, Tutti e 9, Shorts, Boys e Beyonds

Partecipante alla Classe:
Cos'è quando la gente dice che non vogliono entrare in una relazione perché hanno paura di essere feriti? È un tentativo di controllare?

Gary:

È semplicemente manipolazione. Le donne cercano di controllare gli uomini. Perché? Perché suppongono che tu sia il ragazzo che se ne andrà e farà loro qualcosa. Hanno qualche proiezione ed aspettativa su di te?

Partecipante alla Classe:

Sì.

Gary:

Quante di queste proiezioni ed aspettative stanno creando l'erroneità di te?

Partecipante alla Classe:

Quasi tutte.

Gary:

Tutto ciò che è, per dioziliardi di volte, distruggerai e screerai tutto? Giusto e Sbagliato, Bene e Male, POD e POC, Tutti e 9, Shorts, Boys e Beyonds

Partecipante alla Classe:

Come posso usare questa roba a mio vantaggio? Come posso cambiarla? O, posso cambiarla?

Gary:

Vuoi stare con qualcuno che intenzionalmente ti taglierebbe a pezzetti?

Partecipante alla Classe:

Bella domanda. Vorrei dire *no*, ma poi, in realtà è un *sì*. Ma per quale ragione voglio stare con lei?

Gary:

Non lo so. Forse semplicemente perché sei dannatamente stupido.

Partecipante alla Classe:

Sì, è vero. Assolutamente sì.

Gary:

Quale stupidità stai usando per creare le donne che stai scegliendo? Tutto ciò che è, per dioziliardi di volte, distruggerai e screerai tutto? Giusto e Sbagliato, Bene e Male, POD e POC, Tutti e 9, Shorts, Boys e Beyonds

"È QUELLO CHE HO CHIESTO"

Partecipante alla Classe:

Quello che mi blocca è che ogni volta che il mio corpo sta con lei è *wow*. È nutriente e sento ricevere le attenzioni di cui ho bisogno. È quello che ho chiesto.

Gary:

Quale stupidità stai usando con le donne che stai scegliendo? Tutto ciò che è, per dioziliardi di volte, distruggerai e screerai tutto? Giusto e Sbagliato, Bene e Male, POD e POC, Tutti e 9, Shorts, Boys e Beyonds

Quale stupidità stai usando per creare le donne che feriscono che stai scegliendo, dove tu ferisci loro o loro feriscono te? Tutto ciò che è, per dioziliardi di volte, distruggerai e screerai tutto? Giusto e Sbagliato, Bene e Male, POD e POC, Tutti e 9, Shorts, Boys e Beyonds

Quindi il sesso era nutriente e amorevole?

Partecipante alla Classe:
Sì, assolutamente.

Gary:
E l'avevi chiesto?

Partecipante alla Classe:
Sì.

Gary:
Cosa stava chiedendo lei che non ti ha detto?

Partecipante alla Classe:
Ho il vuoto mentale.

Gary:
Sì, lo so. Questo è quello che fai normalmente, così non devi sapere.

Quanta energia stai usando per creare il vuoto mentale che stai scegliendo? Tutto ciò che è, per dioziliardi di volte, distruggerai e screerai tutto? Giusto e Sbagliato, Bene e Male, POD e POC, Tutti e 9, Shorts, Boys e Beyonds.

Cosa ti stava chiedendo che non ti ha detto? Cos'era che sapevi che voleva?

Partecipante alla Classe:
Voleva un ragazzo che si prendesse cura di lei e di suo figlio.

HAI ABBASTANZA SOLDI PER LEI?

Gary:
   Già. Hai abbastanza soldi per lei?

Partecipante alla Classe:
   No, non in questi 10 secondi.

Gary:
   Non mi stupisce che si sia liberata di te.
   Tutto ciò che è, per dioziliardi di volte, distruggerai e screerai tutto? Giusto e Sbagliato, Bene e Male, POD e POC, Tutti e 9, Shorts, Boys e Beyonds
   Gentlemen, dovete arrivare al punto in cui avete abbastanza soldi, perché quando li avete, avete il potere. Una donna rispetterà sempre il fatto che avete soldi. Sarebbe altamente raccomandato rinunciare agli incantesimi ed alle maledizioni che vi impediscono di avere soldi.
   Tutti gli incantesimi e le maledizioni che ti impediscono di avere i soldi, revocherai, rinuncerai, ritratterai, rescinderai, reclamerai, denuncerai, distruggerai e screerai, e li rimanderai al mittente? Giusto e Sbagliato, Bene e Male, POD e POC, Tutti e 9, Shorts, Boys e Beyonds

Partecipante alla Classe:
   Wow. Questa frase sta aprendo un universo completamente nuovo.

Gary:
   Quanti soldi dovresti avere per farla andare come vuoi tu? Più di 1 milione o meno di 1 milione?

Partecipante alla Classe:
Probabilmente più di 1 milione.

Gary:
Quanta energia hai usato per non avere mai più di 1 milione, così da non poter avere quello che vorresti realmente avere?

Partecipante alla Classe:
Fottute tonnellate.

Gary:
Tutto ciò che è, per dioziliardi di volte, distruggerai e screerai tutto? Giusto e Sbagliato, Bene e Male, POD e POC, Tutti e 9, Shorts, Boys e Beyonds

Partecipante alla Classe:
Questa conversazione non sta andando come volevo che andasse.

Gary:
Benvenuto all'essere un uomo. Non va mai come vuoi che vada.

Partecipante alla Classe:
Già, sono frustrato, sconvolto e arrabbiato. Voglio che vada come dico io. Cos'è questa frustrazione quando qualcosa non va come vuoi tu? È semplicemente cieca stupidità?

Gary:
Sei un bambino petulante. Quando eri bambino e pestavi i piedi a terra con la tua mamma, ottenevi quello che volevi?

Partecipante alla Classe:
Sì.

Gary:
Sì, bene, ma questa non è una relazione con la tua mamma.

Partecipante alla Classe:
E allora cosa posso fare?

IL SESSO AMOREVOLE CHE TI PIACEREBBE AVERE

Gary:
Non si tratta di capire cosa vuoi da una donna. Riguarda cosa *tu* devi essere, fare, avere, creare e generare per avere quello che vorresti.

Cosa dovresti essere, fare, avere, creare o generare per ottenere il sesso amorevole e nutriente che ti piacerebbe avere? Tutto ciò che non permette a questo di mostrarsi, per dioziliardi di volte, distruggerai e screerai tutto? Giusto e Sbagliato, Bene e Male, POD e POC, Tutti e 9, Shorts, Boys e Beyonds

Partecipante alla Classe:
Non ti ho mai sentito dire prima "sesso amorevole". Cos'è?

Gary:
Non l'ho detto prima perché, per la maggior parte di voi, quest'idea è così fottutamente estranea che morireste piuttosto di sceglierla. Per avere il sesso amorevole dovreste

essere disposti a ricevere completamente.

Partecipante alla Classe:

Quando hai fatto scorrere quel processo, ho avuto molto spazio. Mi sono detto: "Okay, chi dovrei essere?". Semplicemente *me stesso*. Posso scegliere e creare qualsiasi cosa mi piaccia per ottenere quello che desidero, e posso davvero ricevere quello che mi piacerebbe avere.

Gary:

Potresti averlo di nuovo. Stai supponendo che non potrai. Stai anche supponendo che l'otterrai solo da lei. Quante donne creano il "non l'avrai da nessun altro" come una realtà?

Partecipante alla Classe:

Porca troia, è vero.

Gary:

Tutto ciò che è, per dioziliardi di volte, distruggerai e screerai tutto? Giusto e Sbagliato, Bene e Male, POD e POC, Tutti e 9, Shorts, Boys e Beyonds

Partecipante alla Classe:

È una pozione d'amore o un incantesimo d'amore che creano o a cui credo?

Gary:

Lo crei da te l'incantesimo. E' l'incantesimo del: "Non l'avrò mai più. Questa volta è andata così bene, forse non mi capiterà più." Ti sei completamente avvolto nel "Non ci sarà più nessun altro."

Quanti di voi ragazzi avete deciso che non ci sarà nessun

altro come l'ultima\o che avete avuto? Tutto ciò che è, per dioziliardi di volte, distruggerai e screerai tutto? Giusto e Sbagliato, Bene e Male, POD e POC, Tutti e 9, Shorts, Boys e Beyonds

Partecipante alla Classe:

Quando entro in questa vulnerabilità sento tanta tristezza. Ho evitato questo spazio per molto tempo. E quando ci entro è *bleah*.

Gary:

Davvero? Perché è triste? Sei appena entrato in qualcosa che hai sempre voluto e ora sei triste? Lei ha dovuto scegliere quello che ha scelto?

Partecipante alla Classe:

No.

Gary:

Perché l'ha scelto? Potrebbe essere che si stava affezionando troppo a te e che la cosa fosse troppo spaventosa per lei?

Partecipante alla Classe:

Sì.

PERCHÉ LE DONNE VOGLIONO FUGGIRE VIA

Gary:

Quando sei davvero vulnerabile e sei davvero presente e ti stai davvero godendo il sesso, di solito è così intimidatorio per le donne che vogliono fuggire via.

Partecipante alla Classe:

Oh mio Dio.

Gary:

Se sei così vulnerabile con le donne, si cagano sotto. Non hanno controllo su di te.

Tutto ciò che è, per dioziliardi di volte, distruggerai e screerai tutto? Giusto e Sbagliato, Bene e Male, POD e POC, Tutti e 9, Shorts, Boys e Beyonds

Una volta sono uscito con una donna e facemmo il miglior sesso della mia vita. Era semplicemente favoloso. Non era una donna bellissima. Era intelligente, divertente, leggera, fantasiosa, amava il sesso e ci sapeva davvero fare.

Le chiesi: "Possiamo uscire di nuovo?"

Mi rispose: "No."

Dissi: "Perché? Perché no?"

Mi disse: "Sei troppo bello. Mi ferirai. Mi lascerai." Quindi dovette andarsene.

Partecipante alla Classe:

L'altro giorno ho ricevuto un massaggio da una donna ed ero assolutamente disposto a riceverlo. Il giorno dopo mi disse: "È stato così figo che tu fossi disposto a ricevere. Questo è ciò che vogliono tutte le donne: che l'uomo riceva." È davvero così?

Gary:

In un certo qual modo sì, ma non totalmente. Quando hanno un uomo che riceve così, tendono a fuggire.

Quindi, ti devi accontentare del sistema 1-2-3. La prima volta è per divertimento. La seconda volta sei in una relazione. La terza volta ti stai sposando. Devi capire quello che sta davvero succedendo e non cercare di crearlo come pensi che *debba* succedere.

Quale stupidità stai usando per creare le illusioni e le delusioni riguardo alle donne, che stai scegliendo? Tutto ciò che è, per dioziliardi di volte, distruggerai e screerai tutto? Giusto e Sbagliato, Bene e Male, POD e POC, Tutti e 9, Shorts, Boys e Beyonds

"NON AVREI DOVUTO LASCIARLA"

Partecipante alla Classe:
Sono stato nella mia ultima relazione per almeno un anno in più di quanto avrei dovuto. L'ultimo anno della relazione non fu per niente divertente. Volevo interromperla, ma non sapevo come. Facevo finta che tutto andasse bene quando ero con lei. Essere in una relazione sembra molto difficile.

Gary:
È "Questo non funziona per me. Ci vediamo." Ecco quanto è difficile in realtà.

Partecipante alla Classe:
Continuavo ad avere il pensiero: "Lei non sta facendo nulla di male. Non dovrei lasciarla" come se l'unico modo per interrompere una relazione fosse che la mia compagna facesse qualcosa di sbagliato o di male.

Gary:
Ed è lì che la maggior parte di noi va. Fa parte dell'illusione e della delusione di tutta questa roba.

Partecipante alla Classe:

Ogni volta che pensavo che avrei dovuto chiudere, pensavo: "Se la lascio così, si sentirà ferita ed io sarò quello con tutta l'erroneità." Non volevo essere giudicato in questo modo. E a causa di questo, non sono stato disposto ad entrare in un'altra relazione. Ho paura che qualcosa di simile succeda di nuovo e non saprò come gestirlo; sarebbe la stessa vecchia storia con una ragazza diversa. Vedo che tutti i miei amici hanno lo stesso problema. Stanno in relazioni infelici e non hanno il coraggio di interromperle.

Gary:

Si chiama: "Tira fuori le palle amico." Devi superarla e interromperla. Se non funziona, non funziona. Non è che la relazione sia sbagliata o che la persona stia facendo qualcosa di male. Devi riconoscere quello che sta davvero succedendo e riconoscere ciò che funziona per te. Sono stato nella relazione con la mia ex moglie per molto tempo perché dicevo a me stesso: "Non c'è nulla di sbagliato qui."

Un giorno ho chiesto: "Cosa dovrebbe cambiare affinché questa relazione funzioni per me?" Mi sono seduto ed ho buttato giù le otto cose che sarebbero dovute cambiare affinché funzionasse per me. Una volta arrivato alla numero otto e aver riletto la lista, mi sono reso conto che sei delle cose che avevo scritto richiedevano che il "leopardo cambiasse le sue macchie" e tu non puoi fare in modo che il leopardo cambi le sue macchie.

Sei risposte su otto significava che non era una relazione che poteva espandere la mia realtà o la mia vita e, se non hai una relazione che espande la tua vita, è quasi inutile. So che la maggior parte di voi pensa che se il vostro pene si espande allora va tutto bene, perché tutto il sangue ha lasciato la vostra testa e non avete più consapevolezza.

Partecipante alla Classe:
   Vero.

Gary:
   Quale stupidità stai usando per creare le illusioni e le delusioni riguardo alle donne, che stai scegliendo? Tutto ciò che è, per dioziliardi di volte, distruggerai e screerai tutto? Giusto e Sbagliato, Bene e Male, POD e POC, Tutti e 9, Shorts, Boys e Beyonds

   Chi è che sa ciò che le donne davvero richiedono e desiderano? Desiderano davvero così tanta vulnerabilità e intimità in una relazione? No, fa paura. Un uomo desidera così tanta intimità in una relazione? No, fa paura. Quindi, indovinate perché le relazioni fanno schifo? Perché il 90% di esse funziona dalla paura. Non hanno nulla a che fare con l'espandere la vostra vita o col rendere qualcosa migliore.

Partecipante alla Classe:
   Gary, spesso mi hai chiesto se desidero una relazione e ho dato la risposta Access: "No" quando ho scoperto che in realtà c'è qualcosa che mi piacerebbe avere, ma non in quel modo che fa schifo.

Gary:
   E allora perché non dici semplicemente quello che è vero? "Sì, ma non voglio una relazione normale." Voi ragazzi dovete allontanarvi dal punto di vista che ho un punto di

vista fisso sulle relazioni. Io non ce l'ho. L'unico punto di vista fisso che ho è: "Perché stare in una relazione di merda?"

A volte le persone mi dicono: "A te non piacciono le relazioni." No. A me non piacciono le *brutte* relazioni. Non vedo alcuna ragione perché debba esistere una brutta relazione. Se hai una relazione, dovrebbe essere qualcosa che si aggiunge alla tua vita e la rende più grandiosa, migliore e più divertente. Se non lo fa, perché starci?

Se vuoi una relazione, fai chiarezza su come vuoi che sia e cosa vuoi in essa. Se ciò che vuoi è sesso premuroso, amorevole e nutriente, ed una relazione che espanda la tua vita, allora chiedi che arrivi nella tua vita.

Partecipante alla Classe:
Gary, solo per fartelo sapere, non sarei mai nella relazione in cui sono ora se non fosse per te.

Gary:
È più divertente di qualsiasi altra relazione tu abbia mai avuto?

Partecipante alla Classe:
Sì ed è come non me la sarei mai immaginata.

Gary:
E a quanto di te devi rinunciare per averla?

Partecipante alla Classe:
A niente.

RINUNCIARE A TE STESSO

Gary:

Ragazzi, questo è ciò che dovete chiedere: una relazione dove non dovete rinunciare a nessuna parte di voi e in cui potete avere tutto di voi stessi, non importa quale sia la situazione. Le donne pensano che debbano richiedervi di rinunciare a voi stessi, ma se lo fate, loro si libereranno di voi.

Tutto ciò che è, per dioziliardi di volte, distruggerai e screerai tutto? Giusto e Sbagliato, Bene e Male, POD e POC, Tutti e 9, Shorts, Boys e Beyonds

Partecipante alla Classe:
Sto rinunciando a rinunciare a me stesso.

Gary:
Ora sì che ci siamo! Hai notato che ci sono più donne che ti trovano attraente?

Partecipante alla Classe:
Oh, sì.

Gary:
E la tua partner ti vuole più di quanto ti volesse prima?

Partecipante alla Classe:
Sì. Per troppi anni ho lasciato che qualcun altro decidesse chi poteva esserci o meno nel mio universo.

Gary:
Quindi avevi rinunciato alla tua scelta per essere in una relazione?

Partecipante alla Classe:
   Già.

Gary:
   Quanti di voi hanno rinunciato alla vostra scelta di chi potevate avere nella vostra vita, basandovi sulla vostra relazione? Tutto ciò che è, per dioziliardi di volte, distruggerai e screerai tutto? Giusto e Sbagliato, Bene e Male, POD e POC, Tutti e 9, Shorts, Boys e Beyonds

   Stavo parlando con Dain un giorno e gli ho chiesto: "Com'è che hai smesso di correre e fare tutte le cose che ti piaceva fare?"

   Mi rispose: "Perché a te non piace fare queste cose."

   Gli ho chiesto: "E da quand'è che abbiamo una relazione?" Non sapevo che fossimo in una relazione, perché una relazione non dovrebbe essere così. L'ho fatto quand'ero sposato: c'erano alcune persone che non mi era permesso invitare a casa. Io e Dain permettiamo che venga in casa nostra chiunque l'altro vuole. Se non vogliamo vedere quella persona, andiamo in un'altra stanza e lasciamo loro lo spazio per avere quello che vogliono. Smettete di rinunciare a voi stessi, perché quello che una donna davvero vuole, richiede e desidera da un uomo è che lui *non* rinunci a se stesso. Vuole un uomo che sia disposto ad essere tutto ciò che è, invece di essere solo alcune cose.

   Tutto ciò che è, per dioziliardi di volte, distruggerai e screerai tutto? Giusto e Sbagliato, Bene e Male, POD e POC, Tutti e 9, Shorts, Boys e Beyonds.

COSA TI RENDE ENTUSIASTA?

Per il prossimo mese mi piacerebbe che tutti voi guardiate se veramente vi piacerebbe avere una relazione. Volete davvero una relazione? O preferireste avere del sesso grandioso in maniera occasionale? Cosa vi piacerebbe avere? Cosa vi rende entusiasti? Questa è la cosa più importante che potete scegliere. Se la scegliete, le donne vi vorranno come pazze. Se non la scegliete, rinuncerete sempre a voi stessi, come se fosse qualcosa di valore.

Quale imbastardimento della perfezione delle donne stai usando per creare i giudizi, le limitazioni e l'invito dei demoni, delle sirene e delle silfidi dell'anti-consapevolezza e dell'inconsapevolezza che stai scegliendo? Tutto ciò che è, per dioziliardi di volte, distruggerai e screerai tutto? Giusto e Sbagliato, Bene e Male, POD e POC, Tutti e 9, Shorts, Boys e Beyonds

Se volete davvero avere una relazione, trovatene una buona, dannazione! Ormai siete degli esperti nelle "relazioni cattive". Dovete vedere quello che funzionerà per voi *e* se funzionerà per la persona con la quale volete avere una relazione.

Un anno fa circa, mi resi conto che c'era una donna con cui avrei potuto avere una relazione e che avrebbe funzionato davvero bene per me, ma capii che quello che lei voleva era qualcosa che non potevo darle. La relazione non avrebbe funzionato per lei. Quindi rinunciai al potenziale della relazione affinché lei ottenesse quello che voleva.

Partecipante alla Classe:
Stai dicendo che, anche se avesse funzionato per te, dal

momento che per lei non avrebbe funzionato, i problemi ti si sarebbero rivolti contro?

Gary:

Sì. Devi vedere tutte queste cose ed esserne consapevole. Devi osservare questa roba da uno spazio diverso.

DEVI FARE DEAL AND DELIVER

Partecipante alla Classe:

Ho una donna intorno che al momento è molto incazzata con me. Cosa sto facendo per creare questo?

Gary:

Stai parlando della tua partner?

Partecipante alla Classe:

Sì.

Gary:

Perché è incazzata con te?

Partecipante alla Classe:

Questa è gran parte della mia domanda. Non riesco a capirlo.

Gary:

No, non vuoi capirlo.

Partecipante alla Classe:

Potrebbe essere vero. Sì, è vero.

Gary:

Non vuoi renderla felice. Preferiresti renderla infelice.

Partecipante alla Classe:

È vero?

Gary:

Osserva il modo in cui stai facendo le cose.

Partecipante alla Classe:

Mi puoi dare delle informazioni a riguardo? Io pensavo di cercare di renderla felice. Sono pronto a chiudere la relazione perché non è abbastanza divertente al momento. Quali domande posso fare?

Gary:

Cos'è che non stai essendo o facendo, che potresti essere o fare, che cambierebbe completamente la relazione? Ragazzi, dovete essere disposti a cambiare completamente la relazione.

Attualmente hai una donna che non vuole comunicare con te. Se davvero la vuoi, devi dire: "Voglio prendermi un impegno con te. Che cosa è richiesto affinché questo accada, e come funzionerà per te?" Devi fare Deal and Deliver. Chiedi:

- Esattamente, come vorresti che fosse questa relazione?
- Esattamente, cosa ti aspetti da me?
- Esattamente, cosa vuoi da me?
- Esattamente, cosa posso fare per renderti felice?

Partecipante alla Classe:

Questo la rende molto più semplice, vero?

IMPEGNO

Gary:

Sì. Ogni donna vuole un uomo che si dichiari per primo. Vogliono che ti impegni con loro. Se lo fai, sapranno che tutto andrà bene. Per loro è la cosa quasi più importante di tutte le altre.

Partecipante alla Classe:

Allora cos'è questa energia dell'impegno? Perché è così potente?

Gary:

È potente perché pensi che significhi davvero qualcosa. Ma, per la maggior parte di voi, prendere un impegno è una camicia di forza nella quale non avete scelta.

Partecipante alla Classe:

Puoi dirci qualcosa di più a proposito?

Gary:

Avevi preso un impegno con la tua ex moglie?

Partecipante alla Classe:

Sì.

Gary:

Sei stato in grado di porre fine all'impegno con facilità? E quanti anni ci sono voluti prima che decidessi di lasciarla?

Partecipante alla Classe:

200 milioni.

Gary:

Così, tanto per chiedere. L'*impegno* quindi per te significa ovviamente che sei in una camicia di forza e che le tue scelte cessano di esistere.

Partecipante alla Classe:

Se prendo un impegno con una donna con Richiesta e Consegna, mi permette di avere un'uscita della camicia di forza? O non richiede la camicia di forza?

Gary:

Se prendi un impegno dalla Richiesta e Consegna, sai esattamente cosa ci si aspetta da te. Attualmente hai l'idea che, se prendi un impegno, significa che devi rinunciare a tutto, incluso te stesso e tutto ciò che sei, il che non ti dà molto parlando di scelta.

La maggior parte di noi uomini non vuole sapere quello che sappiamo e specialmente tu non vuoi sapere che potresti vivere la tua vita senza una donna. Vuoi credere che senza una donna sarai uno sfigato e che avere una donna nella tua vita ti renderà un vincente.

Ovunque hai creato questa maledizione e quest'incantesimo, distruggerai e screerai tutto? Giusto e Sbagliato, Bene e Male, POD e POC, Tutti e 9, Shorts, Boys e Beyonds

Ho appena ricevuto una mail intitolata "Consiglio per gli Uomini n.78." Diceva: "Quando una donna dice 'fai quello che vuoi' non fare mai, in nessuna circostanza, quello che vuoi." Vi fornisce qualche informazione riguardo agli uomini e le donne?

Partecipante alla Classe:

Sì. Buono a sapersi.

Gary:

Quindi, cosa scegli sempre? Per te o per la donna?

Partecipante alla Classe:

Scelgo sempre quello che lei vuole.

Gary:

Perché?

Partecipante alla Classe:

Perché mi martella in testa più forte rispetto alla leggerezza della consapevolezza che avevo prima di iniziare a scegliere quello che lei vuole.

Gary:

Sì, e se avessi davvero scelto per te, saresti disposto a rinunciare a te stesso per qualcosa?

Partecipante alla Classe:

No.

Gary:

Tutto quello che hai fatto per rinunciare a te stesso per qualcun altro, distruggerai e screerai tutto? Giusto e Sbagliato, Bene e Male, POD e POC, Tutti e 9, Shorts, Boys e Beyonds

Ho cercato di farti vedere questa cosa prima.

Partecipante alla Classe:

Già.

Gary:
   Lo volevi?

Partecipante alla Classe:
   No.

Gary:
   Perché no?

Partecipante alla Classe:
   Riguarda il controllo delle donne.

Gary:
   Ti piace essere controllato dalle donne o ti piace controllare le donne?

Partecipante alla Classe:
   Sto cercando di far finta che mi piaccia controllare le donne.

Gary:
   Stai facendo finta di controllare le donne, o sei davvero in grado di controllare le donne e lo stai rifiutando per assicurarti che nessuno sappia quanto sei davvero stronzo?

Partecipante alla Classe:
   Sono in grado di farlo, ma mi rifiuto di farlo.

Gary:
   Quanta energia tutti voi state usando per cercare di nascondere il fatto che siete degli stronzi secondo gli standard femminili? Tutto ciò che è, per dioziliardi di volte, distruggerai e screerai tutto? Giusto e Sbagliato, Bene e

Male, POD e POC, Tutti e 9, Shorts, Boys e Beyonds

Partecipante alla Classe:
   Questa è la stessa energia di quando non sono disposto a lasciare che la mia partner sia incazzata con me?

Gary:
   Tu fai esattamente quello che la farà incazzare con te, così sembrerà lei l'idiota.

Partecipante alla Classe:
   Lo faccio davvero? Mi piace. Sì. Non sto dicendo che non lo faccio. Non ne ero consapevole.

Gary:
   Non è che non ne fossi consapevole. Non eri semplicemente disposto a riconoscerlo, perché se l'avessi fatto, non saresti stato in grado di pensare così bene di te per contrastare ciò che hai deciso siano le cose sbagliate di te.

Partecipante alla Classe:
   Esatto.

COSA POSSO ESSERE O FARE DI DIVERSO CHE CAMBIERÀ TUTTO QUESTO?

Partecipante alla Classe:
   Quindi, cosa posso essere o fare di diverso?

Gary:
   Questa è una buona domanda! Chiedi: cosa posso essere

o fare di diverso che cambierà tutto questo?

Partecipante alla Classe:
Sembra che sia sul punto di scegliere qualcosa di diverso e non ho idea di cosa sia.

Gary:
Non hai idea di cosa sia o è che se fossi disposto a sceglierlo, cambierebbe troppo e troppo rapidamente per te?

Partecipante alla Classe:
Sì, anche questo.

Gary:
Tutto ciò che è, per dioziliardi di volte, distruggerai e screerai tutto? Giusto e Sbagliato, Bene e Male, POD e POC, Tutti e 9, Shorts, Boys e Beyonds

CERCARE DI IGNORARE IL TUO CORPO

Partecipante alla Classe:
Di recente ho dormito con una donna e poi abbiamo pranzato. Di sera, nella stanza dell'hotel, mi sono reso conto che "Non sta funzionando. Non è divertente. Non posso ignorare il mio corpo." E quindi ho scelto di andarmene.

Gary:
Perché hai cercato di ignorare il tuo corpo?

Partecipante alla Classe:
Perché sono entrato nella modalità di "consegnarglielo".

Anche se non volevo, ho dovuto fare una prestazione sessuale e darglielo. Erano le aspettative di una donna su di me.

Gary:

Quale stupidità stai usando per crearti come l'eterno ragazzo delle consegne che stai scegliendo? Tutto ciò che è, per dioziliardi di volte, distruggerai e screerai tutto? Giusto e Sbagliato, Bene e Male, POD e POC, Tutti e 9, Shorts, Boys e Beyonds

Cosa ami dell'essere il ragazzo delle consegne?

Partecipante alla Classe:

Più nulla.

Gary:

In quante vite passate sei stato una concubina? Stai ancora cercando di vivere all'altezza di quella reputazione? Stai ancora cercando di vivere all'altezza di quell'impegno ad esserlo? O stai ancora cercando di vivere all'altezza della consegna, quando ti sei promesso che non saresti più stato consegnato?

Partecipante alla Classe:

Penso sia stato tutto quello che hai detto e anche di più.

Gary:

Tutti gli impegni che hai per essere il donatore universale di sperma, li abbandonerai ora, per favore? Giusto e Sbagliato, Bene e Male, POD e POC, Tutti e 9, Shorts, Boys e Beyonds

Quale stupidità stai usando per crearti come il concubino

di tutte le donne, che stai scegliendo? Tutto ciò che è, per dioziliardi di volte, distruggerai e screerai tutto? Giusto e Sbagliato, Bene e Male, POD e POC, Tutti e 9, Shorts, Boys e Beyonds

Quale imbastardimento della perfezione dell'uomo stai usando per crearti come la concubina, il donatore di sperma e la fonte per la creazione dei corpi della realtà, che stai scegliendo? Tutto ciò che è, per dioziliardi di volte, distruggerai e screerai tutto? Giusto e Sbagliato, Bene e Male, POD e POC, Tutti e 9, Shorts, Boys e Beyonds

Partecipante alla Classe:
Riguardo la creazione dei corpi futuri, si tratta di altre vite o riguarda il domani e il giorno seguente?

Gary:
Beh, riguarda il giorno seguente e l'eternità. Questo è il valore degli uomini. Ecco perché pensi sempre di dover stare con una donna e perché non vuoi mai stare una donna.

Partecipante alla Classe:
Sì. Donatore universale di sperma.

Gary:
Hai un impegno a non creare altri bambini. Questa è la ragione per cui non sei stato interessato a fare sesso con alcune donne: erano in grado di rimanere incinte in quel preciso istante.

Se hai preso l'impegno di non avere bambini e stai con qualcuna che è pronta ad averli, che ha deciso che ti intrappolerà nel matrimonio o in una relazione, facendo un bambino con te, il tuo corpo dirà: "No! Non andremo lì" ed è per questo che non sei interessato e te ne torni a casa. Ringrazia il tuo corpo per averti salvato il culo.

Gary:
Bene, gentlemen. Mi piacerebbe che osservaste la vostra vita e vi chiedeste:
Mi piacerebbe davvero avere una relazione?
Se avessi una relazione che espanderà la mia vita, essa come sarebbe?
Quali sono le caratteristiche di base che mi piacerebbe che l'altra persona avesse?
Volete che si vesta bene? Volete che spenda un sacco di soldi? Dove volete che sia? Dovete anche scrivere tutte quelle cose che *non* volete che sia, perché l'unico modo in cui otterrete quello che davvero volete è sapendo quello che volete, così come ciò che non volete.

Per favore, osservatelo e vedete se vi piacerebbe davvero avere una relazione. Siete degli uomini umanoidi che preferirebbero avere un luogo estremamente confortevole per nidificare. Non è sbagliato, ma avete la tendenza a scegliere le donne sbagliate per questo. Voglio portarvi al punto in cui siete in grado di scegliere il tipo di donna che davvero volete.

Molto bene amici miei, è stato grandioso avervi su questa chiamata.

Partecipante alla Classe:
Grazie Gary, sei incredibile.

Partecipanti alla Classe:
Grazie.

10
La Presenza Aggressiva della Sexualness

Più hai domande, più presenza hai.
Più sei presente, più controllo hai.

PRESENZA AGGRESSIVA

Gary:
Hello, gentlemen. Mi piacerebbe parlare della presenza aggressiva. Presenza aggressiva significa che tu non rinuncerai a te stesso per nessuno, e hai sempre una domanda. Quando sei una presenza aggressiva, non ti adegui alla realtà delle altre persone. Le persone tenderanno ad adeguare la loro realtà alla tua.

Partecipante alla Classe:
Recentemente c'è stato qualcuno che non volevo avere vicino perché non mi era piaciuto il modo in cui aveva

trattato mio figlio. Ero bloccato su questo piuttosto di chiedermi "Come sarebbe se potessi essere semplicemente me stesso vicino a chiunque?" Mi sono reso conto quanto di me stesso ho eliminato per evitare questa persona. Cosa ci vorrebbe per avere una presenza aggressiva?

Gary:

Come sarebbe stato se fossi stato disposto a dire: "Hey signore, sia gentile con mio figlio. Lui è importante per me"?

Partecipante alla Classe:

Questa è la presenza aggressiva? È anche l'indisponibilità a mangiare merda. Se sei aggressivamente presente, non accetti gli insulti da nessuno.

Partecipante alla Classe:

E diventi consapevole delle cose quando si mostrano?

Gary:

Sì. Diventi consapevole: "Oh, questo sta passando alle maniere forti con mio figlio. Non sta essendo aggressivamente presente con lui." Tu devi essere più gentile. Devi essere aggressivamente gentile.

Partecipante alla Classe:

Quando ti ho visto farlo Gary, non hai trasformato le cose in una rissa. Invece, sembra che io ne stia iniziando una.

Gary:

È quello che ti è stato insegnato. Pensi che questo ti renda un uomo. Ma ti rende l'uomo dell'uomo.

Partecipante alla Classe:
Puoi dirci di più riguardo all'uomo dell'uomo?

Gary:
L'idea è che nel momento in cui sei l'uomo dell'uomo, piacerai sempre agli uomini e non necessariamente alle donne. Un uomo di un uomo è qualcuno che tutti gli uomini pensano sia sexy e anche bravo. Sean Connery sarebbe considerato uno di quegli uomini, invece Roger Moore, che pure lui ha interpretato il personaggio di 007, non lo sarebbe. Sarebbe considerato troppo aggraziato.

Partecipante alla Classe:
Quindi, l'uomo di un uomo è considerato un uomo attraverso gli occhi di un uomo?

Gary:
Sì.
Cosa puoi essere o fare in quanto uomo, che se tu lo facessi o lo fossi ti darebbe tutto ciò che desideri nella vita? Tutto ciò che è, per dioziliardi di volte, distruggerai e screerai tutto? Giusto e Sbagliato, Bene e Male, POD e POC, Tutti e 9, Shorts, Boys e Beyonds

SCEGLIERE PER TE

Ed è qui che dovete determinare ciò che volete avere come vostra vita. Se aveste la vostra vita, cosa scegliereste?

Partecipante alla Classe:
Questa domanda è uno strumento grandioso per me. È la domanda numero uno al momento: se stessi scegliendo la

mia realtà, cosa sceglierei? La consapevolezza che ho avuto a proposito è stata di quanto poco stessi realmente scegliendo per me stesso.

Gary:
Interessante, vero, quando ti rendi conto di quanto poco stai scegliendo per te?

Partecipante alla Classe:
Io chiedo anche: "Se stessi scegliendo la mia realtà, chi saresi?"

Gary:
Già.
Se stessi scegliendo la tua realtà sessuale, da chi sceglieresti di non essere fottuto? Tutto ciò che è, per dioziliardi di volte, distruggerai e screerai tutto? Giusto e Sbagliato, Bene e Male, POD e POC, Tutti e 9, Shorts, Boys e Beyonds
Quanti di voi tendono a lasciare che gli amici e le donne vi fottano?

Partecipante alla Classe:
Sì. E la famiglia.

Gary:
Sì. E la famiglia. È molto meglio con la famiglia.

Partecipante alla Classe:
E noi stessi.

Gary:
Sì.

Se stessi scegliendo con chi fare sesso, a chi non permetteresti di fotterti? Tutto ciò che è, per dioziliardi di volte, distruggerai e screerai tutto? Giusto e Sbagliato, Bene e Male, POD e POC, Tutti e 9, Shorts, Boys e Beyonds

ESSERE SESSUALMENTE AGGRESSIVO

Io sono sessualmente aggressivo perché non eliminerò la mia energia sessuale per un uomo, o per una donna, o per una persona, o per due, o per qualcuno. Sono sempre questo, in ogni caso. Quando siete sessualmente aggressivi è molto probabile che le persone adeguino la loro realtà alla vostra. Quanti di voi stanno sempre cercando di adeguare la vostra realtà alla realtà di una donna?

Partecipante alla Classe:
Sarebbe un *sì*.

Gary:
È un *sì* per tutti.

Quale imbastardimento della sexualness totale stai usando per creare l'eliminazione e lo sradicamento della presenza aggressiva della sexualness che potresti scegliere, che stai scegliendo? Tutto ciò che è, per dioziliardi di volte, distruggerai e screerai tutto? Giusto e Sbagliato, Bene e Male, POD e POC, Tutti e 9, Shorts, Boys e Beyonds

In quanto uomini, tendiamo ad essere aggressivi nel senso di usare la forza per fare in modo che una donna venga a letto con noi. Non ha niente a che fare con la gentilezza e la cura amorevole. Dite: "Hey piccola, sei pronta?" Funzionerà? No! Per quante donne funzionerà? Non per molte!

Ci è stato insegnato come essere sessuali dal porno e nel libretto di istruzioni non esiste gentilezza o cura amorevole. Ti dice come far girare i suoi capezzoli sei volte in questa direzione, sei volte nell'altra direzione così che si ecciterà così tanto che ti si farà. Queste immagini non sono né vere né reali. Non è la vostra scelta migliore.

Dovete essere così sessualmente aggressivi che le donne vogliano venire a letto con voi semplicemente perché siete così aggressivamente presenti. Come lo fate? Ci arrivate entrando nella domanda:

- Sarà facile?
- Sarà divertente?
- Imparerò qualcosa?

Più avete domande, più avete la presenza. Più siete presenti, più avete il controllo.

Continuate a cercare di creare la conclusione come fonte di controllo. Mettiamo il caso che volete dormire con qualcuno. Che domanda è questa? Questa non è una domanda! Questa è una conclusione. Quando giungete a conclusione, pensate di avere più controllo sulla situazione e sulle persone, le quali faranno quello che voi volete facciano. Ma non è così.

Cosa rende la conclusione più importante della domanda? Tutto ciò che è, per dioziliardi di volte, distruggerai e screerai tutto? Giusto e Sbagliato, Bene e Male, POD e POC, Tutti e 9, Shorts, Boys e Beyonds

Hai confuso il controllo con la conclusione? Ovunque sei giunto alla conclusione che la conclusione è creazione, o che la conclusione è ciò che è necessario affinché tu abbia il controllo, distruggerai e screerai tutto? Giusto e Sbagliato,

Bene e Male, POD e POC, Tutti e 9, Shorts, Boys e Beyonds

Se funzionate sempre dalla domanda, le donne vi guarderanno e penseranno: "Oh. Lui potrebbe essere l'uomo per me." Questo perché se fate domande, state chiedendo: "Questa donna è la persona giusta per me?" e loro raccolgono questa informazione dalla vostra testa. Quando giungete alla conclusione, il loro punto di vista è che non vi importa nulla di loro.

Più funzionate dalle domande e più vi renderete conto che ciò che volete è più divertimento nel sesso. E il tipo di sesso che volete non esiste molto. È assolutamente reale per voi? Questo riduce il numero delle persone che potete scegliere per fare sesso, ma espande la vostra disponibilità a ricevere.

LA DONNA CHE NON HA *BISOGNO* DI TE

Gary:

C'è un'altra parte di questo. Quando funzionate dalla presenza aggressiva, la persona non ha bisogno di voi.

Quanti di voi funzionano dal punto di vista di volere una donna che abbia bisogno di voi? Tutto ciò che è, per dioziliardi di volte, distruggerai e screerai tutto? Giusto e Sbagliato, Bene e Male, POD e POC, Tutti e 9, Shorts, Boys e Beyonds

Quello che volete è una donna che non ha alcun bisogno di voi. È da questo spazio che dovreste funzionare. Vi chiedete: "Okay, cosa sarebbe divertente per me?" Non: "Cosa devo fare di giusto? Cosa devo fare di sbagliato? Cos'è necessario?" ma "Cosa mi piacerebbe creare e generare qui?"

Quanti di voi hanno trascorso la vita cercando di essere necessari per una donna? A quanti di voi è stato insegnato da vostra madre che ogni donna vuole un uomo che abbia bisogno di lei? Tutto ciò che è, per dioziliardi di volte, distruggerai e screerai tutto? Giusto e Sbagliato, Bene e Male, POD e POC, Tutti e 9, Shorts, Boys e Beyonds

Partecipante alla Classe:

Mi sono appena reso conto che sto essendo qualcosa per la mia donna e non per me.

Gary:

Sì, questo sarebbe cercare di renderti un oggetto necessario.

Partecipante alla Classe:

Sì.

Partecipante alla Classe:

È questo ciò che definiamo amore quando siamo piccoli?

Gary:

Sì, ed è anche quello che definite come la cosa che vi darà sesso.

Partecipante alla Classe:

Giusto. Lo vedo con mio figlio. Va da sua mamma e lei ha bisogno di lui. Lei ha bisogno di lui e poi lui viene da me e vede che non ho assolutamente bisogno di lui. Questo gli crea confusione?

Gary:
No. Gli è stato insegnato da sua madre ad avere una donna che avrà bisogno di lui.

Partecipante alla Classe:
Giusto.

Gary:
A quanti di voi è stato insegnato ad essere l'uomo che si supponeva doveste essere, per essere necessario a vostra madre? Tutto ciò che è, per dioziliardi di volte, distruggerai e screerai tutto? Giusto e Sbagliato, Bene e Male, POD e POC, Tutti e 9, Shorts, Boys e Beyonds

Partecipante alla Classe:
Quando sono con mio padre è così semplice. Quando vado a trovare mia madre, lei ha bisogno di me. È sempre stato così. Che cos'è? Le donne sono state allenate a questo?

Gary:
Le donne sono state allenate a credere che questo è il modo in cui dovrebbe essere. Tuo padre voleva che crescessi per essere l'uomo dell'uomo. Tua madre voleva che crescessi per essere necessario a una donna. In entrambi i casi *tu* non eri contemplato nell'equazione. Nessuno ti ha chiesto: "Tu cosa vuoi? Cosa vuoi essere? Cosa è importante per te?"

Partecipante alla Classe:
Mi sembra abuso. Lo è?

Gary:
No. È negligenza.

Partecipante alla Classe:
Puoi parlarci di più della differenza tra negligenza ed abuso?

Gary:
Pensate che sia abuso non essere riconosciuti in quanto voi stessi. Ma raramente ha qualcosa a che fare con l'abuso. Ha a che fare con la negligenza, perché la maggior parte dei genitori non sa cosa stia realmente succedendo. Non sanno come gestire nulla, quindi entrano in uno stato di negligenza. Così, dopo un po', la maggior parte di voi sceglie donne che entrano nella negligenza di voi perché la vostra tendenza è trovare qualcuno che sia come uno o entrambi i vostri genitori. Essere negletti vi sembra più reale di qualsiasi altra cosa.

Partecipante alla Classe:
La donna che sto vedendo ora non ha assolutamente bisogno di me.

Gary:
E questo ti rende incredibilmente bisognoso di lei?

Partecipante alla Classe:
No, è qualcos'altro.

Gary:
Ti senti 'negletto' da lei?

Partecipante alla Classe:
Ecco. Sì. Ho confuso questo "non bisogno" con la negligenza. Cos'è che non sono disposto a vedere qui?

Gary:

Sei disposto ad essere completamente non bisognoso di una donna?

Gary:

Non in questi dieci secondi, no.

Gary:

Quale stupidità stai usando per creare l'indispensabilità delle donne, che stai scegliendo? Tutto ciò che è, per dioziliardi di volte, distruggerai e screerai tutto? Giusto e Sbagliato, Bene e Male, POD e POC, Tutti e 9, Shorts, Boys e Beyonds

ASSENZA DI BISOGNO AGGRESSIVA

Partecipante alla Classe:

Come sarebbe l'assenza di bisogno aggressiva con le donne?

Gary:

Sarebbe uno spazio in cui, invece di cercare il modo per poter scopare, ti chiedi:
 + Cosa voglio veramente da questa persona?
 + Può darmelo?

Raramente ti chiedi cosa una persona può darti. L'hai mai notato?

Partecipante alla Classe:

No, cerco sempre cosa posso dare io loro.

Gary:

Sì. Stai cercando di essere un contributo. E loro stanno cercando il modo in cui tu possa contribuire ancora di più. Pensi di non dare mai abbastanza. Gli altri hanno sempre ragione e tu hai sempre torto. Ti funziona?

Partecipante alla Classe:

È questo, invece di dire: "Se non puoi darmi quello che voglio, fuori dai coglioni"?

Gary:

Sì, e la maggior parte delle donne ha questo punto di vista: "Non puoi darmi quello che voglio? Fottiti e vattene via."

SEXUALNESS AGGRESSIVA

La sexualness aggressiva è lo spazio in cui sei disposto a uscire dalla domanda. In questa realtà, l'aggressività è vista come un qualcosa che non crea la domanda. Avete mai trovato qualcuno che dicesse "Smettila di fare tutte queste domande! Perché stai facendo tutte queste domande? Cosa vuoi da me? Come puoi essere così?" Fare una domanda è considerato sbagliato. È considerata aggressione, a meno che tu non dica prima: "Hey, posso farti una domanda per favore?"

Se dici: "Posso fare una domanda?" nessuno si offende. Ma se fai una domanda senza chiedere prima, l'altra persona si offenderà. Entrano nell'offesa e poi vanno nella difesa. Questi sono gli spazi in cui finisci nei guai con le donne.

QUANDO UNA DONNA NON RIESCE AD AVERE UN ORGASMO

Partecipante alla Classe:

Cos'è quando una donna ha difficoltà ad avere un orgasmo, o non riesce ad avere un orgasmo?

Gary:

Di solito la ragione per cui una donna non riesce ad avere un orgasmo è perché non è nel suo corpo. Quando stai facendo sesso, tieni la luce accesa. Solleva il tuo corpo dal suo. Non ti sdraiare su di lei cosicché lei possa nascondere i suoi occhi. E ogni volta che vedi che chiude gli occhi dille: "Torna per favore. Torna. Apri gli occhi. Per favore, guardami. Voglio sentire la connessione con te. Voglio sentire la connessione con te e con il tuo corpo. Lascia che senta tutto di te." Ecco come inizi a riportarla al suo corpo e a ciò che è possibile.

Devi fare solo questa cosa per portarla a stare con il suo corpo. La maggior parte delle donne che sono anorgasmiche, o che non hanno orgasmi multipli, tendono ad essere disconnesse dal loro corpo. Ad alcune di loro piace guardare dal soffitto. Quando senti che sta andando via, o che sta lasciando il suo corpo, chiedi: "Dove sei? Dove sei appena andata? Cos'è successo?". Quando fai queste domande, inizierà a interrogarsi. Devi riportarla nella domanda, perché la domanda crea presenza.

Partecipante alla Classe:

Quali domande posso farmi che mi permetterebbero di essere consapevole quando mia moglie sta facendo questo?

Gary:

Tieni la luce accesa, o almeno una candela. Chiedile di mettere le sue gambe sulle spalle cosicché possiate vedervi. Stai con lei e dille: "Sono così felice di poterti guardare negli occhi. Guardare nei tuoi occhi è la cosa più bella che ci sia. Stai con me, tesoro. Ne ho bisogno. Ne ho davvero bisogno."

E poi devi chiederle: "Riesci a venire o lo faccio io?"

Partecipante alla Classe:

Mia moglie ed io stiamo insieme da otto anni e solo negli ultimi tre mesi ha iniziato ad avere un orgasmo con me durante il sesso. Da sola riesce, ma quando ci sono anch'io sembra che diventi più difficile per lei. Inizierò a fare come hai suggerito.

LE PIACE FARE SESSO CON IL SUO CORPO O *COME* IL SUO CORPO?

Gary:

Alcune persone, specialmente le donne, cercano di stare fuori dal loro corpo durante il sesso. Non piace loro avere davvero una connessione con il corpo. Se ti vuoi davvero divertire durante il sesso, devi chiedere: "A questa persona piace fare sesso *con* il suo corpo o *come* il suo corpo?" Molte donne stanno al di fuori del corpo e lo guardano. L'Essere fa sesso o è il corpo a farlo?

Partecipante alla Classe:

Il corpo.

Gary:

Quindi devi connetterti con l'Essere e con il corpo. Li vuoi entrambi. E se li hai entrambi, hai la capacità di una maggior stimolazione.

Partecipante alla Classe:

Com' è? O, quali domande potrei fare per essere ancora più connesso nel corpo e con l'Essere durante il sesso?

Gary:

Devi avere la disponibilità a vedere ciò che l'altra persona è disposta ad avere.

Quanta della tua energia stai usando per renderti cieco a ciò che le altre persone sono in grado di fare? Un po', molto o mega-tonnellate? Tutto ciò che è, per dioziliardi di volte, distruggerai e screerai tutto? Giusto e Sbagliato, Bene e Male, POD e POC, Tutti e 9, Shorts, Boys e Beyonds

Partecipante alla Classe:

E poi chiedi: "Dove toccarla? Quando toccarla? Quanto toccarla?"

Gary:

Tutto quello che devi fare è chiedere al corpo. Ti dirà dove toccare.

"C'È UN'ENERGIA NEL MIO PENE"

Partecipante alla Classe:

Ho fatto un sacco di sesso davvero grandioso e sto notando che c'è un'energia nel mio pene molto più dinamica.

Che suggerimenti hai da darmi quando ho il pene nella vagina della donna? Con quale energia potrei stare che mi darebbe più consapevolezza?

Gary:

Quando hai il pene nella vagina di una donna, invece di fare quella cosa del dentro e fuori, cerca di rimanere immobile e di far oscillare il tuo pene, mentre metti energia in esso, cosicché sia duro come quando entri e esci, ma senza muoverti.

Partecipante alla Classe:

Riesco a farlo.

Gary:

E metti anche energia attraverso tutta la struttura dei tuoi fianchi. C'è una buona possibilità che, così facendo, la donna avrà un orgasmo.

Partecipante alla Classe:

Grazie.

Partecipante alla Classe:

Ho notato che quando sono dentro la donna, sembra che ci sia molto più spazio nella vagina di quanto fossi abituato prima.

Gary:

Stai cercando di riempire questo spazio o stai creando lo spazio?

Partecipante alla Classe:

Ho cercato di riempire quello spazio invece che crearlo.

Gary:

Come sarebbe se creassi lo spazio come qualcosa che contribuisca alla qualità orgasmica di ciò che stai facendo?

Partecipante alla Classe:

Wow! Ho capito che mi sono bevuto l'idea che dovrebbe essere stretta.

Gary:

Bene, quanti pezzi di merda ti hanno detto che doveva essere così?

Partecipante alla Classe:

Molti.

Gary:

Tutto ciò che è, per dioziliardi di volte, distruggerai e screerai tutto? Giusto e Sbagliato, Bene e Male, POD e POC, Tutti e 9, Shorts, Boys e Beyonds

Potresti chiedere al tuo pene di essere *l'energia* che riempie lo spazio anziché *l'organo* che riempie lo spazio?

Partecipante alla Classe:

Lo farò.

Gary:

Figo.

Partecipante alla Classe:

Grazie mille. Wow.

"PERCHE NON POSSO AVERE ORGASMI MULTIPLI ANCH'IO?"

Partecipante alla Classe:

Sto diventando un po' geloso delle donne. Perché non posso avere orgasmi multipli anch'io?

Gary:

Tu puoi avere orgasmi multipli. Non devi eiaculare quando hai un orgasmo. Se mi sdraio a pancia in su, riesco ad avere sei o otto orgasmi senza mai eiaculare.

Partecipante alla Classe:

Come lo fai?

Gary:

Mi sono allenato in modo tale che, quando ero sdraiato sulla schiena, non sarei venuto troppo velocemente; volevo che la donna si eccitasse di più.

Partecipante alla Classe:

Come ti sei allenato?

Gary:

Ho semplicemente chiesto al mio corpo di mostrarmi una modalità diversa.

Partecipante alla Classe:

Questa cosa della domanda…

Partecipanti alla Classe:

(risate)

Gary:

Lessi di alcuni uomini multi-orgasmici e chiesi: "Come posso avere dei multiorgasmi?" Ricevetti "Sdraiati a pancia in su" quindi dissi: "Okay." Mi sdraiavo a pancia in su, lasciavo che si sedesse su di me e sfregavo fin quando non era soddisfatta, usando le mie dita su di lei e tutto quel genere di cose. Facevo qualsiasi cosa per rendere le cose migliori per lei e alla fine iniziai ad avere orgasmi mentre ero a pancia in su. Iniziai ad avere orgasmi che non erano necessariamente eiaculazioni.

Si tratta di chiedere al tuo corpo: "Corpo, cosa ci vorrebbe per avere un orgasmo senza eiaculazione?" Quando inizi a osservare ciò che puoi creare, una possibilità diversa inizia a mostrarsi. Ma devi osservarla da quello spazio, non dagli altri spazi in cui entri.

Quando hai orgasmi multipli, ti sembra di non aver bisogno o desiderio di eiaculare, ma non perdi l'erezione. Senti che se vai avanti potresti eiaculare, ma fai in modo di non avere un'eiaculazione e le cose semplicemente migliorano. Ti senti come se fossi venuto, ma non l'hai fatto. Senti come un orgasmo interno anziché un'eiaculazione.

DAR PIACERE A TE STESSO

Gary:

La sexualness aggressiva non riguarda aspettare che una donna faccia sesso con te. Riguarda la tua disponibilità a fare sesso con te. Tendiamo ad abbandonare la masturbazione, specialmente quando entriamo in una relazione. Quando lo fai, abbandoni il dar piacere a te stesso e rinunci all'idea che farai sesso comunque, che a qualcuno piaccia o meno.

Un uomo che è sessualmente aggressivo farà sesso e poi andrà in doccia e si masturberà.

Partecipante alla Classe:

Questo come funziona nel matrimonio?

Gary:

Quando scegli, ti fai una sega. Fai quello che scegli. Puoi dire "Tesoro, mi spiace. Devo proprio farmi una sega." Se non le piace, dirà: "Perché non lasci che ti aiuti?" o potresti dirle: "Potresti venire e darmi una mano, se vuoi."

Partecipante alla Classe:

Sì, l'ho fatto qualche volta. È stato divertente.

Gary:

C'è uno spazio diverso da cui funzionare. Prova a chiedere: "Se fossi tutta la sexualness che sono, come funzionerei nella vita?"

Se fossi tutta la sexualness che in realtà sei, come funzioneresti nella vita? Tutto ciò che ha portato su, per dioziliardi di volte, distruggerai e screerai tutto? Giusto e Sbagliato, Bene e Male, POD e POC, Tutti e 9, Shorts, Boys e Beyonds

Fatti scorrere questi processi:

Se stessi funzionando per quello che sono veramente, come funzionerei sessualmente? Tutto ciò che è, per dioziliardi di volte, distruggerai e screerai tutto? Giusto e Sbagliato, Bene e Male, POD e POC, Tutti e 9, Shorts,

Boys e Beyonds

Se stessi funzionando sessualmente in quanto me stesso, come funzionerei nella vita? Tutto ciò che è, per dioziliardi di volte, distruggerai e screerai tutto? Giusto e Sbagliato, Bene e Male, POD e POC, Tutti e 9, Shorts, Boys e Beyonds

C'è stato un tempo in cui consideravo funzionante avere quattro donne al giorno. Sfortunatamente, non riuscivo a fare molto altro.

Partecipante alla Classe:
Quindi Gary, come sarebbe?

"COME SAREBBE FARE SESSO CON QUEST'UOMO?"

Gary:
Sarebbe guardare un uomo e chiedere: "Come sarebbe fare sesso con quest'uomo?" Non significa che devi farci sesso. Quando sei disposto a vedere come sarebbe far sesso con qualcuno, specialmente con qualcuno dello stesso sesso, quando questa non è la tua normale preferenza, inizi a vedere l'energia sessuale delle donne in una maniera diversa, perché smetti di mettere energia sessuale nell'"uomo" o nella "donna".

Quindi, inizia a chiedere: "Come sarebbe fare sesso con questa persona?" Quando inizi ad avere questo tipo di aggressività sessuale, inizi a vedere ciò che funziona e ciò che non funziona. E se sei disposto a vedere ciò che funziona e ciò che non funziona, sei disposto a fare quello che fai in maniera diversa.

Partecipante alla Classe:

Adoro questa domanda: "Come sarebbe fare sesso con quest'uomo?" Apre una possibilità completamente diversa del ricevere. Ho ricevuto un'energia totalmente diversa chiedendo questo riguardo a un uomo.

Gary:

Sì, quando sei disposto a fare questa domanda riguardo a un uomo, sei più disposto a vedere cosa sceglieranno le donne.

Partecipante alla Classe:

Sì.

Gary:

E quando sei un uomo e sei etero e osservi un uomo dal punto di vista "Come sarebbe farci sesso?", devi guardare l'Essere e il corpo e vedere se sarebbe divertente, cosa che *non fai* con le donne. Dici: "Oh, È bellissima. La voglio" e che domanda è? Non lo è! Con gli uomini, manterrai la domanda.

Con le donne tendi a non farlo. Se fossi disposto mantenere la domanda, avresti qualcosa di più grandioso? Sì e questa è la cosa importante. Quando giungi nello spazio dove puoi guardare un uomo e fare la domanda: "Sarebbe divertente farci sesso?" puoi iniziare a vedere le donne e a fare la stessa domanda. E dirai: "Wow! Non avevo idea di avere così tanta consapevolezza."

Partecipante alla Classe:

Oh, è grandioso! La pratica dello scegliere cosa è più leggero.

Gary:

E' così che impari a scegliere persone migliori con cui far sesso.

Partecipante alla Classe:

L'ho fatto e funziona.

Gary:

Funziona. È grandioso.

Partecipante alla Classe:

Wow. Stupendo. Sono grato.

Gary:

Okay, gentlemen, siamo giunti alla fine.

Partecipante alla Classe:

Grazie Mr. Douglas. Sei straordinario.

Partecipante alla Classe:

Tu lo sei.

Partecipante alla Classe:

Sono sempre ottime chiamate.

Gary:

Ricordate, cercate di stare sdraiati a pancia in su ed avere orgasmi multipli. È il compito per casa fino alla prossima chiamata. La prima persona che riesce ad avere sei orgasmi prima di eiaculare vince un premio. Grazie. Ci sentiamo. Bye-bye.

11
Scegliere l'Impegno

> Quando prendi un impegno dalla scelta, devi renderti
> conto di ciò che è veramente possibile. È chiedere:
> Cos'è possibile qui che non ho considerato?

Gary:
Hello, gentlemen. Passiamo a qualche domanda.

VIRILITÀ E MASCOLINITÀ

Partecipante alla Classe:
Puoi parlare della virilità, della mascolinità e come avere un aspetto e una voce più virile e mascolina? Io non ho una voce profonda come gli altri uomini. Hai qualche suggerimento per sviluppare una voce più profonda, più maschile? E che ne dici della barba? Anche di quella ne ho poca. È genetico o si può cambiare?

Gary:

È genetico e si può cambiare. Devi chiedere: "Quale energia, spazio e consapevolezza possiamo essere io e il mio corpo per far crescere enormi quantitativi di peli con facilità totale?" L'unico problema con questo è che sarai anche soggetto alla crescita di peli sul petto, sulla schiena e sui testicoli. Provaci.

Partecipante alla Classe:

Funziona anche al contrario? Per meno peli?

Gary:

Prova: "Quale energia, spazio e consapevolezza posso essere per avere meno peli con facilità totale?"

Ma il problema è che potresti diventare pelato.

Quindi, hai una scelta. Puoi essere pelato con molti peli sul corpo e allora la tua lei passerà tutto il tempo ad accarezzare il tuo corpo, o puoi avere una folta e spessa chioma sulla testa e lei passerà tutto il suo tempo con le mani tra i tuoi capelli. Dove vuoi che metta le sue mani?

Partecipante alla Classe:

Ovunque.

Gary:

Esatto. Ecco perché ti fai crescere i peli ovunque. Smetti di giudicarlo. Dove hai preso questo giudizio sui peli? Ci sono molte donne a cui non piace l'uomo villoso, ma se a loro non piace, non ti vorranno e tu non vorrai loro. Scegli quelle a cui piacciono molti peli. E se hai molti peli sul petto, togliti la maglietta ad ogni occasione per mostrare che hai un petto villoso. Ad alcune donne piacerà. E se non li hai, prenditi l'opportunità di toglierti la camicia, così sapranno qual è il tuo equipaggiamento. Essere mascolini significa solo che sei disposto ad essere qualcosa che non è di valore su questo pianeta.

Per abbassare la voce, prova questo:

Quale energia, spazio e consapevolezza possiamo essere io ed il mio corpo che permetterà alla nostra voce di scendere di due ottave, con facilità totale? Tutto ciò che è, per dioziliardi di volte, distruggerai e screerai tutto? Giusto e Sbagliato, Bene e Male, POD e POC, Tutti e 9, Shorts, Boys e Beyonds

UNA SCIA DI ENERGIA

Partecipante alla Classe:
Che cos'è quando ti senti dentro una scia di energia che ti spinge in avanti per stare con un'altra persona ed è così leggera e facile? Ho avuto un'esperienza del genere dopo l'ultimo evento di sette giorni di Access Consciousness, dove per una settimana ho sognato in maniera vivida di fare sesso con una donna in particolare e, la settimana dopo, stava davvero succedendo. Eravamo a letto che inscenavamo il sogno.

Ciò che mi ha condotto a questo bellissimo momento fu il fatto di seguire un'onda di energia verso di lei, ed era così facile ed energeticamente piacevole. Sentivo come l'energia del "pazzamente possibile". Fu molto bello, devo dire. Comunque, ora non so cosa fare.

Gary:

Questo è lo spazio in cui dovete smettere di andare gente! Avete la tendenza a entrare nel "Oh, ora che faccio?" Ma non mi dire? Continuare è quello che fate. Se c'è la scia, scivolateci dentro, scivolateci fuori, scivolateci dentro, scivolateci fuori e divertitevi, cazzo!

Tutto ciò che è, per dioziliardi di volte, distruggerai e screerai tutto? Giusto e Sbagliato, Bene e Male, POD e POC, Tutti e 9, Shorts, Boys e Beyonds

Partecipante alla Classe:

Sto cercando di non essere troppo appassionato, per non spaventarla. Come posso cambiare questo per avere più facilità rispetto a dove andare o cosa fare dopo aver fatto sesso? Mi piacerebbe portare avanti questa possibilità.

Gary:

Stai entrando nel tripping mentale, amico mio.

Tutto quello che hai fatto per renderti un tripper mentale, distruggerai e screerai tutto? Giusto e Sbagliato, Bene e Male, POD e POC, Tutti e 9, Shorts, Boys e Beyonds

Quale imbastardimento della sexualness infinita stai usando per creare il tripper mentale, il tripper del cuore e il tripper dello scroto che stai scegliendo? Tutto ciò che è, per dioziliardi di volte, distruggerai e screerai tutto? Giusto e Sbagliato, Bene e Male, POD e POC, Tutti e 9, Shorts, Boys e Beyonds

Partecipante alla Classe:

Potresti spiegare cosa intendi quando dici che lui stava entrando nel tripping mentale? Che cos'è il tripping mentale?

Gary:

Numero uno: "Sto cercando di non essere troppo appassionato." Questo è il tripping mentale. Riguarda cosa devi cercare di essere o fare. Numero due: "Come posso cambiare questo per avere più facilità rispetto a dove andare o cosa fare dopo?" Tripping mentale.

Partecipante alla Classe:

È come cercare di capire cosa succederà nel futuro anziché fare una domanda?

Gary:

È ciò che crei quando hai giudizi riguardo cosa dovresti avere come relazione, o come dovresti essere. Quando fai una scelta e la giudichi, crei una solidità che richiede il giudizio per estendersi in avanti e creare il tuo futuro. Crei un futuro solido basato su questi giudizi. È davvero questo ciò che ti piacerebbe scegliere?

"Nessun giudizio" equivale a un futuro senza giudizio. "Giudizio", perfino quello positivo, equivale a un futuro con giudizio.

QUANTI FUTURI HAI CREATO CHE STANNO BLOCCANDO LA TUA ABILITÀ DI CREARE?

Ogni volta che scegli, crei. Ogni scelta crea, che sia a tuo favore o meno. Se metti un giudizio in questa scelta, crei un futuro che inizierà ad accadere, il quale creerà il giudizio come futuro. Per esempio, sei un tredicenne: trovi una ragazza e lei fa sesso con te. Dici: "Oh mio Dio, devo amarla per sempre. Mi devo appiccicare a lei. Devo fare bambini con lei. Devo avere tutta questa roba." Questi sono i futuri potenziali che inizi a creare, basandoti sui giudizi di quello che hai fatto e di quello che dovresti fare.

Partecipante alla Classe:
Vero.

Gary:
Tutti questi diventano qualcosa che si fissa come futuro potenziale ed ogni volta che sei vicino a qualcuno che combacia con quel futuro, aggiungi quell'energia a quel futuro per creare un futuro che hai deciso dovrebbe diventare realtà. Ma nessuno di questi è reale.

Quanti futuri con le donne hai creato che stanno attualmente bloccando la tua abilità di creare? Conterò fino a quattro. Gli "uno, due, tre" ripuliscono il passato e il presente. Quando viene aggiunto "quattro", cambia il futuro che stai creando basato sulle scelte, sulle decisioni e sui giudizi che stai facendo. Al quattro, li distruggeremo e screeremo tutti. Uno…due…tre…quattro. Grazie.

Tutta la roba che hai creato riguardo il futuro con le donne, il non poter avere un futuro con una donna, il non dover avere un futuro con una donna, il fatto che senza un futuro con una donna non sei un vero uomo, e tutti i posti in cui non puoi stare senza avere una donna e tutti quei futuri, distruggerai e screerai tutti quelli al quattro: Uno…due…tre…quattro. Grazie.

Quale imbastardimento dell'impegno infinito dell'Essere stai usando per creare la necessità del sesso, della relazione, dell'amplesso e della sessualità, che stai scegliendo? Tutto ciò che è, per dioziliardi di volte, distruggerai e screerai tutto? Giusto e Sbagliato, Bene e Male, POD e POC, Tutti e 9, Shorts, Boys e Beyonds

Quanti di voi hanno il punto di vista che non potete stare senza una donna? Tutto ciò che è, per dioziliardi di volte, distruggerai e screerai tutto? Giusto e Sbagliato, Bene e Male, POD e POC, Tutti e 9, Shorts, Boys e Beyonds

Qualcuno di voi ha mai avuto la sensazione di essere guidato dal vostro bisogno di sesso, di amplesso o di relazione?

Partecipante alla Classe:
Sì.

Partecipante alla Classe:
Certo.

Gary:
Ecco cosa riguardano i due processi. E' lo spazio in cui pensate di non avere scelta. Pensate di doverlo fare. Dov'è la vostra scelta?

ARRIVARE AL PUNTO DOVE C'È VERA SCELTA

L'idea che c'è dietro questa serie di chiamate è quella di portarvi al punto dove potete avere la scelta invece di pensare che, in qualche modo, non avete scelta e dovete fare sesso. Se potete arrivare al punto dove c'è vera scelta, non dovete rinunciare a nessuna parte di voi per creare una relazione o del sesso e, così facendo, potete avere più presenza e più divertimento. Come sarebbe se il sesso fosse assolutamente divertente per voi?

Partecipante alla Classe:
Sì, per favore.

Gary:
Sempre. Ogni volta.

Quale imbastardimento dell'impegno infinito dell'Essere stai usando per creare la necessità del sesso, della relazione, dell'amplesso e della sessualità, che stai scegliendo? Tutto ciò che è, per dioziliardi di volte, distruggerai e screerai tutto? Giusto e Sbagliato, Bene e Male, POD e POC, Tutti e 9, Shorts, Boys e Beyonds

Ora, perché dico *sessualità*? Perché parti dal presupposto che devi fare sesso con una donna per dimostrare che sei un uomo. Cos'ha questo a che fare con la scelta?

Partecipante alla Classe:
Nulla.

Gary:
Significa che potrai far sesso solo con la metà della popolazione. L'unico momento in cui ti rendi conto che davvero non t'importa è quando ti mettono in prigione e non hai nessun altro, se non un uomo, con cui fare sesso.

Tutto ciò che è, per dioziliardi di volte, distruggerai e screerai tutto? Giusto e Sbagliato, Bene e Male, POD e POC, Tutti e 9, Shorts, Boys e Beyonds

Sarebbe dovuto essere divertente. Dov'è il vostro senso dell'umorismo? È troppo tardi per voi per averlo?

Partecipante alla Classe:
Penso che tu debba fare POD e POC sul tuo senso dell'umorismo, cosicché possiamo ridere delle tue battute.

Gary:
Tutto ciò che non vi permette di riconoscere il mio senso dell'umorismo e quanto geniale esso sia, e tutto ciò che non vi permette di avere un senso dell'umorismo riguardo al sesso, l'amplesso, la relazione e la sessualità, e tutto ciò che non vi permette di giocare con ogni forma di sesso, di relazione, di copulazione e di sessualità che potreste avere, distruggerete e screerete tutto? Giusto e Sbagliato, Bene e Male, POD e POC, Tutti e 9, Shorts, Boys e Beyonds

IMPEGNO COME DECISIONE / IMPEGNO COME SCELTA

Partecipante alla Classe:
Gary, puoi parlare dell'impegno e della scelta? Stiamo creando l'impegno come una decisione, invece di averlo come scelta?

Gary:
Sì.

Partecipante alla Classe:
Ed è questo il punto di vista di questa realtà su cosa significhi impegno?

Gary:
Sì.

Tutti i futuri che hai creato basati su questo, li distruggerai e screerai tutti: Uno... due... tre... quattro. Grazie.

Ragazzi, dovete capire che prendete delle decisioni riguardo a un impegno e poi cercate di convalidare l'impegno per renderlo reale e giusto.

IMPEGNO COME SCELTA DI DIECI SECONDI

Partecipante alla Classe:

Tu parli di scegliere in incrementi di 10 secondi e hai detto che l'impegno è una scelta di 10 secondi. Sono confuso riguardo a questo. Come funziona?

Gary:

Quando stai scegliendo in incrementi di 10 secondi, in un momento che dura 10 secondi, puoi dire: "La amo". Nei successivi 10 secondi puoi dire: "Non la amo." Puoi dire: "Amo il mio business" e 10 secondi dopo puoi dire: "Non amo il mio business." Quando scegli in incrementi di 10 secondi, è lì che esiste la possibilità della creazione costante.

In qualche modo, ragazzi, siete giunti allo strano punto di vista che l'impegno sia permanente. Pensate che una volta preso un impegno, non sia possibile nessun'altra scelta.

Quando prendete un impegno dalla scelta, dovete realizzare ciò è che davvero possibile. Si tratta di chiedere: "Cos'è possibile qui che non ho considerato?" Come sarebbe se osservaste ciò che è possibile, invece di ciò che pensate che debba essere? Questo è diverso dal cercare di impegnarsi all'impegno al quale vi siete già impegnati.

Partecipante alla Classe:

Questo sarebbe dannatamente troppo semplice.

Gary:

Esatto ed è per questo che non avrai facilità nella tua vita. Cerchi continuamente di guardare le parti difficili e cattive anziché quelle che renderebbero facile qualcosa. Come sarebbe se facessi qualunque cosa a partire da ciò che è facile, invece che da ciò che è difficile?

Partecipante alla Classe:

È genialmente semplice.

Gary:

È semplice. Continuiamo a cercare il modo di far funzionare qualcosa che sembra non funzioni, invece che fare domande:

- Cosa funziona di questo?
- Cosa non funziona di questo?

Per esempio, diciamo che ti prendi l'impegno di sposarti. Significa che devi andare fino in fondo? Se arrivi a sposarti con una donna, sarai sposato a lei per sempre?

Partecipante alla Classe:

No.

Gary:

Continui a cercare di giungere in uno spazio da cui pensi di riuscire a funzionare. Pensi che questo creerà qualcosa di più grandioso rispetto a essere veramente presente. Continui a cercare di immaginare cosa succederà prima ancora di averlo scelto. Quanti futuri possibili stai creando, quanti futuri possibili hai creato per creare ciò che non funziona nella tua vita? Al quattro: Uno…due…tre…quattro. Grazie.

Devi scegliere da un senso di pace. Che tipo di pace e di possibilità sono disponibili qui che non hai considerato? L'unica ragione per essere in una relazione è per avere un senso di pace, che è il senso della gioia, delle possibilità e il senso che c'è qualcuno che ti spalleggia sempre, qualcuno con cui divertirti sessualmente.

Partecipante alla Classe:
E non solo sessualmente.

Gary:
Sì, e dovrebbe esserci un senso di pace con il sesso. Se fate sesso, non dovreste avere il punto di vista: "Non avrei dovuto farlo." Dovrebbe essere: "Cosa potrei scegliere che non ho scelto?" Come sarebbe se sceglieste qualcosa più grandioso?

CREARE UNA RELAZIONE CON I BAMBINI DELLA TUA PARTNER

Partecipante alla Classe:
Gary, ho una domanda riguardo a una relazione che sto scegliendo con una bambina di quattro anni. Sta "facendo"… non so bene come chiamarla… protezione o difesa o competizione con me. Posso parlarle in un modo che le permetta di capire che non sto rubando la sua mammina? Questa è la cosa che sta venendo su.

Gary:

Sì, puoi dire: "A me piace stare con la tua mamma. A te piace stare con la tua mamma. Che tipo di relazione vuoi avere con me?"

Partecipante alla Classe:

Figo. Questo è davvero leggero.

Gary:

"Cosa vuoi che io sia per te? Vuoi che sia il tuo papà extra? Vuoi che sia l'amico di tua madre? Vuoi che sia il tuo amico? Cosa vuoi?"

Partecipante alla Classe:

Sì, e questo le darà scelta. Fantastico.

Gary:

Già. Deve avere la scelta. Quando mi sono messo assieme alla mia ex moglie, aveva un figlio, Adam, che aveva 16 anni ed era fuori controllo ed una figlia, Shannon, che aveva sei anni ed era fuori controllo. Chiesi ad Adam: "Cosa vuoi che io sia nella tua vita? Come vuoi che io sia nella tua vita? Vuoi che sia il marito di tua madre? Vuoi che sia il tuo patrigno? Vuoi che sia il tuo patrigno cattivo? Cosa vuoi che sia?" Scelse che fossi suo padre e dissi: "Okay, d'ora in avanti sono tuo papà."

Partecipante alla Classe:

E poi sei quell'energia di qualsiasi cosa sia un padre?

Gary:

Sì. Esattamente.

Partecipante alla Classe:

Quindi potrebbe essere quello che detta legge, o qualsiasi altra cosa.

COS'È UN PAPÀ PER TE?

Gary:

Devi chiedere: "Cos'è un papà per te?" Scopri qual è la loro definizione di essere un padre, o un fratello, o altro.

Partecipante alla Classe:

Sì.

Gary:

Lascia che definiscano la relazione e fai tutto quello che puoi per esserlo.

Partecipante alla Classe:

Lo rende molto più semplice.

Gary:

Sì. Tu puoi adeguarti. Loro no.

Partecipante alla Classe:

Sì. Mi è chiaro.

Gary:

Tutti si aspettano che un bambino si adegui ed è la cosa sbagliata da fare. Ad un certo punto della relazione con la mia ex, Shannon mi stava trattando di merda. Le chiesi: "Come puoi trattarmi così di merda?"

Rispose: "Perché tu non sei la mia vera famiglia."

Dissi: "Se mi tratti di merda, ti tratterò nella stessa maniera, solo che sarà peggio."

Quando mi trattava di merda, la trattavo di merda. Le davo esattamente la stessa merda che mi dava e, in tre settimane, tutto cambiò.

Partecipante alla Classe:
Tre settimane. E' tanto!

Gary:
Sì, è tanto, ma lo superai. Devi essere quello più consapevole.

Partecipante alla Classe:
Perché i bambini non possono adeguarsi?

Gary:
Perché tutta la loro vita riguarda il dover cambiare per il punto di vista di chiunque altro. Si sentono come se non avessero il controllo su nulla.

Partecipante alla Classe:
Quindi potrebbero farlo, ma non dovremmo aspettarcelo?

Gary:
Beh, tutti si aspettano che si adeguino. Tu ti aspetti che tuo figlio si adegui sempre alla tua realtà. Quindi, il punto di vista del bambino è "Non ho controllo". E se un bambino non ha controllo, dove andrà per ottenere quel controllo? Nella rabbia, nella collera, nella furia e nell'odio.

Partecipante alla Classe:
   Esatto.

Partecipante alla Classe:
   È questo ciò che sto facendo con mio figlio? Sto creando la mia vita e mi aspetto che mi segua?

NON CREARE CONFLITTO O SEPARAZIONE NEI TUOI FIGLI

Gary:
   L'altro giorno gli hai detto: "Hai una scelta. Vuoi andare a casa di tua mamma e a scuola?" Dire "Vuoi tornare a scuola?" è una cosa, ma usare l'andare a casa da sua madre come una punizione non è stata una cosa buona, perché la sua lealtà verso la madre entra in conflitto con il suo desiderio di stare con te. Non creare questo nei tuoi bambini.

Partecipante alla Classe:
   Cosa avrei potuto dire?

Gary:
   "Hey figliolo, se vuoi andare a casa, posso cercare di trovare qualcuno che ti porti."

Partecipante alla Classe:
   Ah!

Gary:
   Allora avrebbe avuto scelta.

Partecipante alla Classe:

E' davvero interessante! Non ho mai osservato questo finora. Questo sarebbe trattare lui come a me sarebbe piaciuto essere stato trattato.

Gary:

Sì. Se sei in una relazione con qualcuno e tratti così tuo figlio, il bambino deve creare rabbia contro la persona con cui sei in relazione.

Partecipante alla Classe:

Oh, va bene.

Gary:

E questo non dà loro quasi nessuna scelta nella vita.

Partecipante alla Classe:

Sto vedendo quanto poco gentile è stato chiedere a mio figlio: "Vuoi andare a casa da tua madre e a scuola?" Hai delle altre informazioni da darmi su come stavo creando separazione con…

Gary:

Diciamo che gli hai detto così perché consideravi che andare da sua madre fosse una punizione. E lui la considera una punizione?

Partecipante alla Classe:

No.

Gary:

Se fai questo, lui deve scegliere tra sua madre e tra te e la tua partner. Chi escluderà?

Partecipante alla Classe:
   La mia partner.

Gary:
   Sì, perché è *lei* il problema.

Partecipante alla Classe:
   Perché l'ho fatto? Ora mi è così chiaro che sono stato scortese.

Gary:
   È stato semplicemente un momento di sbadataggine. Non stavi cercando di fare niente di male intenzionalmente. E non stavi funzionando dalla consapevolezza del risultato che avresti ottenuto con le scelte che hai fatto.

Partecipante alla Classe:
   Sì. Grazie.

Gary:
   Non hai creato un danno permanente.

Partecipante alla Classe:
   No, e sua madre gli dice: "Ti mando a vivere con tuo padre! Sei proprio come tuo padre!" E tutto questo è così scortese. L'ho odiata per aver fatto questo e non mi sono nemmeno reso conto che lo stavo facendo anch'io fin quando non l'hai detto tu.

Gary:
   Questo perché sono disposto a dire cose che nessun altro è disposto a dire.

Partecipante alla Classe:
Puoi dirmi cos'altro sto facendo?

DOVE CERCHI DI PORTARLO A PREFERIRE TE RISPETTO A LEI?

Gary:
Devi osservare dove cerchi di farlo preferire te rispetto a lei.

Partecipante alla Classe:
Sì.

Gary:
Il modo più semplice di portarlo a preferire te è lasciarlo stare con lei ed essere semplicemente te stesso quando torna.

Partecipante alla Classe:
Sì.

Gary:
La madre di mio figlio cercava sempre di dimostrare che fosse migliore di me. Oggi lui vuole che lei se ne vada e che io gli stia sempre vicino. La madre di Shannon non voleva mai che le stessi vicino o che la toccassi. E oggi Shannon vuole avermi vicino. Non vuole stare vicino a sua madre.

È così che funziona. Il genitore che cerca di dimostrare che è il migliore, il genitore che cerca di controllare il bambino, lo perde. Se non stai vivendo con la madre di tuo figlio, sappi che il bambino ti preferirà sempre alla tua compagna. Tu devi mettere al primo posto tuo figlio rispetto alla tua compagna e far sapere a lei che lo stai facendo solo per rendere felice il bambino. Chi è la tua priorità numero uno? Tuo figlio o la tua partner?

Partecipante alla Classe:
   Mio figlio.

Gary:
   Quindi, se lui è la tua priorità numero uno, cos'è la tua partner? Anche lei è il numero uno. Devi avere tempo per entrambi. Entrambi hanno il proprio tempo speciale con te. Entrambi sanno di essere il tuo numero uno.

Partecipante alla Classe:
   Giusto, piuttosto che cercare di unirli.

Gary:
   Sì, perché il bambino inizierà a sentire che sta perdendo la sua posizione e avrà del risentimento verso la tua partner. Devi passare abbastanza tempo con tuo figlio finché sentirà di non aver più bisogno di te. È come spingere enormi quantità di energia verso di lui finché ne avrà abbastanza.
   Se spingi enormi quantità di energia verso una persona, si sentiranno riempiti oppure vorranno andarsene. In qualsiasi caso, non si sentiranno ignorati.

Partecipante alla Classe:
   Invece ho cercato di dargli tutto ciò che sua mamma non può, cosicché …

Gary:
   Di modo tale che gli piacessi di più.

Partecipante alla Classe:
   Sì.

Gary:
   Questo sta solo creando uno spazio in cui deve scegliere *contro* anziché *per*.

Partecipante alla Classe:
   Mi è di grande aiuto. Grazie.

Gary:
   La cosa grandiosa per te è che alla tua partner piace tuo figlio ed è disposta a fare e a dargli cose che lo rendono felice. Ecco perché la cosa funziona. Quando un bambino vive con sua madre e con suo padre, entrambi i genitori stravedono per il figlio. Quando c'è un patrigno o una matrigna, spesso essi provano del risentimento per il fatto che il bambino richiede così tanto tempo ed energia. Non dovrai mai permettere che il risentimento guidi la tua relazione, ecco perché devi essere nella domanda e chiedere: "Cosa posso creare qui che non ho mai considerato?"

"HO CERCATO DI ESSERE IL PAPÀ FIGO"

Partecipante alla Classe:
   Sono così grato per tutta la roba che abbiamo portato su. Sto osservando tutti i posti dove ho cercato di essere il papà figo, o il papà ricco, o il papà che non aveva punti di vista, invece di essere qualcuno che poteva semplicemente passare del tempo con suo figlio. Ho creato tutti questi posti in cui stavo cercando di *fare* qualcosa.

Gary:

Sì. E cosa ti ha insegnato tua madre? Ti ha insegnato a essere migliore di tuo padre?

Partecipante alla Classe:

Ha cercato di insegnarmi a non essere come mio padre, quindi sono dovuto diventare come lui per capire come non essere come lui.

Gary:

Sì, e contemporaneamente stai ancora cercando di fare quello che lei ha fatto, ovvero dimostrare che tuo padre non era bravo quanto lei.

Partecipante alla Classe:

Sì, quindi, quanto del mio futuro è ancora creato da questo?

Gary:

Molto. Quindi, possiamo distruggerlo e screarlo tutto?

Partecipante alla Classe:

Sì.

Gary:

Uno... Due... Tre... Quattro! Grazie.
Pochissimi altri di voi hanno madri e padri che fanno la stessa cosa.

Partecipante alla Classe:

Voglio dire quanto sono grato per questa conversazione. Non sono un patrigno e non ho una matrigna, o roba del genere. Non ho figli, ma la consapevolezza che è stata portata su da questa conversazione si può applicare alla vita in generale, il che è geniale.

Gary:
Se vedi delle persone che fanno delle scelte che creerebbero delle cose che non vogliono, almeno saprai con cosa aiutarle o come aiutarle.

Partecipante alla Classe:
Sì.

Partecipante alla Classe:
Posso chiedere un'altra cosa al riguardo? Possiamo distruggere e screare tutti i posti in cui ho creato questo come il futuro di mio figlio?

Gary:
Tutto ciò che hai fatto per creare quel genere di futuro. Tutte le proiezioni ed aspettative che hai avuto sugli altri, che hai creato come futuri che sono bloccati nei loro universi e tutte le proiezioni e aspettative: Uno…due…tre…quattro! Grazie.

Succede anche con le donne, quando proiettano il fatto che dovresti essere nel loro futuro. Ti guardano e dicono: "Oh, è l'uomo per me." Iniziano a cercare di solidificare nella realtà un futuro che potrebbe esserci, basato sul fatto che tu starai con loro. Ragazzi, quanti di voi hanno ancora questi tipi di futuro che sono stati creati?

Partecipante alla Classe:
Oh, Gesù Cristo!

Gary:

Sì. Possiamo distruggerli e screarli tutti: Uno... Due... Tre... Quattro! Grazie.

Partecipante alla Classe:

Quest'ultimo era imponente. Grazie infinite per averlo portato su.

Partecipante alla Classe:

E questo si applica anche ai soldi. Quando ti ho incontrato, quante proiezioni avevo con i soldi?

Gary:

Già. Sembra che il processo per eliminare le vostre proiezioni per il futuro vi stia dando più libertà di qualsiasi altra cosa abbia fatto stasera.

Partecipante alla Classe:

Mi avevi detto che sono inappropriatamente generoso, eppure qualche volta mia moglie mi accusa di essere egoista. Pensa che non la tenga abbastanza in conto. Cos'è questo?

IMPARA A ESSERE MANIPOLATORIO

Gary:

E' una donna. Se, nella tua vita, lei non è la tua priorità numero uno e non è la persona numero uno che ascolti e con la quale parli, il suo punto di vista è che non le stai prestando abbastanza attenzione. Ci sono moltissimi modi in cui puoi cambiare questo.

Per esempio, assicurati di portarle un regalo almeno

una volta settimana. Non deve essere grosso; deve essere semplicemente qualcosa che dimostri che la stai pensando. Può essere un singolo fiore. Trova un fiore bellissimo e dì: "Amore, volevo darti questo, perché mi ha ricordato te. E' così vicino alla perfezione e non riesco a immaginare nulla di più bello." Va bene per tre giorni e molto facilmente riuscirai anche a farti fare un pompino. Ragazzi, dovete imparare ad essere più manipolatori.

Partecipante alla Classe:
Bastano piccoli segni di: "Ti stavo pensando"? Puoi darci qualche altra idea che renderà la vita con la donna ancora più divertente e facile?

Gary:
Chiedile: "Cosa ti piacerebbe da me?" e sii disposto a sentire la risposta che non ti dice. Le donne usano quello che io chiamo linguaggio codificato. Tu fai una domanda come questa e ti dirà: "Oh, nulla." ma non significa "nulla". Significa "Voglio che tu sappia cosa voglio senza che ti debba dire nulla".

Se la tua donna lo fa, vai a fare shopping con lei e chiedi: "Cosa ti piace in questa vetrina? Cos'è che per te è davvero eccitante?" finché non inizi ad avere un'idea di quali possano essere i suoi gusti. E poi avrai una scelta.

Ogni volta che sei con lei, esprimi gratitudine per il fatto che lei sia presente nella tua vita. "Sono così grato che tu sia nella mia vita. Sono così grato per il dono che sei."

Partecipante alla Classe:
Una volta l'ho detto alla mia partner e per poco non mi

tagliava i coglioni.

Gary:

Sì, perché pensava che fosse manipolazione. Avresti dovuto dirle: "Tesoro, ero serio, lo intendevo per davvero."

Partecipante alla Classe:

Vedo che lui le dice continuamente quanto sia bella. Anche questo significa esprimere gratitudine?

Gary:

Sì, questo è un modo nel quale lei può riceverla.

Partecipante alla Classe:

Sì, può.

Gary:

Può ricevere: "Sei bellissima. Come sono diventato così fortunato da averti nella mia vita?" Devi scoprire ciò che la persona può ricevere. Dalle quello che può ricevere. Non usare le frasi che ti ho dato. Hai già fatto funzionare la cosa. Ho visto la tua partner diventare ogni anno sempre più carina e vi ho visti entrare sempre più in sintonia e in connessione l'uno all'altra.

Partecipante alla Classe:

Una volta mi hai detto di dare alla mia partner le cose che nessuno le aveva mai dato. È stato "Wow".

Gary:

Una volta, io e Dain donammo a una donna che lavora per noi una collana che era la cosa più costosa che avesse mai ricevuto e questo semplicemente mandò in frantumi il suo universo. Come risultato facemmo ancora più soldi. Quando sei disposto a riconoscere il fatto che le donne meritano questo genere di cose, diranno: "Oh mio Dio. Questo ragazzo è davvero qui per me. Io lo sosterrò. Starò dalla sua parte."

E come dice Dain, non è fatto dallo spazio del "Oh, questa sarà manipolazione." E' fatto dalla gratitudine e dalla gioia che sono davvero presenti, perché c'è una gratitudine per chiunque ci sia nel tuo universo e per qualunque cosa donino e diano.

Bene, gentlemen, è stato un piacere. Penso che siate alcuni dei ragazzi più fighi sul pianeta e gli unici abbastanza coraggiosi da diventare uomini.

Partecipante alla Classe:
Sei fantastico Gary!

Partecipante alla Classe:
Grazie Gary.

12
Decodificare il linguaggio sottinteso delle donne

> **Il linguaggio sottinteso è il modo in cui funzionano le donne.**
> **C'è il "Ecco cosa *dice*" e c'è il "Ecco cosa sta *pensando*."**
> **Ciò che pensa è quello che si suppone voi facciate.**

Gary:
   Hello, gentlemen. Qualcuno è felice?

Partecipante alla Classe:
   Sì. Siamo molto felici.

Partecipante alla Classe:
   Siamo felici! Felici!

Gary:
   Bene, iniziamo. Vediamo cosa posso creare qui. Vediamo quanto posso rendervi miserabili. Chi ha una domanda?

ENTRAINMENT CULTURALE

Partecipante alla Classe:
Mi trovo più attratto verso le donne che sono della mia stessa razza, della mia stessa etnia e che hanno lo stesso colore della mia pelle. Fare sesso con persone della stessa razza è un impianto o è un qualche programma del corpo?

Gary:
No, è un entrainment che hai imparato dalla tua cultura. Tendiamo ad essere più eccitati dalle persone della stessa "etnia" perché ci è stato insegnato a credere che siano più attraenti. Non è un programma: è entrainment.

Molti ragazzi guardano una donna e dicono: "Oh! E' eccitante!" Questo significa guardarla davvero? No, la stai rendendo un oggetto e la stai trasformando in un "cosa", invece di stare con lei in quanto Essere.

Quanti entrainment hai per determinare con chi o con che cosa andrai a letto, o con chi o con che cosa non andrai a letto, che stai scegliendo? Tutto ciò che è, per dioziliardi di volte, distruggerai e screerai tutto? Giusto e Sbagliato, Bene e Male, POD e POC, Tutti e 9, Shorts, Boys e Beyonds

"SPESSO ATTRAGGO UOMINI GAY"

Partecipante alla Classe:
Mi sembra di attrarre spesso uomini gay. A loro piace flirtare con me e questo mi mette sempre a disagio, perché non sono sicuro di come rispondere. Come creo questo?

Gary:
  Beh, non so. Potrebbe essere che sei davvero sexy! Se sei sexy, gli uomini gay ti verranno dietro. Non significa che sei gay, anche se renderebbe le cose molto più semplici se lo fossi. Significa che hai un bell'aspetto. Peccato che sei stupido. Pensi di non avere un bell'aspetto perché le donne non ti vengono dietro così come fanno gli uomini. Idiota, idiota, idiota.

Partecipante alla Classe:
  Sto mandando dei segnali sbagliati ai ragazzi gay?

Gary:
  No.

Partecipante alla Classe:
  Come lo cambio?

Gary:
  Goditelo. Riconosci che questo è semplicemente prendere coscienza di ciò che hai fatto e di ciò che sta funzionando per te.

DOVE DEVI METTERE LA TUA ENERGIA?

Partecipante alla Classe:
  Sto iniziando una relazione consapevole con una donna e ho scoperto che mi sono mosso più nel mio business piuttosto che in Access Consciousness e nel supportare altri facilitatori. Sto escludendo Access per creare la mia relazione ed il mio business?

Gary:

No. Devi essere disposto a vedere dove hai bisogno di mettere la tua energia ogni giorno. Questa è la parte più importante di tutte. Non si tratta di abbandonare Access. Devi chiederti: "Quale sarà la priorità che creerà il miglior risultato per me?"

Partecipante alla Classe:

Cosa posso essere o fare di diverso per averle tutte come mie priorità?

Gary:

Non puoi averle tutte come priorità. Potresti renderti conto che ci sono delle volte in cui una cosa è una priorità e altre volte dove lo è un'altra. E se stai con una donna, lei è sempre la priorità.

Partecipante alla Classe:

Cosa posso essere che mi permetterà di ricevere di più da Access Consciousness e da te?

Gary:

Quello che puoi essere è essere te stesso. E, se stai portando avanti il tuo business e fai tutte le cose che abbiamo detto qui, tutto dovrebbe migliorare.

UNA RELAZIONE CON ALLEGATO UN BAMBINO

Partecipante alla Classe:

La relazione che ho attualmente ha un bambino allegato.

Ho scoperto che parlare alla mia dolce metà riguardo a come facilitare sua figlia ha creato una grandiosa connessione tra noi due. Questo è un contributo alla bambina, a me e alla donna, o mi si ritorcerà contro?

Gary:

No, è un contributo. Devi capire che questo è dove ti stai dirigendo. Questo é ciò che può essere contribuito e ciò che è realmente possibile.

Partecipante alla Classe:

Dopo l'ultima chiamata, ho chiesto alla mia figliastra cosa le piacerebbe che fossi nella sua vita e mi ha risposto: "Felice." Dopo averne parlato un po' di più, mi ha detto: "Un amico." Abbiamo parlato anche di questo ed il suo punto di vista è che un amico è un compagno di gioco. Come posso usare questo?

Gary:

Sii un compagno di gioco.

Partecipante alla Classe:

Ha anche giocato a cambiare il suo nome con il mio e una volta mi ha chiamato *papà*.

Gary:

Questo significa che stai cercando di trasformarti in un papà. Devi vedere se sei disposto ad esserlo perché, se tra te e questa donna dovesse finire, dovrai essere disposto ad essere il padre per la bambina, altrimenti la donna ti odierà.

Partecipante alla Classe:
 Alla mia figliastra piace girare video sulle entità e cose del genere con me; ho chiesto sia a lei che alla madre se posso usarli per promuovere il mio business. Entrambi sono felici di questo. Che cosa creerà questo?

Gary:
 Creerà il fatto che saranno coinvolte nel tuo business, il che dovrebbe creare più profitto per te.

Partecipante alla Classe:
 Dovrebbe essere fatto come un Accordo e Consegna?

Gary:
 Sì. Tutto dovrebbe essere fatto come un Accordo e Consegna.

UNA VITA INDEFINITA

Partecipante alla Classe:
 Prima di tutto voglio dire grazie mille per queste chiamate. Mi hanno cambiato la vita in molti modi. Ho avuto più chiarezza su come funziono con le donne, con le relazioni e su cosa posso fare di diverso affinché le cose funzionino. Non entro più nell'erroneità di me stesso e ho più pace dentro. Proprio ora sento che non c'è nulla che debba trattenere in nessuna area della vita. Ho chiesto la vita indefinita, che per me significa essere libero dalle definizioni e dalle limitazioni che le altre persone mi impongono. Non ho nessuna idea di come funzionare con questo, oltre a fare domande.

Gary:

Se nelle relazioni e in ogni cosa che fai funzioni dalla domanda, inizierai a muoverti in avanti verso la vita indefinita. Se tutto è una domanda, apri le porte ad una relazione che non è mai esistita. Chiedi:

Quale energia, spazio e consapevolezza possiamo essere io ed il mio corpo che ci permetterà di avere una relazione che va oltre questa realtà, con facilità totale? Tutto ciò che non permette a questo di mostrarsi per dioziliardi di volte, distruggerai e screerai tutto? Giusto e Sbagliato, Bene e Male, POD e POC, Tutti e 9, Shorts, Boys e Beyonds

Forse potresti metterlo in loop e farlo scorrere nonstop per un po' di giorni, finché inizi a riconoscere che c'è uno spazio diverso da cui puoi gestire qualsiasi cosa.

AVER A CHE FARE CON LA RABBIA DI UNA DONNA

Partecipante alla Classe:

Quando la mia donna mi butta addosso rabbia o la proietta su di me, entro ancora nel beyond* e mi congedo. A volte entro nell'erroneità di me stesso. Ho fatto scorrere le pulizie con i beyonds e gli impianti SHICUUUU*, ma c'è ancora della resistenza al ricevere l'energia della sua rabbia.

Gary:

La rabbia non è mai nient'altro che un modo di controllarti. Come sarebbe se potessi avere una scelta diversa? Saresti disposto ad averla?

Partecipante alla Classe:

Dovrei far scorrere: Quale energia, spazio e consapevolezza possiamo essere io e il mio corpo che mi permetterà di essere il patetico mucchio di merda, erroneità e debolezza che in realtà sono?

Gary:

Questa non andrebbe bene. Fatti scorrere:

Quale imbastardimento dell'infinita capacità sto usando per creare l'erroneità, il patetico mucchio di merda e il debole, pusillanime codardo che sto cercando di essere e sto facendo finta di essere, che sto scegliendo? Tutto ciò che è, per dioziliardi di volte, distruggerai e screerai tutto? Giusto e Sbagliato, Bene e Male, POD e POC, Tutti e 9, Shorts, Boys e Beyonds

Partecipante alla Classe:

Ho anche cercato di usare i tiri di energia, abbassare le mie barriere, fare interessante punto di vista e POC e POD, e a volte funziona. Ma quando entro in un beyond, tutti questi strumenti spariscono. C'è qualche altro modo per essere liberi e lasciar andare tutto questo?

Gary:

A volte devi essere disposto ad arrabbiarti. Puoi fare rabbia senza giudizio e senza forza. Fare rabbia senza giudizio e senza forza è l'elemento generativo della rabbia. Devi essere disposto a farlo. Essere disposto a entrare nella rabbia quando hai bisogno di entrarci. La maggior parte di noi pensa che non essere arrabbiato sia il target. E se non lo fosse? E se ci fosse una scelta diversa che non abbiamo ancora scelto?

Partecipante alla Classe:
La rabbia senza giudizio può essere usata anche con i bambini?

Gary:
Sì. Con i bambini dici: "Smettila. Adesso basta."

Partecipante alla Classe:
La rabbia senza giudizio è la stessa cosa dell'energia killer?

Gary:
No, rabbia senza giudizio o forza è: "Sai una cosa? Fallo di nuovo e sei finito." Le persone tendono ad avere il punto di vista che la rabbia sia sempre un'erroneità, ma non lo è. Sei un uomo, quindi sei un'erroneità in generale.

Tutto ciò che hai fatto per non percepire, sapere, essere e ricevere le altre opzioni che hai, distruggerai e screerai tutto? Giusto e Sbagliato, Bene e Male, POD e POC, Tutti e 9, Shorts, Boys e Beyonds

PRESENZA AGGRESSIVA NELLA RELAZIONE

Partecipante alla Classe:
Puoi dirci di più della presenza aggressiva nelle relazioni e di com'è?

Gary:
La presenza aggressiva è la disponibilità ad essere te stesso e ad essere presente in una relazione, qualunque sia il

risultato. Riguarda il non avere alcun punto di vista. Tutto è semplicemente un interessante punto di vista, nient'altro. Quando sei disposto a funzionare senza la sensazione di dover fare qualcos'altro oltre che essere semplicemente presente, inizi a creare una realtà in cui niente diventa un'erroneità e tutto diventa una possibilità.

COME APPROCCIARE UNA DONNA

Partecipante alla Classe:

Vuoi parlare di come approcciare una donna?

Gary:

Dipende da quello che stai cercando. Devi chiedere:
- Cosa voglio davvero creare qui?
- Cosa voglio fare?
- Come funzionerà questo per me?
- Cosa voglio ottenere da questa donna?

Se davvero desideri creare qualcosa con una donna, devi fare la domanda: "Cosa voglio creare davvero qui?" Molti di voi cercano di creare qualcosa basata su una bugia.

Quante bugie stai usando per creare la relazione che stai scegliendo? Tutto ciò che è, per dioziliardi di volte, distruggerai e screerai tutto? Giusto e Sbagliato, Bene e Male, POD e POC, Tutti e 9, Shorts, Boys e Beyonds.

"LA PAROLA *IMPEGNO* MI STA ANCORA INCASTRANDO"

Partecipante alla Classe:
    La parola *impegno* mi sta ancora incastrando. Per esempio, l'idea di impegnarmi in una relazione mi fa sentire come se dovessi escludere tutte le altre donne con le quali vorrei fare sesso o essere più intimo. O impegnarmi in un affare o in un lavoro significa che devo escludere tutti gli altri business possibili.

Gary:
    Quanti di voi stanno credendo alla stronzata che siete in grado, o siete disposti, o vi piacerebbe avere solo una persona o solo un business come somma totale della vostra realtà? Tutto ciò che è, per dioziliardi di volte, distruggerai e screerai tutto? Giusto e Sbagliato, Bene e Male, POD e POC, Tutti e 9, Shorts, Boys e Beyonds

Partecipante alla Classe:
    Le aspettative dell'altra persona mi fanno correre nella direzione opposta.

Gary:
    E come sarebbe se fossi semplicemente consapevole, invece di un essere un idiota?

Partecipanti alla Classe:
    (Risate)

Gary:
    Riconosci che sei consapevole. Sei molto più consapevole

del 90% dei ragazzi sul pianeta terra. Questo cosa significa? Significa che hai più possibilità con più donne rispetto agli altri ragazzi.

Usa la tua consapevolezza e chiedi:
- Cosa vuole sentire questa persona?
- Cosa vuole creare questa persona?
- Come sarà?

Inizia a entrare in quell'universo e sarai in grado di parlare a chiunque senza sentire che non puoi scegliere di stare con lei. Sarai in grado di creare il tuo canale di potenziamento molto più grandioso di quanto hai fatto finora.

Partecipante alla Classe:

Ho paura che se mi impegno verso qualcuno o verso qualcosa, perderò nuovamente me stesso per quella cosa o quella persona.

Gary:

È davvero tuo? Odio dirtelo amico mio, ma sei molto più consapevole di quello che vuoi sapere. Il 90% di quello che pensate vi stia incasinando, ragazzi, non è nemmeno vostro. Non è strano?

PUOI ESSERE *TE STESSO* SENZA UNA DONNA

Partecipante alla Classe:

Ho incontrato una donna che è 12 anni più giovane di me. Vive a circa 60 km da me e la sua vita è molto diversa dalla mia. Lei lavora nel campo dell'arte ed io lavoro nel business.

Gary:

Perché pensi sia interessata a te? Il suo punto di vista di base è che tu debba essere qualcuno di successo. Vuole imparare ad avere successo.

Partecipante alla Classe:

Tutto era molto semplice tra di noi; nessuno dei due cercava una relazione seria e quindi ci vivevamo la cosa come veniva. Mi piaceva davvero, lei poi ha iniziato a provare sentimenti che non voleva e li ha allontanati. E' come se avesse il punto di vista di non voler essere in una relazione, quindi nient'altro può accadere. Anche se lei va avanti con la sua vita, qualsiasi cosa scelga, mi piacerebbe avere più chiarezza riguardo a ciò che sta succedendo.

Gary:

Quale bastardizzazione della libertà infinita dalle donne stai usando per creare le relazioni inconsapevoli con le donne che stai scegliendo? Tutto ciò che è, per dioziliardi di volte, distruggerai e screerai tutto? Giusto e Sbagliato, Bene e Male, POD e POC, Tutti e 9, Shorts, Boys e Beyonds

Partecipante alla Classe:

Uhhh! Questa è l'energia che stavo sentendo.

Gary:

Quale bastardizzazione della libertà infinita dalle donne stai usando per creare le relazioni inconsapevoli con le donne che stai scegliendo? Tutto ciò che è, per dioziliardi di volte, distruggerai e screerai tutto? Giusto e Sbagliato, Bene e Male, POD e POC, Tutti e 9, Shorts, Boys e Beyonds

Voi ragazzi avete lo strano punto di vista che non potete stare senza una donna. Questo è fottutamente strano, perché *potete* stare senza una donna. Infatti è molto più semplice ma, per qualche ragione, avete deciso che senza una donna non potete essere voi stessi.

Tutto ciò che è, per dioziliardi di volte, distruggerai e screerai tutto? Giusto e Sbagliato, Bene e Male, POD e POC, Tutti e 9, Shorts, Boys e Beyonds

Quale bastardizzazione della libertà infinita dalle donne stai usando per creare le relazioni inconsapevoli con le donne che stai scegliendo? Tutto ciò che è, per dioziliardi di volte, distruggerai e screerai tutto? Giusto e Sbagliato, Bene e Male, POD e POC, Tutti e 9, Shorts, Boys e Beyonds

Partecipante alla Classe:
Falla scorrere di nuovo, per favore.

Gary:
Quale bastardizzazione della libertà infinita dalle donne stai usando per creare le relazioni inconsapevoli con le donne che stai scegliendo? Tutto ciò che è, per dioziliardi di volte, distruggerai e screerai tutto? Giusto e Sbagliato, Bene e Male, POD e POC, Tutti e 9, Shorts, Boys e Beyonds

E tutti quei futuri non-concretizzati e non realizzati che avete sul vostro futuro che riguardano lo stare sempre con una donna, e la convinzione che l'unico modo per avere un futuro sarà stare con una donna, possiamo distruggerli tutti, per favore? Uno…due… tre… quattro. Grazie.

ENTRERAI SEMPRE IN UNA RELAZIONE, PERCHÉ QUESTO E' CIÒ CHE LA DONNA VUOLE

Partecipante alla Classe:

Io non desidero davvero una relazione, eppure ho incontrato una donna stupenda con la quale mi piace davvero passare il tempo e, sebbene tutto sia semplice, finisce col crearsi una relazione.

Gary:

Sei un uomo. Sei un idiota. Ti voglio bene, ma mi stai prendendo in giro? Entrerai sempre in una relazione, perché è quello che vuole la donna. Ragazzi, abbandonerete sempre voi stessi per la donna. È una cosa dannatamente stupida. Avete un pene. Il vostro QI è della stessa misura del vostro pene.

Partecipante alla Classe:

Le cose non possono essere semplicemente divertenti senza tutta l'altra roba?

Gary:

No, mi spiace. Sei carino da matti, ma sei più scemo degli scemi. Non esistono i "trombamici". Ogni donna presuppone che se sei amichevole, tranquillo e soprattutto carino, significa che alla fine entrerai in una relazione e l'unica ragione per cui esci con lei è perché vuoi davvero la relazione. Mi spiace ragazzi. Avete una sola testa che vi funziona ed è quella che vi penzola tra le gambe. Il resto della vostra attività cerebrale è inutile.

Partecipante alla Classe:

C'è un modo per uscire da questa merda?

Gary:

Se c'è un modo? Sì. Svegliati! Osserva la cosa. Dopo aver fatto la classe sul sesso e sulle relazioni, ho ricevuto un messaggio da una donna che mi diceva: "Cosa devo fare per averti? Posso mandarti una foto del mio clitoride? Devo fare una ritirata aggressiva? Cosa devo fare per averti?" Mi ha chiesto quale fosse il mio punto di vista? No. Mi ha chiesto se fossi interessato? No! Perché? Perché è una donna ed il suo punto di vista di base è "Se sei un uomo, non hai nessun altro punto di vista oltre a quelli che voglio che tu abbia." Ragazzi, dovete capire questo perché, se non lo fate, passerete tutta la vita a cercare di rendere giusta la donna e cercare di capire come potete far funzionare la cosa per lei. Non *per voi, per lei!*

LA DONNA NON È LA FONTE DELLA VOSTRA REALTÀ SESSUALE

Partecipante alla Classe:

Ho smesso di rendere la donna la fonte della mia realtà sessuale. Mi ha dato un'enorme libertà.

Gary:

Già. La donna non è la fonte della tua realtà sessuale. Quanti di voi hanno reso le donne la fonte della vostra realtà sessuale? Rendete il sesso la fonte di come vivete. Decidete che non potete vivere senza sesso. La verità è che potete vivere senza sesso, ma è molto più divertente averlo. Ma voi ragazzi non fate sesso per il divertimento di farlo. Lo fate per assicurarvi di poter continuare a vivere.

Pensate che il sesso sia serio. Io ho un punto di vista diverso. Ho il punto di vista che il sesso è qualcosa che si fa per divertimento. Perché non farlo semplicemente perché è divertente?

Quale stupidità stai usando per creare il sesso serio che stai scegliendo? Tutto ciò che è, per dioziliardi di volte, distruggerai e screerai tutto? Giusto e Sbagliato, Bene e Male, POD e POC, Tutti e 9, Shorts, Boys e Beyonds

Quando arrivate al punto dove il sesso non ha più importanza, quando per voi va bene sia una cosa che l'altra, state creando uno spazio dove potete davvero avere scelta e il sesso che farete sarà molto più grandioso.

Le donne mi fanno degli inviti aggressivi e strani e non ho desiderio di fare sesso con loro. Mi piace chi è divertente, non chi è aggressivo. Deve esserci un senso di divertimento in esso per me personalmente. Quando arrivate al punto in cui non ne avete bisogno, iniziate a scegliere con chi fare sesso e quando farlo. È un posto più facile dal quale funzionare e, quando lo raggiungete, finirete per fare del sesso migliore. Posso garantirvelo.

QUANTI COMPITI TI SONO STATI AFFIDATI?

Partecipante alla Classe:
Ho capito che ho cercato di essere il pacificatore nel sesso e nelle relazioni. Ho fatto scorrere la pulizia "Quale stupidità

sto usando per creare il pacificatore che sto scegliendo" e le cose sembra che stiano cambiando.

Gary:

Ti sei preso il compito di essere il pacificatore o ti è stato dato questo compito? Ti è stato dato questo compito quando eri nell'utero?

Partecipante alla Classe:

Dato è più leggero.

Gary:

Quindi ti è stato dato il compito di essere il pacificatore nella tua famiglia. Questo ti dà scelta o rende i tuoi familiari coloro che scelgono per te?

Partecipante alla Classe:

Li fa essere coloro che scelgono.

Gary:

E se sono loro che scelgono, quali scelte hai? Hai molte scelte o hai poca scelta?

Partecipante alla Classe:

Poca scelta.

Gary:

La realtà è che ciò che davvero vuoi creare è una possibilità maggiore, non una possibilità minore. Come sarebbe se potessi avere la più grande possibilità di sempre? Come sarebbe?

Nota che non hai una risposta, perché *nessuna risposta*

è lo spazio in cui non ti è stata mai data scelta. Ti è stato affidato un compito e dovevi farlo. Nessun altro compito funziona.

Tutto ciò col quale ti sei allineato o accordato o hai resistito e reagito che ha permesso che ti venisse affidato questo compito, distruggerai e screerai tutto? Giusto e Sbagliato, Bene e Male, POD e POC, Tutti e 9, Shorts, Boys e Beyonds

Quanti compiti ti sono stati affidati in questa vita dalle donne che richiedono che tu non scelga per te stesso, che tu non sia te stesso e che tu faccia quello che loro vogliono che tu faccia? Tutti quelli, li distruggerai e screerai? Giusto e Sbagliato, Bene e Male, POD e POC, Tutti e 9, Shorts, Boys e Beyonds

Tutti i futuri che sono stati creati in base a questi compiti, possiamo distruggerli e screarli tutti, per favore? Uno... due... tre... quattro. Ancora una volta: Uno... due... tre... quattro. Ancora una volta: Uno... due... tre... quattro. Vi sentite più liberi di scegliere?

Partecipanti alla Classe:
Sì.

Gary:
Continuate a pensare che, visto che la donna vi ha dato un compito - che sia quello di portare fuori la spazzatura o di essere la spazzatura - quello è il vostro compito. A molti di voi è stato dato il compito di essere l'uomo di famiglia, specialmente se avete avuto madri divorziate. Vi è stato dato il compito di essere l'uomo di famiglia, ma non vi è stato mai

detto cosa questo significasse e voi non avete assolutamente mai avuto nessun beneficio da questo. Di solito vi hanno detto che vostro padre era terribile, brutto e viscido e così avete deciso che non volevate diventare come lui, quindi non siete mai diventati voi stessi. Il modo di sapere cosa siete in quanto uomo è attraverso il padre che avete avuto, anche se è stato solo per i 30 secondi necessari affinché sborrasse.

Tutto ciò che è, per dioziliardi di volte, distruggerai e screerai tutto? Giusto e Sbagliato, Bene e Male, POD e POC, Tutti e 9, Shorts, Boys e Beyonds

IL COMPITO DI GIUDICARE VOI STESSI

Se avete avuto una madre che giudicava vostro padre in ogni modo, misura o forma, l'unica scelta che avete avuto è stato il compito di giudicare voi stessi.

A quanti di voi è stato dato il compito di giudicare ininterrottamente voi stessi, fino alla fine di questa cazzo di esistenza? Tutto ciò che è, per dioziliardi di volte, distruggerai e screerai tutto? Giusto e Sbagliato, Bene e Male, POD e POC, Tutti e 9, Shorts, Boys e Beyonds

Partecipante alla Classe:
Come funziona? Se tua madre sta giudicando tuo padre allora sei...

Gary:
Tu ne sei il frutto. Nella Bibbia c'è scritto: "I peccati del padre ricadranno sul figlio." Ecco. Questo è l'entrainment che ti fa credere di essere cattivo quanto tuo padre. E se passi la vita a non voler essere come tuo padre, il risultato finale è

che lo sei già diventato per non esserlo, il che significa che sei impantanato. In realtà, sei meglio di tuo padre. Qualcuno di voi l'ha mai notato? Vi è mai stato riconosciuto il fatto che siete molto migliori dei vostri padri?

Partecipante alla Classe:

No. Mia madre mi diceva: "Assomigli a tuo padre" e le persone mi dicevano: "Assomigli a tuo padre" E un giorno mi sono reso conto: "Wow, il mio corpo si sta trasformando in quello di mio padre."

Gary:

Sì. Ti sono stati dati tutti quei punti di vista. Quanti di voi hanno il punto di vista di assomigliare a vostro padre, o a vostra madre, o a vostro zio, o a vostro nonno? La verità è che non assomigliate a nessuno, tranne che a voi stessi.

Tutto ciò che hai fatto per renderti disponibile ad assomigliare al corpo di qualcun altro, distruggerai e screerai tutto? Giusto e Sbagliato, Bene e Male, POD e POC, Tutti e 9, Shorts, Boys e Beyonds

QUAL È IL SOTTOTESTO QUI CHE NON STO RICONOSCENDO?

Partecipante alla Classe:

Quando chiedo alla mia donna cosa le piacerebbe o cosa potrei fare per lei, raramente ricevo un'informazione. Non vuole rispondere, quindi non arriviamo mai a fare Accordo e Consegna. Ti ho sentito dire che le donne non dicono mai ciò che è vero per loro, perché così possono controllare l'uomo. Quali domande posso fare o quali energie posso essere qui? Puoi approfondire il discorso? Sto cercando la risposta, invece della consapevolezza?

Gary:

Esatto, stai cercando la risposta, non la consapevolezza. Cosa ti piacerebbe creare? Cosa ti piacerebbe creare con una donna?

Tutto ciò che non ti permette di percepire, sapere, essere e ricevere questo, distruggerai e screerai tutto? Giusto e Sbagliato, Bene e Male, POD e POC, Tutti e 9, Shorts, Boys e Beyonds

Partecipante alla Classe:

Anch'io ho un problema con questo. Possiamo parlarne un po' di più? Ogni volta che sto cercando di fare un Accordo e Consegna, la donna continua a farmi la domanda che le ho fatto e così ci giriamo intorno.

Gary:

Perché qualcuno ti fa una domanda che hai appena fatto? Perché a) non vuole rispondere e b) vuole scoprire qual è la tua risposta prima che lei risponda.

Se chiedi a una donna: "Ti piace questo colore?" risponderà: "A te che colore piace?" Il suo punto di vista è: "Se non ti piace il colore che piace a me, non mi piacerai. Se non ti piace il colore che mi piace, non staremo assieme." Questo è il linguaggio sottinteso di ogni conversazione. Devi farti la domanda: "Qual è il sottotesto qui che non sto riconoscendo?"

Partecipante alla Classe:

Mi sono imbattuto in un po' di donne. Ci piacciono le stesse cose, ci piace fare le stesse cose ed abbiamo un sacco di cose in comune...

Gary:

Ogni donna ti dirà che avete delle cose in comune, che sia vero o meno. *In sintesi* significa: "Siamo destinati a stare assieme." Ecco qual è il sottotesto di questa affermazione. Quando una donna dice: "Abbiamo molto in comune" significa "Ci sposeremo."

Partecipante alla Classe:

Ci ero arrivato. Quando una donna dice: "Abbiamo un sacco di cose in comune" io dico: "Già e quindi?"

Gary:

Ogni donna cercherà le cose che avete in comune, così potrà decidere se siete l'uomo che vuole. Non ha nulla a che fare con il tuo punto di vista. A loro non interessa il tuo punto vista.

Partecipante alla Classe:

Vero, vero, vero.

Gary:

Quando capirete che c'è un sottotesto per ogni conversazione con una donna?

"Sei così interessante" significa "Oh, posso fare sesso con te." "Wow, È stato divertente" significa "Cosa farai dopo?" e "Quando prenoto la chiesa?"

Partecipante alla Classe:
   Ho capito.

Gary:
   Voi ragazzi avete il punto di vista che le donne ascoltino ciò che dite. No, no. Non vi ascoltano. Hanno già "ingarbugliato" cosa succederà.
   Quanto della vostra abilità di comprensione viene scavalcata dal garbuglio della donna su ciò che vuole sentire? Tutto ciò che è, per dioziliardi di volte, distruggerai e screerai tutto? Giusto e Sbagliato, Bene e Male, POD e POC, Tutti e 9, Shorts, Boys e Beyonds

QUALE PARTE DE "LE DONNE HANNO UN SOTTOTESTO" NON CAPITE?

   Le donne comunicano in maniera tortuosa, pensando che otterranno ciò che vogliono cambiando il modo in cui lo chiedono, quindi alla fine vi togliete di mezzo e fate ciò che dicono. Le donne si aspettano sempre che l'uomo faccia quello che vogliono. Perché non lo capite? Quale parte di "Le donne hanno un sottotesto" non capite?
   Il punto di vista di una donna è che se dite quello che dice, state dicendo la verità. Se le dite quello che vuole sentire, state dicendo la verità. Tutto il resto è una bugia.
   Ragazzi, dovete capire questo: le donne funzionano dal sottotesto. Chiedete: qual è il sottotesto che non sto ascoltando qui? Il sottotesto è il modo in cui funzionano le donne. C'è il "Ecco cosa *dice*" e c'è il "Ecco cosa sta *pensando*." Quello che pensa è ciò che si suppone voi facciate. Sta

dicendo: "Oh, non è un problema. Fai cosa vuoi." Significa: "Fallo e t'ammazzo."

Qualcuno disse che dovremmo avere un'app per decodificare il sottotesto delle donne. Non sarebbe grandioso? Lei dice: "X, y, z" e viene fuori: "Significa bla, bla, bla." In una classe che abbiamo fatto questa settimana, ho detto alle donne quale fosse il sottotesto e tutte mi hanno risposto: "Sì, ma…"

E io: "Il sottotesto di questo è 'bla, bla, bla.'"

Mi hanno risposto: "Cosa vuoi dire? Non stavo facendo sottotesto!"

Io ho detto: "Si invece! L'hai appena fatto! Non è sbagliato; è semplicemente quello che fate. Se volete essere oneste riguardo a ciò che dite, dovete capire quando lo state facendo. È semplicemente uno dei modi in cui le donne sono diverse dagli uomini."

C'è un bellissimo video su YouTube intitolato "It's Not about the Nail." (N.d.T. sottotitolato in italiano)

Una donna dice a un uomo: "Ho bisogno che mi ascolti. Ho un dolore in testa."

E l'uomo risponde: "Beh, che mi dici del chiodo che hai in testa?"

La donna risponde: "No, non è quello il problema! Voglio che mi ascolti. Perché non ascolti mai? Smettila di cercare di aggiustarmi!"

Sapete ragazzi, la cosa è che siete uomini.

Partecipante alla Classe:

Hai qualche pulizia per avere più facilità nel decodificare il sottotesto?

Gary:

Le donne hanno sempre un secondo fine. Hanno sempre un sottotesto. Nulla è mai chiaro. Non è mai diretto.

Quale stupidità stai usando creare il mai percepire e il mai ricevere il sottotesto, che stai scegliendo? Tutto ciò che è, per dioziliardi di volte, distruggerai e screerai tutto? Giusto e Sbagliato, Bene e Male, POD e POC, Tutti e 9, Shorts, Boys e Beyonds

"ORA ABBIAMO UNA RELAZIONE"

Partecipante alla Classe:

C'è qualcosa che non ho visto nella mia relazione, che se lo vedessi potrebbe creare più spazio e possibilità?

Gary:

Lo stai sempre facendo comunque, quindi non penso che debba preoccuparti. Sia te che la tua partner state cercando di *creare* la vostra relazione. Non state cercando di vivercì dentro. Questo è essenziale. L'errore più grande che le persone fanno è quando dicono: "Ora abbiamo una relazione". È la fine? No, non è la fine. È solo l'inizio di cos'altro è possibile. Sei in uno stato costante di creazione della tua relazione quando funzioni da:

- Cos'altro è possibile?
- Quali altre scelte abbiamo?
- Cos'altro possiamo creare?
- Come ci piacerebbe che fosse?
- Possiamo distruggere e screare tutto ciò che è stato ieri?

Fare queste domande ti tiene nel momento presente e apre le porte a livelli di possibilità che nessun altro potrebbe mai avere.

Grazie mille. Ragazzi siete stati un dono fantastico. Questa serie è stata un contributo enorme alle più grandi possibilità. Voi ragazzi siete i ragazzi più coraggiosi che abbia mai incontrato, perché siete disposti a parlare della possibilità di essere qualcosa di diverso da ciò che le altre persone sono disposte ad essere.

Partecipante alla Classe:
Bellissimo. Io voglio dire grazie per questa fantastica serie di chiamate.

Partecipante alla Classe:
Grazie infinite Gary.

Gary:
Grazie a tutti per essere stati su questa chiamata. Sono così grato che voi ragazzi siate al mondo. State bene, uscite e scopate! Ma ricordate, scopate solo una volta. Se lo fate due volte sarete in una relazione e, se lo fate tre volte, vi ritroverete sposati. E se la ragazza dice: "Abbiamo così tanto in comune" il suo punto di vista è che vi sposerete presto. Quindi, vi conviene essere pronti alle conseguenze se non vi mostrate per come dovreste essere.

Vi voglio bene ragazzi. State bene!

La Frase di Pulizia di Access Consciousness®

Sei l'unico che può sbloccare i punti di vista che ti hanno intrappolato.
Quello che sto offrendo con il processo di pulizia è uno strumento che puoi usare per cambiare l'energia dei punti di vista che ti hanno impedito di cambiare le situazioni.

In questo libro faccio molte domande ed alcune potrebbero farti girare un po' la testa: è la mia intenzione. Le domande che pongo sono designate a far tacere la mente, in modo tale che tu possa ricevere l'energia di una situazione.

Dopo che la domanda ti ha fatto girare la testa e ha portato su l'energia di una situazione, chiedo se sei disposto a distruggere e screare quell'energia, perché l'energia bloccata è la fonte dei limiti e delle barriere. Distruggere e screare quell'energia aprirà le porte a nuove possibilità per te. Questa è l'opportunità per te di dire: "Sì, sono disposto a lasciar andare qualsiasi cosa stia tenendo in posizione questa limitazione."

Alla domanda seguiranno alcune parole strane che noi chiamiamo frase di pulizia:

Gary Douglas

Giusto e Sbagliato, Bene e Male, POD e POC, Tutti e 9, Shorts, Boys e Beyonds™

Con la frase di pulizia stiamo tornando all'energia delle limitazioni e delle barriere che sono state create. Ci rivolgiamo alle energie che ci impediscono di muoverci in avanti e di espanderci in tutti gli spazi nei quali vorremmo andare. La frase di pulizia è una forma abbreviata che si rivolge alle energie che stanno creando le limitazioni e le contrazioni nella tua vita.

Più farai scorrere la frase di pulizia, più questa andrà a fondo e sarà in grado di sbloccare altri livelli e strati per te. Se molta energia viene su per te in risposta alla domanda, potresti ripetere il processo più volte finché il soggetto al quale viene indirizzata la domanda non è più un problema per te.

Non devi capire le parole della frase di pulizia affinché funzioni, perché si tratta di energia. Comunque, se sei interessato a sapere cosa significhino le parole, ecco una breve definizione:

Giusto e Sbagliato, Bene e Male è l'abbreviazione di: Che cosa è giusto, buono, perfetto e corretto di questo e che cosa è sbagliato, cattivo, brutto, malvagio, crudele e terribile di questo. Sono le cose che consideriamo giuste, buone, perfette e/o corrette che ci invischiano di più perché, dato che abbiamo deciso che sono giuste, non desideriamo lasciarle andare.

POD sta per "Punto di Distruzione" e sono tutti quei modi in cui hai distrutto te stesso per mantenere in esistenza qualsiasi cosa stai ripulendo.

POC sta per "Punto di Creazione" dei pensieri, dei sentimenti e delle emozioni immediatamente precedenti alla tua decisione di avere quella cosa.

A volte le persone dicono "POD e POC" che è semplicemente l'abbreviazione della frase di pulizia. Quando dici "POD e POC" a qualcosa, è come tirar via la carta che tiene in piedi il castello di carte: l'intera struttura crolla.

Tutti e 9 sta per i nove modi diversi in cui hai creato quella cosa come una limitazione nella tua vita. Sono livelli di pensieri, emozioni, sensazioni e punti di vista che creano la limitazione come solida e reale.

Shorts è la versione breve di una più lunga serie di domande, che comprendono: Cos'è significante di questo? Cosa è insignificante? Qual è la punizione per questo? Qual è il premio per questo?

Boys sta per strutture energetiche chiamate sfere nucleate. Di base hanno a che fare con gli ambiti della nostra vita in cui abbiamo provato continuamente a gestire una cosa senza alcun effetto. Ci sono almeno tredici tipi diversi di queste sfere, che sono chiamate nel complesso "the boys" (i ragazzi). Una sfera nucleata assomiglia alle bolle create dalle pipette delle bolle di sapone dei bambini aventi camere multiple. Crea un'enorme massa di bolle e, quando ne fai scoppiare una, altre bolle riempiono lo spazio.

Hai mai provato a pelare gli strati di una cipolla quando stavi cercando di arrivare al cuore di un problema, senza ottenere alcun risultato? Questo perché non era una cipolla, ma una sfera nucleata.

Beyonds sono sensazioni o feelings che ti fanno fermare il cuore, che interrompono il tuo respiro, o interrompono la tua disponibilità a vedere le possibilità. Beyonds è ciò che succede quando sei sotto shock. Abbiamo un sacco di aree nella nostra vita dove ci paralizziamo. E ogni volta che lo facciamo, è un beyond che ci sta tenendo in trappola. Ecco la difficoltà con un beyond: ti impedisce di essere presente. I Beyonds includono tutto quello che va oltre le credenze, la realtà, l'immaginazione, la concezione, la percezione, la razionalizzazione, il perdono e tutti gli altri Beyonds. Di solito sono feelings e sensazioni, raramente emozioni e mai pensieri.

Glossario

ALLOWANCE

Puoi allinearti e accordarti ad un punto di vista, oppure reagire e resistergli. Questa è la polarità di questa realtà. Oppure puoi essere in allowance. Se sei in allowance, sei la roccia in mezzo alla corrente. Pensieri, credenze, abitudini e considerazioni ti vengono incontro e vanno oltre perché, per te, sono semplicemente un interessante punto di vista. Se invece entri nell'allineamento e nell'accordo, oppure nella resistenza e nella reazione a quel punto di vista, vieni catturato dalla corrente della follia e ti fai trascinare via. Questa non è la corrente in cui vuoi stare. Tu vuoi essere in allowance. L'allowance totale è: tutto è semplicemente un interessante punto di vista.

BARS

I Bars® sono un processo di Access fatto con le mani, che consiste nel toccare dolcemente i punti sulla testa che corrispondono a diversi aspetti della vita. Ci sono i punti per la gioia, la tristezza, Il corpo, la sessualità, la consapevolezza, la gentilezza, la gratitudine, la pace e la calma. C'è persino un punto per i soldi. Questi punti sono chiamati bars (barre) perché scorrono da un lato all'altro della testa.

Dioziliardo

Una cifra così grossa che nemmeno Dio conosce.

È Mio?

"È mio?" è una domanda che puoi fare per scoprire se i pensieri, le sensazioni e le emozioni che stai avendo appartengono davvero a te, perché il 98% dei pensieri, sentimenti ed emozioni che abbiamo non ci appartengono. Raccogliamo continuamente la roba di tutti gli altri supponendo che sia la nostra, specialmente se è negativa. E deduciamo che la roba buona appartenga a qualcun altro.

ENERGIA KILLER

L'energia killer è l'energia che ti serve per uccidere qualcosa, se fossi disposto a farlo senza giudizio. Ci vuole dell'energia per uccidere una mucca, un cervo, o qualsiasi cosa mangerai. Quell'energia, indirizzata verso qualcuno così come la indirizzeresti se dovessi veramente macellare un animale, è l'energia che cambierà le cose per le persone.

ENTRAINMENT

Potremmo tradurre questa parola con i seguenti termini: trascinare, coinvolgere, sintonizzarsi, sincronizzarsi, accordarsi. In fisica: ogni volta che due sistemi oscillanti si trovano in uno spazio circoscritto e comune, tendono a vibrare spontaneamente ad una frequenza quasi uguale.

Nel tempo (più o meno lungo), gli oscillatori tenderanno a modificare le proprie frequenze vibrando esattamente alla stessa frequenza.

ESSERE

In questo libro la parola *essere* a volte viene usata come sostantivo, piuttosto che come verbo. Essere è l'infinito essere che in realtà sei, che si contrappone al punto di vista di chi pensi di essere.

ESSERE e ESSERNEZZA

Essere sei tu, l'infinito essere che sei.
Essernezza è qualcosa che fai per dimostrare che stai essendo.

FARE POD POC

Fare POD POC significa tornare indietro al momento dove hai distrutto te stesso con qualcosa, o tornare al punto dove hai creato qualcosa che ora ti blocca.

HOLDING PATTERNS

Sono gli schemi che tratteniamo nel corpo. Possono essere sbloccati da un processo sul corpo di Access Consciousness.

IMPIANTI

Gli impianti sono cose che ci sono state fatte in una vita

o in un'altra e che hanno un'azione sul corpo e sulla mente. Un impianto crea un particolare tipo di vibrazione dentro di noi. Diventa qualcosa che ha un impatto su di noi e che ci trattiene. Abbiamo scoperto che è possibile rimuovere e disfare questi impianti usando un processo di Access Consciousness.

IMPIANTI SHICUUUU

Sono impianti che sono Secret (segreti), Hidden (nascosti), Invisible (invisibili), Covert (coperti), Unseen (non visti), Unsaid (non detti), Unacknowledged (non riconosciuti) e Undisclosed (non divulgati).

INTERESSANTE PUNTO DI VISTA

Interessante punto di vista è uno strumento di Access Consciousness. E' un modo fantastico per neutralizzare il giudizio ricordandoti che, qualsiasi sia il giudizio, è semplicemente un punto di vista che tu o qualcun altro avete in quel momento. Non è né giusto né sbagliato né bene né male.

Ogni volta che un giudizio viene fuori, dì semplicemente "Interessante punto di vista". Aiuta a distanziarti dal giudizio. Non ti allinei e non ti accordi con esso, né reagisci o resisti. Permettigli semplicemente di essere ciò che è, ovvero niente più di un interessante punto di vista. Quando riesci a fare questo, sei in allowance.

LEGGERO/PESANTE

Ciò che è leggero è sempre vero e tu ne percepisci la leggerezza. Ciò che è una bugia è sempre pesante e tu percepisci quella pesantezza.

METTERE (QUALCOSA) IN LOOP

Puoi farlo sul tuo computer, il che ti permetterà di ascoltare qualcosa più e più volte.

QUALE STUPIDITÀ STAI SCEGLIENDO?

Gli esseri infiniti, per essere inconsapevoli, devono crearsi come stupidi. Le domande che contengono la frase "Quale stupidità stai scegliendo…?" non intendono dire che tu sia stupido. Cercano di portare su l'energia di tutte quelle volte che hai scelto una mancanza di conoscenza, una stupidità, per creare te stesso come inconsapevole.

RICEVERE

In questa realtà, le persone credono che l'unico modo per ricevere sia attraverso il sesso, l'amplesso o i soldi. Il vero ricevere è essere in grado di ricevere tutte le informazioni che ci sono. Ha a che fare con la consapevolezza di tutto ciò che è possibile. È la capacità di percepire tutta la consapevolezza senza un punto di vista.

SEGNALI, SIGILLI, SIMBOLI, EMBLEMI E IMPORTANZA

Questi sono i distintivi che indossi sempre e che non hanno nulla a che fare con chi sei.

SESSO E NIENTE SESSO

In Access Consciousness, quando diciamo *sesso* e *niente sesso*, non ci stiamo riferendo all'amplesso. Stiamo parlando del ricevere. Abbiamo scelto queste parole perché portano su l'energia del ricevere e del non ricevere meglio di qualsiasi altra parola.

Le persone usano i loro punti di vista riguardo il sesso e niente sesso come modo di limitare il loro ricevere. Sesso e niente sesso sono universi esclusori, universi del "o questo o quello" in cui o rendi la tua presenza conosciuta (sesso), escludendo chiunque altro, o nascondi la tua presenza (niente sesso), per non essere visto. In entrambi i casi, focalizzandoti su te stesso, non ti permetti di ricevere da niente e nessuno.

SEXUALNESS

È l'energia della vita, quella che senti in natura. Corrisponde a nessun giudizio, al nutrimento, alla cura amorevole, alla guarigione, alla creatività, all'eccitazione, all'espansività, alla gioiosa e orgasmica qualità del vivere.

SINTESI ENERGETICA DELLA COMUNIONE (ESC)

È un processo che fa Dain. Di base, la sintesi energetica della comunione ti mette in connessione con tutte le strutture molecolari dell'universo in un modo diverso. Puoi scoprirne di più sul sito web di Dain (www.drdainheer.com). Offre degli "assaggi" gratuiti, così puoi ricevere il senso di cosa sia.

SINTESI ENERGETICA DELL'ESSERE (ESB)

ESB è una classe che insegna il Dott. Dain Heer. Riguarda come tu, in quanto Essere, metti insieme le cose per cambiare tutto intorno a te.

THE PLACE

Un racconto scritto da Gary Douglas riguardo ciò che hai sempre cercato e il come e il dove questo possa essere possibile.

TIRARE ENERGIA, TIRI D'ENERGIA

La maggior parte degli uomini spinge l'energia verso le donne da cui sono attratti. Le donne lo percepiscono e la loro risposta è quasi sempre: "No grazie!" Invece di spingere l'energia verso qualcuno da cui sei attratto, cerca di tirare energia da lui o da lei. È questo il modo di attirarli. Immediatamente si sentiranno attratti da te. I flussi di energia sono il modo con cui crei le connessioni con le persone. Chiedi semplicemente tiro d'energia. È così semplice.

TRIPPING MENTALE, TRIPPING DI CUORE, TRIPPING DI INGUINE

Quando sei in un tripping mentale, pensi a quella cosa (qualunque essa sia) in continuazione. "E dopo? E dopo cosa succederà? Quale sarà il prossimo passo?" Un tripper mentale va sempre nel "e dopo, e dopo, e dopo."

Un tripper di cuore entrerà sempre nel "Perché non mi hai chiamato? Non mi ami più? Qual è il tuo problema? Hai un problema con me?"

I tripper di inguine stanno sempre cercando di dimostrare quanto sessuali sono, invece di *essere* sessuali. È una *dimostrazione* della sexualness— non *essere* sessuale. Le donne che si vestono in modo provocatorio, ma che non hanno un grammo di energia sessuale, sono tripper dell'inguine. Appaiono come se dovessero essere sessuali, ma lo sono solo nell'aspetto, non nella realtà.

UMANI E UMANOIDI

Ci sono due specie diverse di esseri a due gambe su questo pianeta. Noi li chiamiamo umani e umanoidi. Hanno lo stesso aspetto, camminano nello stesso modo, parlano nello stesso modo e spesso mangiano nello stesso modo, ma la realtà è che sono diversi.

Gli umani ti diranno sempre che sei sbagliato, che loro hanno ragione e che non dovresti cambiare niente. Dicono cose del tipo: "Noi non facciamo le cose così, quindi non scocciare." Sono quelli che chiedono: "Perché lo stai cambiando? Va bene così com'è."

Gli umanoidi hanno un approccio diverso. Guardano

sempre alle cose chiedendo: "Come possiamo cambiarlo? Cosa lo renderà migliore? Come possiamo surclassarlo?" Sono le persone che hanno creato le più grandi opere artistiche e letterarie e tutti i progressi meravigliosi fatti sul pianeta terra.

Cos'è Access Consciousness®?

Come sarebbe se fossi disposto a nutrire te stesso e a prenderti cura di te stesso?
Come sarebbe se aprissi le porte ad essere tutto ciò che hai deciso che non è possibile essere?
Cosa ci vorrebbe per renderti conto di quanto sei cruciale per le possibilità del mondo?

Access Consciousness è un insieme di strumenti, tecniche e filosofie che ti permettono di creare cambiamenti dinamici in ogni area della tua vita. Access ti fornisce, passo per passo, le fondamenta che ti permettono di diventare completamente consapevole e iniziare a funzionare come l'essere consapevole che in realtà sei. Questi strumenti possono essere usati per cambiare qualsiasi cosa non stia funzionando nella tua vita, in modo tale che tu possa avere una vita diversa e una realtà diversa.

Puoi accedere a questi strumenti attraverso una serie di classi, libri, tele-chiamate e altri prodotti, o con un Facilitatore certificato di Access Consciousness, o un Facilitatore di Bars di Access Consciousness Bars.

Il target di Access è di creare un mondo di consapevolezza ed unità. La consapevolezza è l'abilità di essere presente nella tua vita in ogni momento senza giudizio di te stesso o di chiunque altro. La consapevolezza include tutto e non giudica nulla. È l'abilità di ricevere tutto, non rifiutare nulla e creare tutto ciò che desideri nella vita, più grande di ciò che attualmente hai e più di quanto tu abbia mai immaginato.

Per altre informazioni su Access Consciousness, o per trovare un Facilitatore di Access Consciousness, visita:

http://www.accessconsciousness.com/
www.garymdouglas.com

Indice dei Titoli dei Capitoli e Intestazioni

Capitolo 1. Farsi Avanti verso Qualcosa di Diverso...................9
Fidarti di Te Stesso in quanto Uomo/ Fidarsi degli Altri Uomini..........9
Creare Collaborazione con gli Uomini 12
Eliminare il Tuo Senso di Bellezza 17
"Ci sosteniamo a vicenda"..19
La Gentilezza che gli Uomini Hanno 22
Creare Separazione 26
Energia Sessuale e Ricevere..29
Scegliere Qualcosa di Diverso 31
Variare contro Diverso 34
Cosa Posso Fare di Diverso?..38
Possibilità, Scelta, Domanda e Contributo...44
Sei Mai Stato Incoraggiato ad Essere un Uomo?...................................46

Capitolo 2. Creare Sesso e Relazione dalla Consapevolezza di Cosa Siano...49
Creazione contro Invenzione 49
Come *Appare* contro Come È..51
Il Dominio del Cazzo 53

Se Sei un Uomo, Sei Sbagliato 55
L'Invenzione della Contraccezione 58
E Se il Successo Fosse Semplicemente una Scelta? 61
Puoi Creare o Puoi Inventare 63
Creare Qualcosa Che Sia Diverso 65
Ti Stai Rendendo Meno Sessuale? 67
Stai Cercando di Guarire Quelli che Stanno Morendo
a Causa di una Mancanza di Energia Sessuale? 68
Attrazione Sessuale 72
Attenzione sulla Creazione 74
Andare in Vacanza 76
Come Sarebbe Creare il Sesso e le Relazioni da una Realtà
Completamente Diversa? 78

Capitolo 3. Sei Tu il Prodotto di Valore 79
Demoni della Necessità 79
Consapevolezza Pervadente in un Mondo di Demoni 85
Stai Rendendo Qualcuno Virtuoso? 87
Accordo e Consegna 89
Espanderà la Mia Agenda? 91
Quando Sei il Leader, Diventi il Prodotto di Valore 92
L'Erroneità del Desiderare Sesso 96
Presenza Totale nel Sesso e nell'Amplesso 98
Entrainment Culturale 98
Essere l'Energia Sessuale Che Sei 101
Cosa Mi Piacerebbe Creare Per Me Stesso 103
Orgasmo da Contrazione / Orgasmo da Espansione 104
Integrità con Se Stessi 110

Capitolo 4. Diventa il Re delle Possibilità 115
L'Eterna Stagione del Malcontento 115
Un Malcontento Contorto che Crea Separazione tra gli Uomini ... 119

Indice dei Titoli dei Capitoli e Intestazioni

Come Sarebbe se Non ci Fosse un Senso del Bisogno nella Tua Vita? 121
Essere Indifeso 125
Lei Mi Renderà un Prodotto Interessante? 126
L'Elusione della Gioia del Sesso e dell'Amplesso 127
L'Eccitante Che Sei 129
La Somma Eccitazione 134
Il Sesso è Una Forza Vitale 139
Considerarti di Valore 141
Cosa Ci Vorrebbe Per Far Funzionare Questa Relazione? 142
La Sottigliezza della Consapevolezza che in Realtà Hai 143
L'erezione Che Potresti Scegliere..145
Entrare nel Ruolo del Re 151
E Se Fossi Disposto a Essere il Re delle Possibilità? 153

Capitolo 5. I Fenomenali Sesso, Amplesso e Relazione che Potresti Scegliere 157
Creare Situazioni Aumenta-Demoni...157
Non è "Semplicemente Successo" 162
"Voglio che Lui Abbandoni la Sua Vita Per Me"..................................166
Romanticismo 168
"Sembro Attrarre le Donne Sposate" 169
Stai Abbandonando Te Stesso? 173
Inculcazione delle Realtà 176
Sii Onesto rispetto a Dove Sei nella Tua Vita......................................179
Come Posso Usare l'Essere un Depravato a Mio Vantaggio?...............182
Usare la Tua Energia Sessuale...184
Cosa Stai Creando con la Tua Energia Sessuale?.................................188
Sesso Grandioso...190
Non Rendere Reali i Giudizi delle Altre Persone................................191

Capitolo 6. Cosa Desideri Realmente? 195
Come Sarebbe se Tutti Fossero Disposti ad Essere delle Puttane?.....195

Cosa Vuoi Avere nelle Tua Vita?...196
Scegliere la Consapevolezza 198
Devi Desiderarlo... 200
Ti Stai Rendendo Sbagliato per la Verità di Te?....................................... 202
Una Relazione Ideale con una Donna 204
Passare del Tempo Assieme 205
Qual È la Cosa Più Importante per Me?... 208
Fai una Lista: Cosa mi Piacerebbe in un Partner? 209
Hai Anche Bisogno di una Lista "Non Voglio Avere"..............................210
Quale Stupidità Stai Usando per Creare le Donne che Stai Scegliendo? 211
Essere Senza il Bisogno di una Donna 212
"Ho Smesso di Creare" 215
Abdicare la Tua Voce 216

Capitolo 7. Essere Bravo a Letto 219
Creare una Risposta Galvanica nel Suo Corpo 219
Andare Piano 220
Imparare le Parti del Corpo Femminile 220
Che Tipo di Tocco Le Piacerebbe?..221
Libido Diminuita... 222
Stimolare il Suo Corpo.. 226
Masturbazione..227
Ricevere...230
Creare una Vibrazione Molecolare tra Te e la Donna 231
Parlale 233
Le Persone si Connettono in quanto Corpi 234
"Sei Mia" 235
Cosa Vuole Questa Persona? / Io Cosa Voglio?..236
Asfissiante 239

Capitolo 8. Cos'è un Gentleman?... 245
Essere un Gentleman..245

Indice dei Titoli dei Capitoli e Intestazioni

Un Gentleman Sceglie le Possibilità al posto del Giudizio 250
Chiedile di Farsi Avanti verso una Possibilità più Grande 251
Devi Creare dalla Tua Realtà 255
Cosa Vuoi Creare? 257
Perché la Bramosia è Considerata un'Erroneità? 259
Essere meschino con gli altri uomini 263
Cercare di Rubare la Donna degli Altri 266
Tassazione 268
Una Realtà Sessuale che Va Oltre Questa Realtà 269
Sono Tutti Giudizi sul Ricevere 270
Che Genere di Futuro Sta Cercando di Creare? 275
Smettere di Essere Bloccabile 279
L'Energia della Limitazione 287

Capitolo 9. Cosa Vuoi Veramente in una Relazione? 291
La Perfezione della Donna 291
Pornografia 294
Gli Incantesimi che Creiamo 295
"Non Riesco a Smettere di Pensare a Lei" 298
"È quello che ho chiesto" 301
Hai Abbastanza Soldi per Lei? 303
Il Sesso Amorevole Che Ti Piacerebbe Avere 305
Perché le Donne Vogliono Fuggire Via 307
"Non Avrei Dovuto Lasciarla" 309
Rinunciare a Te Stesso 313
Cosa Ti Rende Entusiasta? 315
Devi Fare Deal and Deliver 316
Impegno 318
Cosa Posso Essere o Fare di Diverso che Cambierà Tutto Questo? 322
Cercare di Ignorare il Tuo Corpo 323

Capitolo 10. La Presenza Aggressiva della Sexualness 327
Presenza Aggressiva 327
Scegliere per Te 329
Essere Sessualmente Aggressivo 331
La Donna Che Non Ha *Bisogno* di Te 333
Assenza di Bisogno Aggressiva 337
Sexualness Aggressiva 338
Quando una Donna Non Riesce ad Avere un Orgasmo 339
Le Piace Fare Sesso *Con* il Suo Corpo o *Come* il Suo Corpo? 340
"C'è un'Energia Nel Mio Pene" 341
"Perche Non Posso Avere Orgasmi Multipli Anch'io?" 344
Dar Piacere A Te Stesso 345
"Come Sarebbe Fare Sesso con Quest'Uomo?" 347

Capitolo 11. Scegliere l'Impegno 351
Virilità e Mascolinità 351
Una Scia di Energia 353
Quanti Futuri Hai Creato che Stanno Bloccando la Tua
Abilità di Creare? 355
Arrivare al Punto Dove C'è Vera Scelta 357
Impegno come Decisione / Impegno come Scelta 359
Impegno come Scelta di Dieci Secondi 360
Creare una Relazione con i Bambini della Tua Partner 362
Cos'è un Papà per Te? 364
Non Creare Conflitto o Separazione nei Tuoi Figli 366
Dove Cerchi di Portarlo a Preferire Te Rispetto a Lei? 369
"Ho Cercato di Essere il Papà Figo" 371
Impara a Essere Manipolatorio 374

Capitolo 12. Decodificare il linguaggio sottinteso delle donne 379
Entrainment Culturale 380
"Spesso Attraggo Uomini Gay" 380

Indice dei Titoli dei Capitoli e Intestazioni

Dove Devi Mettere la Tua Energia?..381
Una Relazione con Allegato un Bambino 382
Una Vita Indefinita 384
Aver a che fare con la Rabbia di Una Donna 385
Presenza Aggressiva nella Relazione 387
Come Approcciare una Donna 388
"La Parola *Impegno* Mi Sta Ancora Incastrando".....................389
Puoi Essere *Te Stesso* Senza una Donna.................................. 390
Entrerai Sempre in una Relazione, Perché Questo E' Ciò
che la Donna Vuole 393
La Donna Non È la Fonte della Vostra Realtà Sessuale.....................394
Quanti Compiti Ti Sono Stati Affidati? 395
Il Compito di Giudicare Voi Stessi..398
Qual è il Sottotesto Qui che Non Sto Riconoscendo? 399
Quale Parte de "Le Donne Hanno un Sottotesto" Non Capite? 402
"Ora Abbiamo Una Relazione" 404

www.ingramcontent.com/pod-product-compliance
Lightning Source LLC
Chambersburg PA
CBHW011736220426
43661CB00063B/2878